義烏叢書

义乌人物传记丛编

黃溍評傳

义乌丛书编纂委员会 编

慈波 著

上海人民出版社

义乌丛书编纂委员会

义乌丛书编辑部

总 序

自秦王政始置乌伤县，义乌迄今已有两千两百多年历史。古老的义乌大地，山川秀美、物华天宝，文教昌盛、地灵人杰。勤劳智慧的义乌人世世代代在此耕耘劳作，繁衍生息，改造山河，创造了灿烂的历史文化。

由于独特的地理环境及历史原因，在义乌大地上产生了独特的地方文化。她既是江南文化的组成部分，又具有自身鲜明的特征。

“勤耕好学，刚正勇为，诚信包容”是义乌精神；“崇文，尚武，善贾”是义乌民俗；义乌的民风则是“博纳兼容，义利并重”。义乌精神及民风、民俗遂成为源远流长的中华民族文化之泓泓一脉，成了中国历史上不可或缺的一页。千百年来，义乌始终在传承着文明，演绎着辉煌，从而使义乌这座小城艳光四射，魅力无限。

自古以来，特别是唐代之后，义乌学风渐盛，至有“小邹鲁”之称。自宋以来，县学、社学、书院及私塾等讲学机构多有设立，而“莅兹土者，莫不以学校为先务”。故士生其间，勤奋好学，蔚成风气，学有成就，烨烨多名人。并且，辐射出巨大的文化能量，不仅本地名儒代有，在浩浩学海与宦海中大展宏图，而且还活动过、寄寓过数不胜数的全国各地的文化名人，从文人学者到书家画师，从能工巧匠到杏林名家，其生动活泼的文化创造与传播，绵延不绝的文化承续与传递，从来没有湮灭或消沉过。在博大精深的中华文化领域里独树一杆颇具特色的义乌文化之帜，在优雅千载的儒风中诞生了许多屹立于中华民族之林的英杰。也正是文化底蕴的深厚与文化内涵的博大，造就了令人神往的义乌，使其作为中华文化渊薮的鲜明形象而历久弥新。

历史，拒绝遗忘，总要把自己行进的每一步，烙在山川大地上。

时间逝而不返，它带走了壮景，淘尽了英雄，留下了无数文化胜迹和如峰的圣典。只有在经过无数教训和挫折之后的今天，人们才逐渐认识到作为一个复杂系统的组成部分，城市的各要素所具有的种种不可替代的价值和功能，它们饱含着从过去传递下来的信息，而《义乌丛书》正是记录这些信息的真实载体。

历史是无法割断的，许多古老的文化至今仍然在现实生活中发挥着重要作用。当我们向现代化的目标迈进时，怎样继承古老文化的精华，剔除其封建糟粕，在传统文化的基础上建立社会主义新的文化格局，是一个摆在我们面前与物质生产同等重要的任务。

一位哲学家曾经说过，哲学就是怀着乡愁的冲动去寻找失落的家园。今天，我们正处于一个重要的历史性转折时期，越来越多的有识之士也开始意识到，对民族民间文化源头的追寻迫在眉睫，鉴于此，我们编纂出版《义乌丛书》，既有历史意义，也有现实意义。概而言之，有三大作用：

文化典籍的传承保护　中华民族有着光辉灿烂的传统文化，文化典籍中的善本古籍，是前人为我们留下的宝贵精神财富和历史见证，极富文献价值和文物价值。义乌也同样，历代文士迭出，著述充栋。这些历经沧桑而幸存下来的“国之重宝”，或则出于保护的需要，基本封存于深阁大库，利用率甚低；或则由于年代久远，几经战乱，面临圮毁，因此，亟待抢救。如今，《义乌丛书》编纂工作的启动，为古籍的保护与使用找到结合点，通过影印整理，皇皇巨著掸除世纪风尘，使其化身千百，为学界所应用，为大众所共享；同时，原本也可以得到保护。真可谓是两全之策，是为民族文化续命，是为地方文化续脉。

传统文化的现代创新　在义乌历史上，有许多人文典故值得挖掘，有许多可歌可泣的先进事迹值得记载。拨浪鼓文化需要传承，孝义文化值得发扬，义乌兵文化应予光大。但由于历史上的义乌是个农业县，文化底蕴虽然深厚，载入史册的却寥若晨星。而深厚的历史文化传统能孕育和产生强大的文化力，能为塑造良好的城市形象提供重要基础，这种文化力所形成的精神力量深深熔铸在城市的生命力、创造力和凝聚力中，是推动城市经济和社会进步的内在动力。因而，《义乌丛书》编纂者坚持传统文化与现代文化相衔接，精品文化与大众文化相兼顾，创作出义乌历史上从未有过的文化系列丛书，既是精神文明建设的需要，也是物质文明建设的需要。

发展经验的文化阐释　义乌经济的发展，并非无源之水，无本之木。“参天之木，必有其根；环山之水，定有其源。”义乌发展的文化之源，义乌商业的源流之根，义乌文化圈的形成特质包括宋代事功学说对义乌“义利并重，无信不立”文化精神的影响，明代“义乌兵”对义乌“勇于开拓，敢冒风险”文化精神的影响，清代“敲糖帮”对义乌“善于经营，富于机变”文化精神的影响等。因而，如何用文化来解读义乌，也成了《义乌丛书》的重要组成部分。

广义的文化几乎无所不包，狭义的文化基本限于观念形态领域。从以上包含的内容可看出，《义乌丛书》对“文化”的界定，似乎介于广、狭之间，凡学术思想、哲学原理、科技教育、文学艺术等多个类别与层次，均在修编范围之内。

几千年岁月蕴蓄了丰赡富饶的文化积淀。面对多姿多彩、浩瀚博大的义乌文化形态，我们感受到了其内在文化精神的律动。

保存历史的记忆，保护历史的延续性，保留人类文明发展的脉络，是人类现代文明发展的需要。如今，守望岁月的长河，我们不能不呼吁，不要让义乌失去记忆。

这也正是我们编纂出版《义乌丛书》的主旨与意义所在。

《义乌丛书》卷帙浩繁，她集史料性、知识性、文学性、可读性、收藏性于一体，以翔实的史料、丰富的题材、新颖的编排，全景式地再现了江南“小邹鲁”的清新佳景和礼仪之邦精深的内涵。走进她，就是走进时间的深处，走进澎湃着历史的向往和时代的潮音的宝地，去领略一个时代的结束，去见证另一个时代的开始。宏大精深的传统文化曾经是，也将永远是义乌区域文化赓续绵延的基石，也是义乌继续前进乃至走在全省、全国前列的力量。在建设国际商贸名城的进程中，抢救开发历史文化遗产，掌握借鉴先哲遗留的丰硕成果，是全市文化学术界的共同期盼。因而，编纂这套丛书既是时代的召唤，也是时势的需要。

谨为序。

中共义乌市委书记　李一飞

义乌市人民政府代市长　盛秋平

目 录

第一章　家世与宗族

黄溍(1277—1357)字晋卿,婺州义乌人,是元代中后期重要的士人,《元史》称其与虞集、揭傒斯、柳贯齐名,号为"儒林四杰",可见其在元代文坛的地位。黄溍是元代延祐首科进士,历仕州县,后入直翰林,任职国子监,出为江浙儒学提举。至正年间以其文坛耆宿地位被特召入都,后升翰林侍讲学士。黄溍诗文兼擅,全祖望称其文章"雅驯不佻,粹然有儒者气象",①钱基博称其诗歌"不苏不黄,超绝町畦",更以为其五古"卓尔大雅,足以上攀陈子昂,而远窥陶元亮"。②其弟子宋濂、王祎则为明初文坛领袖,开明代文章之派。从文化贡献、时代声望、历史影响诸方面而言,黄溍实为研究元代文史难以绕过的文化人物。

一、义乌洞门黄氏世系

黄溍生于至元十四年冬十月一日(公元1277年10月28日),③《元史》对其出生有近乎神异的描述:"母童氏,梦大星坠于怀,乃有娠,历二十四月始生溍。"④对这位日后的地方名贤,《义乌县志》也特笔记载了其初度情状:"景炎元年(1277)九月绣湖清,时邑人黄铸妻童氏怀妊二十四月不产,湖水忽清,三日后或闻婴儿声,遂生溍。"⑤种种瑞应之迹自然无需加以坐实,而其间蕴含的社会文化心理中对精英士人的推重却不容忽视。毕竟对于"居号洞门,派出江夏"的义乌黄氏家族而言,黄溍早已超脱"一门之隽"的性质而具有更广泛的影响力。

---

① 《宋元学案》卷八十二,中华书局1986年版,第2801页。

② 钱基博:《中国文学史》,第五编《近古文学》下,中华书局1996年版,第821、823页。

③ 宋濂:《故翰林侍讲学士中奉大夫知制诰同修国史同知经筵事金华黄先生行状》,《宋学士全集》卷二十五,中华书局1985年版,第913页。

④ 《元史》卷一八一《黄溍传》。此说首见于宋濂所撰《金华黄先生行状》,危素《大元故文献黄公神道碑》袭之。宋濂《黄文献公祠堂碑》所述略同,并言"及其生也,绣川之水为之一清"。此事黄溍友人张枢《题名碑记》言之凿凿,文见明崇祯刊本《义乌县志》卷十。

⑤ 《义乌县志》卷十九《祥异》,清嘉庆七年刻本。同卷又言"延祐元年绣湖清",而"明年黄溍成进士"。

黄氏宗族瓜瓞绵延，派系复杂，婺州一系，其渊源至元代已有多种说法，或称“黄氏居江浙者，大抵出于建之浦城，其先由建而婺，由婺而越”，或言“由秀而婺，由婺而洪”，[①]歧异弥甚。从文献征信的角度而言，“惟婺之黄氏，由金华徙越之剡，洪之分宁、丰城，信之弋阳，江陵之监利，为五大族”，而黄溍之“九世祖、八世祖，仍居婺之浦江”。[②]洞门始祖黄昉，字明仲，与北宋著名文学家黄庭坚为同一家族中的叔侄关系，由豫章迁回浦江，[③]是为黄溍九世祖；夫人于氏。八世祖名景珪，字叔宝，夫人朱氏。自七世祖黄琳（?—1119），始由浦江迁入义乌，其后代遂世为义乌人。黄琳娶南渡名臣忠简公宗泽之从妹（1069—1153），宗泽子宗颖为作墓志铭：

宗氏夫人，颖四世祖讳惠之孙，叔祖讳源之女，先公忠简讳泽之堂妹。夫人世家婺之义乌，早失所恃，事继母孝，举族钟爱，重选所宜与。黄君讳琳，字世珍，名族后，尚气节，有才能，因以夫人归。勤俭克家，柔嘉处己，奉苹蘩尤谨。闻人过，务多讳之。尝有盗帑中金者，适夫人见，终不忍言，其识量浑厚类如此。酷好瞿昙氏，十饭三四不肉。每旦黎明起课佛典，洎老不渝。世珍死先夫人三十有四年。夫人嫠居，诸孤未冠，教养得母道。享年八十五，卒之日精爽不乱，见二佛放眉间白光相引，绍兴廿三年癸酉九月十四日也。越三年乙亥十月十八日，其孤卜葬于县东崇德乡华阳山之原。生子三人，巩、益、中辅，率能自立。二女，长适喻葆光，次适荣州文学杨永言。孙男万顷、昭祖、绍祖、公显、公焕，皆业儒。孙女十一，七为士人妻，四尚幼。铭曰：女而淑，家而宜，嫠而守。呜呼！是能有后。朝奉大夫直秘阁宗颖撰。[④]

---

① 黄溍：《族谱图后序》，《黄溍全集》，第274页。黄溍诗文集主要有元刻四十三卷本、元刻二十三卷本、明刻十卷本、四库十卷本、金华丛书十二卷本等版别；其整理本有王颋校点之《黄溍全集》（天津古籍出版社2008年版）以四十三卷本为底本，四库本、金华丛书本为参校，分体重排并附辑佚。为便检核，本书所引黄溍诗文除另行注明者外，皆据点校本，文字、标断间有校改，不另出注。

② 《族谱图序》，第273页。

③ 柳贯《元故追封从仕郎温州路乐清县尹黄公行状》云：“黄维吾婺望宗，虽豫章双井之黄亦由之以徙，义乌黄氏家谱有昉者，复自豫章归居浦江，于太史公庭坚为诸父行。”见《柳待制文集》卷二十，四部丛刊本。

④ 《全宋文》无宗颖条目，今特从民国丁丑（1937）重修本《洞门黄氏宗谱》卷四“墓志铭”中将此文检出，题作《宋故黄夫人宗氏墓志铭》。此谱承黄溍纂订（参见其《族谱图序》、《族谱图后序》），经洪武三十年（1397）、正统四年（1439）、弘治元年（1488）、嘉靖十三年（1534）、四十四年（1565）、万历四十五年（1617）、崇祯三年（1630）、顺治十年（1653）、康熙十九年（1680）、乾隆十年（1745）、二十九年（1764）、五十八年（1793）、同治十二年（1873）、光绪二十二年（1896）等多次递修，承传有序，非草草成编者比，其文献价值不容忽视。

此铭由黄溍得自宗氏家族，虽然较为短小，但所提供的宗氏家世、子女、淑德等信息都甚有价值。黄溍曾对宗颖作铭一事有所考辨："作铭者，夫人之侄颖，忠简子也。忠简薨于汴，数日将士去者十五。汴人以颖尝居戎幕，得士卒心，相率言于朝，请以继其父任。时已除杜充留守，乃以颖直秘阁，为其判官。寻与充议不合，去。秦桧枋国，参政李光得罪免。颖坐贻光书有'忽闻远适，岂胜惶骇'等语，降三官。铭作于桧死之月，曰'右朝奉大夫'者，其元官也。又两月，遂为兵部郎中，终其官。"①

黄昉、黄景珪、黄琳皆未尝出仕，晦迹不显。黄琳子名中辅者，字槐卿(1111—1187)，为黄溍之六世祖，则以荐举当得官，命未下而卒。明徐象梅《两浙名贤录》卷三十四称他"读书工文辞，以奇节自负。绍兴中秦桧和议既成，日使士大夫歌颂太平之美，但有言其奸者辄捕杀之。中辅每对客言及时事，必骂'贼桧'。尝作乐府题太平楼，有'快磨三尺剑，欲斩佞臣头'之句。桧闻大怒，踪迹不得而止。居乡每为仇家所挟，将发之，会桧死乃免。自号细高居士，名其斋曰转拙。"可见黄中辅也是一位气节之士，虽居草泽而忧念社稷之心弥笃。各种婺州区域地方志中对黄中辅事迹皆有记载，而且多乐于表彰其大书乐府、痛斥秦桧的义勇行为，可惜的是其行迹仍多有不明。在家族文献中，我们幸运地发现了相关史料，从而解决了这一问题：

> 公讳中辅，字槐卿。黄姓世为浦阳人，父琳始徙义乌。母宗氏，忠简公之女弟。公幼孤，自力于学。事母孝，甘毳温清各极其致。尚气节，不务为苟合。绍兴中权臣用事，乐人附己，不附己者辄置于法。众咸缩颈，独奋不顾，作乐府"欲斩佞臣头"，几获闻于上，士论壮之。屡试不得官，年五十不入场屋，屏居山园，号细高。日以吟咏自娱，凝尘满席，晏如也。尝掌邑庠教，持规严肃，后辈或不乐，公不以介意。后，人思之。县尝以公行义闻于州，州达之漕。漕既覆实，将闻于朝，而公逝矣。去年七十七，实淳熙十四年五月七日也。元配孙氏，继室于氏。男三人，昭祖、绍祖、扬祖，皆业儒。女四人，孙男六人。诸孤将以十五年十一月甲辰葬公于崇德乡李塘山之原。甥喻良能断石以铭其墓。铭曰：生之屯，成之又勤，一命不沾其身。积也厚，发也不舒，人之皆以屡叹而长吁者欤！国子博士召兼工部郎官除太常丞知处州朝议大夫义乌县开国男食邑三百户致仕甥喻良能撰。②

---

① 《先世墓志铭后记》，第280页。

② 《细高居士黄公墓志铭》，《洞门黄氏宗谱》卷四，民国丁丑重修本。

撰写碑铭的喻良能，字叔奇，就是前篇铭文中所说的喻葆光之子，于黄中辅为外甥。黄溍指出："良能仕于朝，尝为太常丞兼工部郎官，以朝义大夫义乌县开国男致其事，有《香山集》行于世，而此铭不载集中。[1]"可见这一宗谱所提供的文献价值所在。

黄中辅次子黄绍祖为黄溍五世祖，复隐居不仕。绍祖生伯信(1170—1242)，为黄溍高祖，"其葬也，宗正丞兼左司郎官朱公元龙方奉祠里居，故我曾祖户部公求为之文，表于墓道"[2]。而这一碑版文字也恰好收录在宗谱当中：

余先君性鲠亮，貌甚严，故寡与人合。独至黄公讳伯信字诚之，雅相厚善，险易休戚，心与骨肉等，到死不寒也。公之子子旸自儿时俊甚，先君摩其顶，挑以文，应口辄对。常语致政公曰："此君家瑞物也，他日必大其门。"已而子旸荐漕，又嘉曰："吾眼不错，一第直溷之耳。"今十年之间，吾父死，公又死，子旸属余表公墓，感慨往事，于义不忍辞。公质直坦易，无城府态，待人一用诚实。平居志行好事，或以缓急疾病苦告，必救恤。意外靳侮，人所不堪，率务包容。每戒诸郎以"处世接物之道，宁厚无薄，宁忍无校"，乡里无长幼咸推为善人君子。及战场屋不利，则绝意举子业。客至留饮，谐笑绝倒，醉则浩歌为乐。诵苏黄诗甚习，证事以史尤精当。蝉蜕家务，与其季敲棋竟日，雨晦弗至则寄声邀之。且曰："人生行乐耳，兄老弟亦老，萧散余生，独不可乎？"噫！逐逐老泚之徒，死不可复，世俗皆是，若公者庶乎其达矣！按黄氏谱，繇浦阳徙之义乌，为诗书家最久。曾祖讳琳，忠简宗公妻以从女弟，其详见兵部公颖所撰墓志。祖讳中辅，以学行为儒先，号细高居士，工部喻良能铭其墓。父讳绍祖，潜德弗耀。细高尚气节，不殖资产，作乐府大书骂秦丞相，几陷祸不测，故生理益落。至公艰俭起家，躬自刻苦，而训子于学。稍长，纵使游四方，结交当世知名士，其望子旸尤切。子旸客外而公负疾，数刻以待其归，一见瞿然，曰："吾疾不可为矣，其弗坠门户，尔曹责也。"未久而逝。盖淳祐壬寅五月丁酉也。生于乾道庚寅九月癸丑，享年七十有三。以太皇寿庆恩封迪功郎。娶宗氏，封孺人。子男四：梦炎、炳、焕、荧。梦炎再荐于漕，子旸是也。焕后其季弟荧，为太学诸生。二女，长适从仕郎安吉州掌书记王囦金，次适进士刘时孙。孙男四：垓、埴、熙老、阿隆。孙女四。以是岁九月丙戌葬于下者塘之原云。朝奉郎主管建

---

① 《先世墓志铭后记》，第281页。今本《香山集》十六卷系四库馆臣自永乐大典辑出，皆为诗赋而无文章。《全宋文》亦失收此铭。

② 《记高祖墓表后》，第209页。

康府朱元龙撰。①

在黄伯信去世一百多年以后，黄溍方从朱氏家集中得到这篇铭文，追慕感泣之余，特撰《记高祖墓表后》，对墓志中所述及的人物与事件加以补充说明。根据这一记载，黄伯信亦娶于宗氏（1178—1269），为忠简公四世诸孙女，后二十七年卒，年九十有二。而墓铭中所说的子旸，即黄梦炎字，为黄溍曾祖。记文还称宗氏之葬，黄梦炎所为圹志有墨本传存，今则未见。

黄梦炎（1203—1272）是黄溍直系祖辈中唯一以进士登科第者。自幼即聪颖异常，善于属文，十一岁时乡先生戏试以"小甘罗之一岁，早已能文"，他应声而对"加孔子之数年，可以学《易》"，其反应之敏捷、文思之清畅出人意表，父辈对其属望日深。绍定戊子（1228）、嘉熙丁酉（1237）两次获中两浙转运司解试，但皆省闱失利，朱元龙铭文中所说的"再荐于漕"，即指黄梦炎两次在转运司组织的漕试中获解，而尚未及第。淳祐庚戌（1250）黄梦炎以免于解试的资格得中进士，这时黄伯信已经去世八年，其"弗坠门户"的期待也最终得到圆满。黄梦炎受知于吴渊，及第后曾入其京湖制置使幕府，平反盗库银冤狱；又入淮东制幕，主管机宜文字，建议捐免屯租，边民得以安心复业；继而由武学教谕出判平江府，吏治廉能，民力复苏。后因丞相吴潜去国，黄梦炎以尝受其兄吴渊荐举而被劾，于是奉祠禄而归里。"秩满，添差淮南东路制置司参议官。提刑使者关奉阃檄决四郡系囚，人称明允。咸淳初，召除司农寺丞，书拟内藏库纲解。斯时内帑空乏而支用浩繁，大征宿负于列郡，裒数多而期会迫急，因轮对力言其弊"，"度宗嘉纳，令内外诸司条具申省以闻。除枢密院编修官，迁太常丞，历兼右司及吏部之尚右郎，官户部之左官曹郎，皆仍兼编修。先是，时宰欲授置言路，而奉行其风指，俾客微示以意，巽谢却之。故虽久在朝行，不过庶僚；乞补一郡，亦靳弗与。引年以朝请大夫致仕，扁所居堂曰桂隐，室曰澹斋"②。其人名节卓荦，立身不苟，惠民忧国，"可谓伟特不群之士矣"③。

黄梦炎有二子，长垓，陈氏夫人出；次塄，方氏夫人出，为黄溍祖父。女一人，适刘景辰，有子名刘应龟。咸淳五年（1269）以"祀明堂恩"，本可援例任子，而黄梦炎辄推让于其

① 《宋故迪功郎黄公墓表》，《洞门黄氏宗谱》卷四。按：朱元龙，字景云，嘉定十六年进士。《全宋文》惟录其残篇《与执政议括两淮浮盐书》，实仅一句而已。宗谱此文可补入。

② 《桂隐先生小传》，第416—417页。

③ 宋濂：《题桂隐遗文后》，《宋学士全集》，第473页。

任，故而其两子皆未以门荫入官。黄埙生于嘉熙四年（1240）六月二十四日，曾以进纳补承节郎，为从九品之阶官，实未及禄仕。卒于大德八年（1304）五月二十四日，享年六十有五。夫人东阳徐氏（1244—1303），淳祐七年进士徐彬之女。徐彬与黄梦炎旧曾同僚，“并入淮西淮东制幕为主管机宜文字，会改建两淮宣阃，又同辟干办公事，故以夫人来归”①。

黄埙少以疾废。此前黄梦炎之姊适王囦金，有女归吴兴丁应复，子嗣孳蕃；其第四子年十二，黄梦炎见而奇之，遂命以为黄埙之后，制名为铸。黄铸（1257—1331）于黄梦炎既老始来归后，及黄梦炎卒于杭州，因黄埙有疾无法执丧，黄铸涉涛江扶柩归葬，举动皆合于礼制。虽年仅十六，而人见其持礼慎重，知可承其宗、振其家。黄梦炎既没，以致仕恩典补黄铸将仕郎，未及赴铨选而宋社已屋，遂绝意于仕进。在干戈扰攘之余，黄铸能随物顺成，克承家业；性情夷旷，居常怡然，以此终身。夫人童氏宝祐四年（1256）六月十九日生，年二十归于黄铸，卒于至正三年（1343）六月二十三日，年八十八。子男五人，长即黄溍，次溥，次淇。余二子，浩，出为刘应龟子，更名为鼎；滋，为黄梦炎长子黄垓之子颐后。女三人，适贾师夔、刘咸、刘拱辰。②

黄溍娶王氏（？—1356），为王囦金之曾孙，王桂之女。③子一人，黄梓，以荫入官，初授同知余姚州事。女一人，适陈克让。孙男四人，瑄、琛、琏、珣。④可以看到虽然洞门黄氏自浦江始迁乌伤，孳衍以至黄溍，已历九世却世系明晰，先世生平文献清楚可信，这是非常难得的，也是黄溍敬祖追宗观念的最直接体现，正是在他的努力搜讨之下，保存了谱牒、碑版等重要文献，从而为今天了解其家世提供了有力的佐证。

二、诗书世泽，节义宗风

正如朱元龙所说，洞门黄氏一族“为诗书家最久”，无论是里居归隐还是仕显于朝，对文化的追求始终是家族重要传统。黄中辅曾经主管义乌庠教，以严厉著称；而黄伯信更是汲汲于“训子为学”。对文化的敬重成为家族百余年发展历程中的鲜明特征，自然这其中也许有“学优则仕”之目的存在，但是文化传承与熏染，对家族潜移默化的影响也

① 《先祖墓铭石表记》，第389页。
② 详参柳贯《元故追封从仕郎温州路乐清县尹黄公行状》。
③ 王氏家世详见黄溍《外舅王公墓记》，第391—392页。
④ 黄溍子嗣情况可参宋濂《金华黄先生行状》。

是难以否认的。邹鲁谚语所说的“遗子黄金满籯，不如一经”，正反映了洞门黄氏在家风塑造中的有意选择。与其将此后黄湣文章坛坫地位的形成归就于个人的天才性创造，毋宁说这与他扬厉家族诗书世泽亦密不可分。从文化积累较明显的表现形式——文集结撰来看，家族中人颇有家集问世。如黄中辅，《义乌县志》即著录其《类稿》十卷；而黄梦炎则“有诗、文、杂著十卷，追纪淮南、涟海、两广、蜀峡、荆襄、沅靖、思播诸蛮之形便阨塞与凡战守之事宜，为《笔记》一卷”①。虽然这些文集皆已散佚，但是宗谱中附收的零星篇章，仍能对家族文化氛围略窥一二。

黄景珪，《全宋文》无此人，而宗谱卷三“遗稿”第一篇就收录了他的《浦江宗谱序》，对家族渊源多有叙述，考虑到以文存人与不易寻检的缘故，特予引录：

> 予稽诸暨之谱序，以为黄氏由建而婺，由婺而越之剡、洪之分宁。同家县之双井良御公之序曰：浦阳始祖字惠卿者，其先本江夏汉尚书令香公之裔孙也。于隋开皇间由江夏而迁婺之浦阳，历传十数世，簪缨相继，岂可诬哉！又征世瑞公之谱曰：惠卿公乃天锡公十六世之祖也。以此观之，则诸暨之谱，其误明矣。虽其叙异同无可据者，然则黄氏之墓见于开元十道图，郡志所载则昭然矣。然以丧乱相承，或迁或徙，乌得尽详焉？而黄氏之分，又明于世瑞公之谱序矣。以为萦府君由浦阳而迁于秀州之崇德，吾祖明远公又迁江西之分宁，亚夫公由分宁又迁婺之金华，父仲明公与堂兄向由分宁复归浦阳。然其来反不一，转徙多端，后岂得悉详而尽察耶？予每为虑，私淑欧苏世经人纬之法、尊尊亲亲之义，搜觅先人之遗稿，书为谱牒。亲者著之，疏者略之，深愧不能绳其祖武。故敢忘孤陋，采而辑之；颇有未备，以俟后之知者。然不敢妄臆以绐后人，亦不敢厌繁而泯先德。《诗》云：“不愆不忘，率由旧章”，此之谓也。党里可不纪述？乃为之记云。五月十一日记。

此文中所云“亚夫”当即黄庭坚之父黄庶，于黄景珪为父辈；堂兄向疑即黄庭坚叔父黄廉之子叔向。所云“父仲明公”，黄湣《八世祖墓重建石表记》则称景珪“父讳昉，字明仲”，宗谱他文引及者亦皆作“明仲”，姑识此存疑。谱序中所表现出的敬祖念宗、和睦亲族观念，实为家族凝聚力的良好体现；而其中审慎的修谱态度，也颇值效法。

在洞门黄氏族系中黄中辅则文名甚显，且有少许文学作品流传于世，人称其“长诗

① 《桂隐先生小传》，第417页。

词而以风节著闻。当秦桧秉国，和议既成，士大夫皆歌咏中兴之美。中辅不平，作《题太平楼》词讥切之，有'筹边未建，先建太平楼'之句，为时所传诵"①。这一脍炙人口的词作《全宋词》仅收录了残句，而宗谱中则有全阕：

沥血为辞，披肝作纸，片言谁让千秋。快磨三尺，欲斩佞臣头。自恨草茅无路，望九重、如隔瀛洲。空长叹，无言耿耿，独抱济时忧。　休休休。真可惜，才如李广，却不封侯。奈伯郎斗酒，翻得凉州。尽道边庭卧鼓，谁知老尽貔貅。凭谁问，筹边未建，建甚太平楼？②

全词大声镗鞳，以气势胜，调系满庭芳，而自是曲子中缚不住者。"伯郎"句化用苏轼"伯郎一斗得凉州"，即汉时孟伯郎贿张让蒲桃酒一斗而得凉州刺史事；"筹边"则用李德裕于西川节度使任上建筹边楼以筹画边防事。词作语句伉爽，陈辞慷慨，其气韵逼人、淋漓酣畅之致，非能仅求于文字之间。《泊宅编》卷九则收录了黄中辅追和苏轼《念奴娇·赤壁怀古》之作，词云："炎精中否，叹人材委靡，都无英物。胡马长驱三犯阙，谁作长城坚壁？万国奔腾，两宫幽陷，此恨何时雪。草庐三顾，岂无高卧贤杰。天意眷我中兴，吾皇神武，踵曾孙周发。河海封疆俱效顺，狂虏何劳灰灭。翠羽南巡，叩阍无路，徒有冲冠发。孤忠耿耿，剑铓冷浸秋月。③"此词题于吴江桥上，正像胡仔所说的那样，"语虽粗豪，亦气概可喜"。词中流露出的对国家社稷的深切忧虑、对窃据要路者空疏乏才的强烈不满、对家国中兴的强烈期待，都至为感人；而沉沦草泽、报国无门的个人感喟则与上词相通。

黄中辅能诗，喻良能《香山集》中有《次槐卿舅咏梅二绝》、《次韵槐卿舅诗寄石榴》，惜黄中辅之原唱已不可见。④宗谱卷三遗稿上收有黄中辅文章三篇：《忠孝堂记》作于隆兴二年(1164)；《新吴桥记》作于淳熙六年(1179)；《重修县学记》作于乾道四年

① 光绪《浦江县志》卷九"黄中辅传"，民国五年(1916)黄志璠再增补铅印本。

② 《洞门黄氏宗谱》卷三。此词又见清王崇炳《金华征献略》卷十三政绩传"黄梦炎"条、嘉庆七年刊本《义乌县志》卷十四志节"黄中辅传"，文字略异。咸丰元年黄氏源远堂刻本《黄文献公全集》卷十一《记居士公乐府》下小注，已据黄氏家乘补入此词。

③ 张勺：《泊宅编》卷九，中华书局1983年版，第49页。此词又见胡仔《苕溪渔隐丛话》前集卷五十九，人民文学出版社1962年版，第411页，文字颇有差异。关于作者的相应考辨可参《全宋词》之按语及杨宝霖《词林纪事补正》卷十九。

④ 《香山集》中另有《五舅处士惠访小园作诗为谢》，按宗谱黄中辅墓铭下有小字注云"行五府君"，此诗所言"五舅"殆即其人。

(1168)。①现将《全宋文》未收的《新吴桥记》引录如次：

> 绣川湖去县治不百步，周环十里，三顾云峦，风烟蔚然；而浮光静影，耀金沉璧，真一邑之壮观。源流接二乡，溉田可数十顷，民濒居，檐缭绕，积年治之，亡有术。固堤防、浚壅塞，将潴蓄以备旱干之患。至夏潦霪溢，则湍涛怒浪坏官亭，冲庐舍，居者苦于漂荡。洎御蔽障、疏沟渎，欲绝奔突之虞，则水势一落，若雷轰电射，纵不复止，而农人无以备灌溉。二事利害相半，未有一举两得者。淳熙四年秋，天台吴公沃丞是邑，曰丞与邑无所不当问，水利吾责焉，尤当先。于是视形势、度功用，计定然后举事。架石为桥，以导于河；砌两壁捍其口，制石闸节其流，随时消涨为之开塞。开不至涸，塞不至泛溢，湖潋滟常如一日，民得皇宁，无虑漂荡，农有所潴，不忧干旱。恩德及人，可千百祀之远，顾不美欤？昔安定胡先生置治事斋，讲水学，高弟刘彝造厥旨。后宦游所至，以兴利闻。公学有家法，有得心之妙，故所施为不劳力而讴吟歌颂藉藉载涂。游者称其桥曰"吴公桥"，可见爱而不忘，且有属中辅文以传。中辅因摭言，系之歌曰：屋鳞鳞兮枕湖居，田每每兮俟湖濡，时不泄兮或不潴，农焦土兮民漂庐。公所学兮家有余，二利兴兮害尽除。郑及白兮名其渠，今指桥兮号为吴。六年五月一日记。

以文辞论，散行中间以对语，既有劲气直达、叙事简练之妙，又多摇曳取容、点缀生姿之致。句式长短相间，既饶整饬之美，又能一气贯注，于长句铺排中积聚文气。叙绣湖景致，则清淡疏越；论水事利害，则急湍奔泻；述水政之善，则条理秩然而多纡徐之态。文末结以谣歌，又于记体文章中略摅讴颂之意，从而使记事与抒情相得益彰，且不落入直白称颂的格套。可以说是一篇安排得法、结构严整的古文，至于记事当中略加议论，亦属于宋文常态。其他两文，在结撰方面也颇具水准。以县学、祠堂、桥梁之兴建为内容的记体文章，因其内容的特殊性，在县域范围内当属大手笔，仅此而论，即当将黄中辅归入地方文化精英之中。

黄梦炎高中科第，《金华府志》称他"博学善文"②，其文化涵养当毋庸辞费。宗谱中

---

① 嘉庆七年《义乌县志》卷三录有其中两文，《全宋文》据以收入，分别拟题为《义乌县学忠孝祠记》、《重修义乌县学记》；《新吴桥记》则为《全宋文》所失收。《浙江通志》卷一百引录文字，有"黄中辅《忠孝堂记》'人物风流，孝行卓异'"之语，正见于宗谱录文。黄溍《义乌县学明伦堂记》言县学有"溍之六世祖处士君所为记"，"石多不存而其文并传于今未泯"，当即《重修县学记》。

② 《金华府志》卷十六，明万历刻本。

收录有杨埴与他的赠答诗五首，可惜其原作已佚。《全宋文》录其文一篇，即《报忠观置田记》。盖为赵汝俳舍居宅、创道院，以伸报亲忠国之忱而作；请记者为主观事、宗忠简五世孙纯一，于黄梦炎为外弟。此文作于咸淳五年(1269)，其署衔为“行太常丞、枢密院编修官”。文章简劲质实，散行文字中亦偶缀骈语，略具融俳入散之效。宗谱卷三另收有《乡校题名记跋》：

> 题名立于嘉定癸酉，续于端平乙未。厥后乡校日益圮，二碑委弃瓦砾中，过者睨弗顾。开庆己未，始改创明伦堂，既而斋序门庑毕备，规制焕然一新矣。邑大夫东嘉李侯补，友朋楼君昙、朱君应象力也，余仲氏焱幸与焉。是岁壬戌，朱君繇舍选奉集英对，而吾邑上春官者凡数十人，斯文其昌乎！楼君更伐巨石，属其季新定通守宴笔之，命工重刊，寘诸堂壁，以俟来者继。自今科第策励，世科趾美，叠见层出，将大书屡书不一书，而宦业显融，氏名表表愈伟，使邑人诩曰：是某年进士，实有考于斯。仲春朔跋。①

题跋当作于朱应象中进士的壬戌年(1262)，崇祯《义乌县志》卷十记载其为景定三年方山京榜进士，与跋文相合。此文短小清峻，在简短的篇幅中，对题名记的原委、乡校重建的经过、乡邑济济多士的盛况、碑刻重书的来由都有清晰的叙述，且表达对庠教效果的美好期望，并借邑人之口点题。文章条理井然，层次繁多而不紊乱，叙事简明而不含混，虽仅为其文章之偶尔流落人间者，不能代表其主要成就，但已能部分反映出黄梦炎的创作水平。

黄铸亦颇能以才学自立，“公始学治经，后从乡先生更习词赋，不区区求解于道德性命之说，而其制行自与之合。中年上下世变，得其兴衰理乱之故，于诸史志传中细绎微言，披发大义，独深会于心，而未尝屑屑为人言之。作字端方，尤工篆籀，曰此吾心之范防也”。②从其求学路径而言，自经学入，而注重史籍的殷鉴作用，不空言性理而严于自持，黄溍治学持身之道与其颇有一脉相承之处。

家族文学创作活动对后辈的影响约略可以分为两类情形，其一是直接指导后人的创作，对其创作的成熟起到关键性的推动作用；另一种则是因异代歆慕的缘故而对后世产生间接的熏陶。从黄溍的具体情况来看，显然属于后者，不过也具有特殊性。一方面

---

① 此文亦见崇祯刻本《义乌县志》卷十，作《跋题名碑记》；又见嘉庆七年刊本《义乌县志》卷十。

② 柳贯：《黄铸行状》，《柳待制文集》卷二十。

其家族诗书传家，有良好的文化传统；另一方面黄溍本人表现出对家族文化执著的追慕心态，对搜罗家集遗文的热情、对家人手泽的敬惜，都显示出虔诚的精神。这使得家族传统成为了解黄溍本人不可或缺的因素。

家族文化中的节义传统则是对黄溍产生重要影响的另一因素，这其中宗泽的作用尤其值得关注。作为抗金名将，宗泽力主恢复失地，乞请高宗入驻汴京，以聚士气而复仇雪耻；乞回銮疏二十余上，皆不被听纳。忧愤成疾，病危之际仍不忘报国，大呼三声"过河"而卒，其"孤忠耿耿，精贯三光"①，以至于连乾隆读宗泽集后也不禁痛斥高宗为"不知有五伦之事，而天良丧尽者矣"。在义乌地域忠孝文化的形成过程中，宗泽的影响与地位是不可或缺的，正像黄中辅在《忠孝堂记》中所说的，义乌地区"山川郁苍，人物风流。孝行卓异如颜氏子，忠义激切如宗忠简，非惟朝野一时钦重，虽禽鱼蛮貊亦识姓字。颜方髫稚，事亲孝，亲丧，负土成陇，感乌衔土，口吻皆伤，视晋许孜悲号墓侧而鸟兽翔舞，过之矣。宗当靖康初边尘扰乱，首奋孤忠，捍御河朔，北人畏遁，视唐张巡死守睢阳障蔽江淮，过之矣。二公世之相后千余岁，琅琅相映若宫商然。自尔居家孝、卫上忠，代不乏人，盖有倡于前也"。颜乌以孝、宗泽以忠，成为"邦国英俊渊薮"，正是乡人在县庠设立"忠孝堂"、以纪念这两位"屹然为中流砥柱"的乡邦俊髦的缘由所在。

由于自身环境的切近，乡邑俊彦的典范作用对乡里而言常具有相当大的向心力，而宗氏、黄氏两家有连，这种影响就显得更为直接。"尚气节，不为苟合"②的黄中辅能在万人海中不顾一己安危，大书乐府痛斥奸臣，支撑这一行动的正是草茅报国的热忱。县志指出"乃若骆宾王草檄斥武后之罪状，黄中辅题词讥秦桧之议和，不胜鞅鞅，逞于一击，几不免于虎口，危矣哉！然其感时愤事，发于忠肝义胆，此亦有所长，非苟而已也"③，虽然对其行事方式略有不满，但对"以风节著闻"④的黄中辅的忠义本性还是相当肯定的。当乡人希望黄中辅为忠孝堂撰写记文时，他毫不犹豫地同意，"或谓中辅今将刻公之事于金石，俾子孙无忘，文非子谁宜为？中辅再拜谢曰：劳苦，幸辱教诲，不敢以不文辞"。当仁不让的行为背后，恐怕不仅仅由于黄氏与宗泽的姻亲关系，更因为在气节操守上两人有相通之处。

① 《宗忠简集》提要，《四库全书总目》卷一百五十六。
② 《义乌县志》卷十三"黄中辅传"，明崇祯刻本。
③ 《义乌县志》卷十三"气节"小序，明崇祯刻本。
④ 光绪《浦江县志》卷九"黄中辅传"。

节义宗风在黄梦炎身上也表现得甚为明显。他秉性纯正，虽多年沉沦下僚，却不改其忧国忧民之志，“辟荆湖置幕，以掌故准备差遣，平反盗库银冤狱，得释者数十百人。入淮东制幕，主管机宜文字，建议蠲放屯租，边民赖以安业。出判平江府，撙节浮蠹，以代民输租；白免淮西总领累岁所索无名钱，民力以苏。咸淳初，除司农寺丞，轮对力陈时弊，请减浮费，乞戒宴私，度宗嘉纳”。[①]如果说这些尚为具有良知的士人官僚所能践行，那么当时宰谕以微旨，希望擢拔黄梦炎为言官而承其声气时，黄梦炎断然拒绝，这种拒斥权臣拉拢、不愿依阿取容的气节就显得难能可贵了。宋濂曾经对其生平勋业有一论定，以为“先生能文，入仕之详，人类能道之。至于志节之卓，政事之美，则鲜有知之者也。先生为人不苟合，忠君忧国之意，惓惓不忘，故于轮对之际，数以修君德、谨边事为戒。权臣才之，欲寘诸言路，使奉行其风指，先生力辞不就。此固足以增夫名教之重，然其仁民之政，尤不可以一二数”[②]。其持身立品之端谨，无疑使后世弥增景行之慕。

作为洞门黄氏的门楣光大者，《元史》对黄溍的品行多有褒扬：“溍天资介特，在州县唯以清白为治，月俸弗给，每鬻产以佐其费。及升朝行，挺立无所附，足不登钜公势人之门，君子称其清风高节，如冰壶玉尺，纤尘弗汙。”自文献可征者而言，黄中辅、黄梦炎及至黄溍，其立身行事，大节相近。薰之沐之，与之俱化，家族文化传统以这种潜移默化的形式，在异代之间得到了绵延与传续。

在黄溍本人的文字中，我们仍能不时感受到这一传统对他所产生的潜在感召力量。在他早年读到宗泽事迹时，曾被宗泽“苍然国家意，委身干戈里”的节概深深打动；也致慨于“巨舟竟未焚，三语犹在耳”、赍志以殁的悲壮情怀。而百余年后，其文集已不甚通行，颇有沉晦不彰之虞，故而黄溍希望后人能够收拾缀辑，不致散佚：“萧然旧祠下，碧草垂阶戺。登堂挹光仪，赤舃仍几几。千载堕泪碑，一夫敢残毁。传家有遗书，叙事非虚美。勖哉慎失坠，庶以裨信史。[③]”在宗氏后世子孙重建祠堂之际，黄溍又撰《忠简公祠记》专门述其起事始末与官履阀阅。《书王氏忠孝堂记后》则论及颜乌与宗泽，称“县人至今奉公与颜君合祠于学官，号其堂曰‘忠孝’云。夫以数万家之邑，上下几二千年，乃得此两人”，虔敬之心溢于言表。至于对其父祖辈德业的追慕与尊崇，笔之于文，在其文集中就更是屡见不鲜了。

---

① 《两浙名贤录》卷三十二“户部郎黄子旸梦炎”，明天启刻本。

② 宋濂：《题桂隐遗文后》，《宋学士全集》，第473页。

③ 《读宗忠简公遗事》，第4页。

三、敬宗意识与宗谱编纂

蓼莪之思寄托了孝子终养父母、感念恩德的情愫，是中国孝义文化传统的重要体现。以报答父母之恩意，溯及于家族宗系，从而发挥敬亲睦族的效果，则是封建社会体现宗族凝聚力的重要一环。在《跋俞好问记外家遗事》中，黄溍曾深情地写道："欲报之德，昊天罔极，凯风寒泉之思，讵有既乎？"在奉颜乌为乡贤且以其姓字名邑的义乌，于本土文化中浸润成长的黄溍，自不能摆脱这一影响。义乌宋时即建有忠孝堂，奉颜乌入祀；乾道丙戌年，知县林元仲更重修其墓以淑化县民。黄溍《过乌伤墓》云："丹青像设始何年，翁仲遗墟自古传。时有北人来下马，不知秦树几啼鹃。牧童解指看碑路，野衲分耕祭墓田。回首长安西日外，茂陵松柏正苍烟。"在元代乌伤显然已经内化为地方文化的内核，牧童与野衲以不经意的行动映现了乡人对颜乌孝义的认同；以蒙古与色目人为主的北人，也会因为内心的敬意，而主动下马瞻视。当这一乌啼日暮的场景，成为地方文化的标志时，比起那屡经盗掘的茂陵松柏来，谁更富有永恒的价值呢？这一感慨也许可以从黄溍的节孝行动中得到回应。

黄溍一生恬于仕进，侍奉亲老唯谨，这一直是时人乐于称道的雅事。张雨称："至正元年(1341)，国子先生黄公提举江浙儒学，迎侍母夫人来钱塘。时夫人年八十有六，雨尝屈致板舆，游开元后圃。先生白发儒衣冠，从子鹤双舞导于前，婆娑花竹荫映间，人皆望而羡之。未几夫人还义乌里第，先生居官甫逾二载，不俟引年，纳禄而去，人又羡以为不可及。"在其母有生之年，迎而奉养；且轻于宦情，以尽孝道，着实让人羡慕。而封赠以荣其亲，守制克尽其礼，亦是其笃于孝义的体现："初，先生官七品，先府君无恙，亲受乐清县尹之封。后五岁而没，卜葬于秦孝子颜君墓北五里，盖傍要离冢之遗意也。夫人既合葬，先生遂庐于墓左而为寿藏于其旁。有乳虎往来，驯伏墓侧，与人相狎而不敢伤，数月乃去。盖孝感所致云。"[①]乳虎驯狎在时人看来，应该属于不常见的现象，显然是被黄溍的孝诚所打动，故而宋濂所撰行状、危素所作神道碑都特意加以揭载。而杨维桢也将黄溍这一孝义行为表之于文，以示矜异："夫先生以忠孝徇己，而又持以教人，事亲孝，故忠可移于君。忠孝本非二道也。至闻先生庐亲之墓，于颜孝子冢傍五里所，与乳虎狎于庐南。此非至孝之感天，而能动物之不仁者，不能如是也。[②]"这一孝义精神，既是洞门黄

① 张雨：《送黄先生归乌伤序》，《黄文献公集》卷十二，中华书局1985年版，第566—567页。

② 杨维桢：《送金华黄先生归里序》，《黄文献公集》卷十二，第567页。

氏的渊雅门风体现，又经黄溍的身体力行而愈加光大。其中既有孺子常念恩德的观念，又有唯恐“子欲养而亲不待”的及时尽孝精神。

欧阳修《泷冈阡表》中曾经说：“为善无不报，而迟速有时，此理之常也。惟我祖考积善成德，宜享其隆；虽不克有于其躬，而赐爵受封，显荣褒大，实有三朝之锡命。是足以表见于后世，而庇赖其子孙矣。”生而尽色养，没而荣封赠，这是孝行的两个方面，以此二端而言，宋濂所说的“先生性笃孝于亲”①，是毫无愧词的。

泰定四年（1327），黄溍时为诸暨州判官，品为第七，依据元代封赠制度可以貤封父母，其父于是年受封从仕郎、温州路乐清县尹。至正元年（1341）时黄溍为江浙儒学提举，官属五品，依著令仍加封赠，黄溍其时因任职之故，不能亲自展墓谒告，遂作祝文以述其情：“维至正二年岁次壬午五月辛未朔二十七日丁酉，孝子奉政大夫、江浙等处儒学提举溍，敢昭告于先考秘丞府君：溍蒙赖教育，窃有禄位。疏恩分土，已表生荣；进秩升朝，载扬恤典。伏奉至正元年十月制书：赠奉政大夫、秘书监丞、骁骑尉，追封义乌县子。庆泽所被，下逮一门。祗念厥由，不任感慕。而溍系于职守，不得躬展彝仪，谨遣弟溥、淇诣墓次以告。②”至正五年（1345）时黄溍已致仕，再次获加赠父母：“维至正六年岁次丙戌正月庚辰朔三日壬午，孝子中顺大夫、秘书少监致仕溍，敢昭告于先考太常郡伯府君、先妣郡君童氏：溍忝有仕籍，垂三十年，幸免旷官，克承委祉。陈情归养而奄罹大故，乞身得谢而获被加恩。伏奉至正五年三月制书：先考赠中顺大夫、同佥太常礼仪院事、上骑都尉，追封江夏郡伯。先妣追封江夏郡君。今虽无燎黄之法，而礼有可以义起，莫之敢废。是用祗荐于墓下，音容如在，命数维新。瞻望松楸，不胜感咽。③”因为屡受封赠，其父母之墓铭等碑版文字已不及登载这一宠荣，黄溍为此特作碑铭后记，对相应情形加以补充记叙，归荣于先代：“所谓考其所自出者，盖有不容尽泯；所谓赠典日隆者，固逆知其可必。溍是用推述而备著之。先君之嘉言懿行、先夫人之淑德令仪，虽非不肖孤所能称道，祖父姻娅、官封卒葬之详，来者或有稽焉。④”

至正七年（1347）黄溍起任翰林直学士，秩为从三品；至正八年（1348）迁翰林侍讲学士，为从二品。典章规定：“正从二品封赠二代，爵郡公，勋正上护军，从护军，母、妻并郡

① 宋濂：《金华黄先生行状》，《宋学士全集》，第916页。
② 《先大夫封赠祝文》其一，第116页。
③ 《先大夫封赠祝文》其二，第116页。
④ 《先考墓志铭后记》其一，第390页。

夫人。正从三品封赠二代，爵郡侯，勋正上轻车都尉，从轻车都尉，母、妻并郡夫人”①，而且在封赠次数方面，“升至正从三品，封赠一次。升至正从二品，封赠一次”②。因此黄溍得以先后两次追赠祖、父。至正十年(1350)四月黄溍终于得请致仕南归，因祖父母两受旌表殊荣，为建竖石表以示荣耀，并撰文追念先德，感慨“龙光赫奕，有陨自天，褒大显荣，贲及泉壤”，故而“虔奉命书，展告玄宅，感慕泣涕，不知所云，姑序其梗概于兹石表。呜呼！来者尚有以知其所自，而永永不忘哉”③。同年七月，则补记于其父墓碑之阴，“间者溍以衰朽乞身而退，始克亲奉帝制，展告以礼，俄复拜召还之命，未遑有所登载。兹幸得请，归守先陇，乃序次其略，附见于石阴之下方”④。

封赠制度以特恩褒赏，其本意在于激劝忠孝，后人可因自己的勋劳而荣及其亲，这一激励措施是颇具振厉之效的。黄溍惓惓于此，每每念及父祖积善余庆则情发于衷，不胜孺慕之意，正是他敬宗意识的强烈体现。不仅如此，黄溍对宗族遗文事迹表现出高度的虔敬，遇有机缘则细加寻访，从而为传承家族文化作出了不懈的努力。其七世祖妣宗氏与六世祖黄中辅的墓志铭，即经黄溍的搜讨而得自宗氏，并作《先世墓志铭后记》以记其事；朱元龙为其高祖黄伯信所作墓铭，亦为黄溍搜辑而得，特作《记高祖墓表后》，称“高祖墓表石弗存已久，溍生于高祖既殁三十五年之后，年今七十，始于朱公家集获见其文。追慕感泣，不能自已，大惧岁月寖远，坠逸不传，谨录而藏之，并疏其纤悉委曲，俾我后人尚有考也”。七世祖黄琳墓因年世久远，“或窃取其石而去，或据其墓垣外余地而有之”，族人“始按其籍，悉复故地，遂伐石重建此表，俾溍志于下方”⑤。为免使黄梦炎的行事功业湮灭，则特撰《桂隐先生小传》以加彰显。

在家集的整理搜罗方面，黄溍更是不遗余力，“先世遗文，岁久或有残缺，极力搜访，补缀成编”⑥。黄中辅的文集即经黄溍理董，“公殁迨今百五十有五年，遗文皆散落，惟所赋乐府，犹为人所传诵。溍尝访求得他诗文与乐府合五千余言，第为三卷”⑦。黄梦炎文

① 《元史》卷八十四《选举志·考课》，中华书局2008年版，第2114页。元代封赠制度迭经兴废，不同时期其官品与等第并不完全统一。散官与职事不对品时，从高者封赠。历官至二品，则以职事为准。

② 《元史》卷八十四，第2116页。

③ 《先祖墓铭石表记》，第389页。

④ 《先考墓志铭后记》其二，第391页。

⑤ 《八世祖墓重建石表记》，第388页。

⑥ 宋濂：《金华黄先生行状》，《宋学士全集》，第916页。

⑦ 《先世墓志铭后记》，第281页。

集同样经过其辑佚整理，黄溍曾得见黄梦炎为朱叔麒代作的启劄，"溍近因裒辑户部府君遗文，而得此稿，凡为启劄总若干通，辄录以授公之孙濂，俾谨藏之"①。而黄梦炎之遗文，黄溍则曾亲自抄录，宋濂亲见其稿："右桂隐黄先生遗文一十二篇，其曾孙翰林侍讲学士文献公溍所钞。濂尝受业公门，见公追念先德，日搜坠逸，手录成编，此盖其稿本也"，"拾遗六篇，公之高第弟子翰林待制王君袆手抄，从公命也"。②躬自搜讨抄录，正足以见其尚德尊祖之意。

在细致搜罗先世遗文的同时，黄溍还秉持求信征实的态度，对相关文献、事迹进行考订。黄中辅满庭芳词传诵人口，黄溍在录藏此词并何恪题跋之后，还结合南渡史实，论断词作本事为刺秦桧和议，而作于秦桧再相之时。于念奴娇词，则将胡仔录文与家集对校，"不同者三十九字，家集盖近岁溍从族人访求编入，而苕溪则得于当时壁间所题。然亦间有舛误而不可通者，乃传刻之讹也。今悉以家集订定焉"③。《宋史》卷四百一十一朱貔孙传言其"迁太学博士"，而黄溍根据家藏诰词指正其误："宋理宗开庆元年(1259)七月，故敷文阁学士朱公由史馆校勘授武学博士，我曾大父户部府君由通判庆元军府事授武学谕，实与公并命。后九十年，是为今至正九年(1349)，乃获观公曾孙业所述公年谱，误以武学为太学。谨录当时所被诰词归之，以补其阙而订其讹。"④《宋史》卷四百一十六汪立信传，称汪为淳祐六年(1246)进士，当其未仕，家贫甚，淳祐元年辛丑(1241)为黄应炎所识拔而引荐于吴渊，"应炎一见立信，与语，心知其非常人，言于渊，渊大奇之，礼以上客"，"是年试江东转运司，明年登第，后其践历略如渊"，则汪立信登进士第为淳祐二年(1242)。而这一记载核诸黄溍所搜藏的文献，颇有不实之处，盖史载之黄应炎实为黄梦炎之误，"户部公讳梦炎，而史误作应炎，失于采听传闻之不审矣"；"其取进士，史或以为见吴公之明年，或以七年为六年，非但自相抵牾，两年亦非策士之岁也。庸谨志之，以俟他日告于史官而订正焉"。⑤这种种详核细致的考辨，当不仅仅因为黄溍

① 《书曾大父代朱签判作启劄后》，第210页。

② 宋濂：《题桂隐遗文后》，《宋学士全集》卷十三，第472—473页。

③ 《先居士公乐府后记》其二，第281—282页。

④ 《跋曾大父除武学谕、武学博士朱公诰》，第189页。吴潜《许国公奏议》卷四《十四日具奏论士大夫当纯意国事》即称"今武学谕黄梦炎"，此文作于景定元年(1260)，可证所述诰词一事不诬。《宋史》之误当因受家传影响。相应考辨可另参黄溍《日损斋笔记》"辩史"第十六则。

⑤ 《读新宋史汪立信传》，第196页。按汪立信实为淳祐七年丁未(1247)进士。另详《日损斋笔记》"辩史"第十五则。

出于史官的敏感，更在于他对承守家族文献的责任意识。文辞之外，其温逊恭亲、敬宗睦族、颂思祖德、启励后人之意，蔼然可见。

而将这一尊祖贵宗行为推而广之，则必然会重视宗谱之作。“自秦汉以来，仕者不世，然其贤人君子犹能识其先人，或至百世而不绝，无庙无宗而祖宗不忘，宗族不散，其势宜亡而独存，则由有谱之力也”①，足见宗谱之重要价值。中国谱牒之学由来已久，在宋代谱学颇为盛行，著名文人苏洵、欧阳修等皆有族谱、谱图之作。黄溍之宝藏祖先文字，博访搜掇遗逸，实即为其编纂宗谱的基础，“若家谍之不谨，祖先文字之不得传，虽有孝于祖先之心，欲究其宅兆而严事之，其可得乎”②？

宗谱作为家族世系与亲缘关系的记载，是家族文化得以传承的重要文献载体。黄溍对此非常看重，以为“世继世，此族谱所由作也；学继学，此家谱所以传也。夫世始于一，而至于千百，服属疏而流泽远，弗稽诸谱，后之相视如途人矣。是故由祖而子，由子而孙，若曾若玄，绵绵延延。不幸有不肖子于其间，旷于学而悖于礼，则谱之置而不传者多矣，是可数也”③。于是黄溍亲行搜辑，纂订体例，以黄昉为洞门始祖，编成洞门黄氏宗谱，“断自九世祖而下，丘垄之尚完、祭享之不废者为之图，若谱远不可知、疑不能明者，悉阙焉”④。这一体例实出于敬慎考虑，庶几可免附会之讥，“盖缺之谱有未登之祖，而吾祖之真者自在；不缺而游移仿佛之间，或且冒他人之祖以为己祖，而其真为吾祖者，反以家谱之作而外见，是岂为子孙者所忍出哉”⑤？黄溍所编纂的宗谱，除相应世系、谱序外，还录入大量人物传记、碑铭及遗文。洞门黄氏之著闻天下者，实自黄溍始，“夫仰文献公之盛，则上欲溯其祖考，下欲问其子孙。而祖考子孙之名，舍谱奚以稽？是则黄氏之谱，乃天下后世人所共睹者，其谱又安可一日无哉”⑥？在这一意义上，宗谱的价值显然并非赖其保存下来的佚文所能拘囿。承沐世泽而能光大其宗、笃于宗谊而能保有厥绪，在宗族社会中黄溍也许是颇具典型意义的。

---

① 苏洵:《谱例》,《嘉祐集》卷十三,四部丛刊本。

② 韩琦:《重修五代祖茔域记》,《皇朝文鉴》卷七十八,四部丛刊本。

③ 《三槐王氏世谱序》,第279页。

④ 《族谱图序》,第273页。

⑤ 《谱系引》,第280页。

⑥ 明弘治元年戊申(1488)王汶《黄氏重修宗谱序》,见《洞门黄氏宗谱》卷一。洪武三十年(1397)黄显忠《黄氏续修宗谱序》云“昔黄氏旧谱,乃先伯祖文献公躬亲编集,无不详备,以遗族众后鉴”,足见此谱之渊源。

第二章 地域、学派与士人网络：黄溍的师友渊源

南宋之后，士人阶层的分化与下移趋势日益明显，学术文化的地方性色彩开始加强。在宋元易代的特定时期，众多文人因家国观念而不愿出仕新朝。他们或隐居乡邑、高蹈遗世，或寄身庠序，以文化承继为职志。[①]地方文化特色的形成与这些士人的活动密切相关，"乌伤壮县，自古迄今，为士夫渊薮"[②]，作为婺学的重要策源地，义乌地方精英积极参与了这一进程。因为时代的缘故，黄溍的成长与这一文化趋势近乎同步，他"比成童，不妄逾户阈，授之以诗、书，不一月，皆成诵。迨学为文，下笔顷刻数百言"[③]，表现出资质颖异的一面；而个人的发展与时代文化氛围尤为切近，正所谓"古人学问，必有师友渊源"[④]，从黄溍的师承授受、朋辈交游中，正能见出地方精英群体对育新人才所发挥的重要作用。

一、师承授受与思想谱系

作为宋元时期学术思想的总结性著述，《宋元学案》将黄溍收入龙川学案及沧州诸儒学案，体现出对黄溍在儒学思想谱系中地位的认可。梁启超曾高度赞赏《宋元学案》"不定一尊"的特点，"各派各家乃至理学以外之学者，平等看待"；又认为它"注意师友渊源及地方的流别，每案皆先列一表，详举其师友弟子，以明思想渊源所自，又对地方的关系多所说明，以明学术与环境相互的影响"。[⑤]这反映了此书力图历史性地反映儒学本身

---

① 由于教谕、山长、学录、学正等地方学官并非品官，因而遗民出掌学事在道德上面临的压力似乎比出理民事要小；路、州教授虽入流品，但学官与行政官员毕竟有所区别，因而元代不乏有前代命官任职儒学的实例。揆其具体情状，追求仕进者毕竟属于极少数。详参周祖谟《宋亡后仕元之儒学教授》，收入《周祖谟学术论著自选集》，北京师范学院出版社1993年版。关于元代地方官学相关问题，可参陈高华《元代的地方官学》，收入《元史研究新论》，上海社会科学院出版社2005年版。

② 沈文衡：《学官题名记》，《义乌县志》卷九，明崇祯刻本。

③ 宋濂：《金华黄先生行状》，《宋学士全集》，第913页。

④ 语出《诗眼》，见《苕溪渔隐丛话》前集卷六，人民文学出版社1962年版，第33页。

⑤ 《中国近三百年学术史》第八章，《梁启超论清学史二种》，复旦大学出版社1985年版，第199—200页。

发展面貌的特点,而非以理学建构为目的而忽视学术思想的复杂性。黄溍学术思想的发展与成熟过程正是这种不主一端、乡域特色明显的文化背景的生动体现。“盖自宋宝庆后,学术纷而陈言是袭。先生成童,禀业山南刘氏(刘应龟),凡十五年。随取征于故老。二十而执弟子礼于南岩方氏(方凤),垂四十年。先生故石氏(石一鳌)甥也,事晋卿(石一鳌)三十五年,接唐卿(王世杰)之绪。总角预南稜(王炎泽)弟子列,五十年续通斋(叶由庚)之宗。盖通斋、唐卿,得先生而三传;而先生后得忠文王氏,是亦足比踪何、王、金、许四氏。抑四氏产金、兰、东三邑,诸氏并产乌。而先生又因方氏,与吴思齐为忘年交,并溯龙川(陈亮)。①”从黄溍问学的经历中,不难看出其转益多师、和齐斟酌的追求。

诸位儒师中对黄溍产生重大影响的当首推刘应龟,而这其实也有黄氏家学的渊源在。宋濂《金华黄先生行状》指出黄溍幼时“尝著《吊诸葛武侯辞》,前太学内舍刘君应龟,朝请府君之外孙也,见而叹曰:吾乡以文辞鸣者,喻叔齐兄弟尔。是子稍加工,不其与之抗衡乎?因留受业”,这是黄溍受业于刘氏的开始。②刘应龟(1244—1307),字元益,以其曾隐居石门山,人称山南先生,为黄梦炎之外孙。刘应龟咸淳年间游太学,马丞相奇其才,欲以女妻之,应龟不可,由是名称籍甚。③宋亡后以卖药自晦,至元二十八年(1291)部使者强起为义乌教谕,后历月泉书院山长、杭州学正。黄溍“于先生为中表子侄行,自丱岁侍先生杖屦”④,以此“受学于先生最久且亲”⑤,曾诠次刘应龟所自序的梦稿、痴稿、听雨留稿为《山南先生集》二十卷,并在刘应龟卒后为作行述。无论在为人、为学、为诗方面,刘应龟都为黄溍提供了很好的示范作用,黄溍曾满怀感情地表示:“惟我

---

① 王廷曾:《补订黄文献公集序》,《黄文献公集》卷首,第13—14页。王氏所言从理学承传角度生发,且颇关注其间师承授受。而就黄溍入学经历而言,《跋傅氏所受诰命》云“溍八岁入学,受《书》于傅先生”,则当为其蒙师。傅先生名肖说,字商佐,其从孙傅藻后又从学于黄溍。傅氏世代业儒而隐迹不彰。黄溍在为《楼存岑门傅氏宗谱》所作序中还不忘言及“吾师商佐先生启沃于溍者良多,讵敢忘其所自”,足见其渊源。

② 根据杨维桢《故翰林侍讲学士金华先生墓志铭》的记载,其时黄溍年十三,则当为1289年。关于刘应龟生平详见黄溍《山南先生述》,第417—418页。

③ 徐象梅《两浙名贤录》卷二“杭州学正刘应龟”条言丞相为马骥。

④ 《绣川二妙集序》,第265页。

⑤ 《山南先生集后记》,第282页。有意思的是,即使在个性方面,黄溍似乎也受到了刘应龟的影响。此文称刘氏“任气好臧否,闾里少年以为厉己,而相与谋中伤之,卒亦无以害也”,大约秉性是颇为刚正的。而史称黄溍“刚中少容,触物或弦急霆震,若未易涯涘”;宋濂《故黄府君墓碣铭》云“文献公刚介,子弟鲜得欢心”;《赠梵颙上人序》更言“予因自念壮龄之时从黄文献公游,宾朋满座,笑谈方款洽,忽有以文辞为请者,公辄戟手大骂,视之若仇雠。或介尺牍至者,细裂之,内口中嚼至无字而后方吐。时公年逾六十矣”,所以当时连宋濂也“口虽不敢言,而中心未尝不疑公之隘也”。

曾祖左曹府君以文章家知名当世,先生以外孙实得其学。顾溍之蒙鄙劣弱,犹幸弗失身负贩技巧之列、以陨先业者,先生教也。先生之庇庥我厚矣。①”

在为学方面,刘应龟“潜心义理之学,每以古人自期”②;他“学本经济,而以简易为宗,读书务识其义趣,未尝牵引破碎,以给浮说”,为文则“雄肆俊拔,飙驶水飞,一出于己,无少贬以追世好”③。在诗歌创作方面尤其擅长,黄溍指出“吾里中前辈以诗名家者,推山南先生为巨擘”,而他在幼年即“知爱先生之诗,顾以材器劣弱,局量褊小,不敢窥其涯涘,徒有望洋而叹”④。由于诗作的散佚,《全宋诗》仅录其诗两首,今日已很难考究其具体成就。七律《春日田园杂兴》在月泉吟社征集到的两千余卷诗作中列名第五,评语谓之“律细韵高”、“敻未易及”,可约略见其风致。黄溍集中录有《次韵山南先生遣兴二首》,从两人唱酬的情况来看,黄溍从刘应龟学诗应该是没有疑问的。在《山南先生挽诗》中,黄溍以“仰惊乔岳失嶙峋,千载风流可复闻”来表达对刘应龟故去的痛悼,而“泪尽侯芭悲独立”则显然是以其衣钵传人自居了。

黄溍幼年又曾经问学于义乌王炎泽(1253—1332),“王氏自宋以来号为儒家,五世祖炎泽得朱、吕道学之传”⑤,黄溍则“自总角忝预弟子列”。王炎泽,字威仲,学者尊之为南稜先生,其母为通斋叶由庚之女。“先生少嗜书,稍长治举子业,颖出侪辈间。运去物改而场屋事废,因得专意探索圣贤之微旨。家庭所受既得其素;而通斋为外大父,又从徐文清公传考亭朱子之学”。“先生气貌充伟,而襟度疏畅,待人一本于诚,言论磊落,无所隐蔽,莫不敬服焉。为诸生讲说,务推明其大义,不事支离穿凿。文简质而主于理,诗极浑厚而间出奇语,不屑以雕刻求工也”⑥。叶由庚为徐侨弟子,而徐侨既曾受学于吕祖谦弟子叶邽,又复登朱子之门,故而王炎泽在儒学思想实际上带有吕氏与朱学的双重影响。

黄溍亦求学于石一鳌,《蒋君墓志铭》指出“溍弱冠时及石先生之门”,《饶州路儒学教授许君墓志铭》言“予幸获执弟子礼于石公”,所述即为这一经历。石一鳌(1230—1311)字晋卿,义乌人,“少从王世杰得徐侨之绪,淹贯经史,举乡贡进士。下笔为文章,如

①③ 《山南先生述》,第417—418页。

② 《两浙名贤录》卷二“杭州学正刘应龟”条,明天启刻本。

④ 《绣川二妙集序》,第265页。

⑤ 吴宽:《明故中书舍人王君墓表》,《匏翁家藏集》卷七十三,四部丛刊本。

⑥ 《南稜先生墓志铭》,第482页。关于王炎泽生平,可参此文及王祎《南稜先生行述》。王祎为王炎泽孙,后复从黄溍问学,以文学节义名世。

波涛汹涌，变化不可窥测。常典教邑庠，远近学者争趋至门执弟子礼，以求讲明圣贤性理之说、修己治人之要。及其门者皆历华跻显，故一鳌之名愈振。晚年覃思于《易》，著《互言总论》十卷，甥黄溍铭其墓"①。不过石一鳌知名于时，其最为时人所推重的却是举业经验，"然自秘丞君（王世杰）以来，惟用举子业相授受，故先生之门，名贤书、升学馆者相望"，"至其端绪之微，蕴奥之邃，世固未必知之也"。而黄溍入门较晚，感慨自己"于先生十卷之书，复未能与有闻焉。间乃掇其弃余，以充有司之求"②，其间不免有谦抑的成分，但对石氏学术掩遏不扬的忧虑，却充分显现了对学术承传的关注。

除此之外，黄溍在《题脱靴返棹二图》中尚对牟应龙以门生自称，不过这应该是由于牟应龙曾应聘预考江浙乡试，而黄溍此年"以非才忝与荐送"③，与讲道问学的师弟关系并不相同。而在黄溍弱冠之后所师事的士人之中，影响最大的则非方凤莫属。方凤（1240—1321）字韶父，婺州浦江人，为宋代有名遗民。方凤"有才学，尝游杭都，所交皆名士。将作监丞方洪奇其文，以族子任试国子监，举上礼部，不中第。主阁门舍人王斌家，教起二子大登、小登。斌与丞相陈宜中为亲舅弟，凤因得见宜中，三以策告之。虽不能听，奏补初品官。既而宜中走海南，事遂寝。后以恩授容州文学。未几宋亡，凤自是无仕志"，"临没属其子樗，题其旌曰'宋容州'，示不忘也"④。方凤并不仅仅以风义自高，他尤精于《诗》，"通毛、郑二家言"⑤。黄溍为方凤入室弟子，"元贞丙申（1296），予幸获执弟子礼，见方先生于仙华山之下"。方凤对其期望甚殷，惇惇告诫他要砥德砺行，"惟有砥砺志，搜剥得其纯。勿以珪璋质，顽石置勿陈"；同时要培养根本，"花实岂不时，灌溉尚期密。毋令根荄伤，委弃等藜蒺"⑥。方凤原本就"好奖拔士，有一善，未尝不与之进"⑦，于黄溍又属同乡前辈，所指授当尤为切近蔼然。黄溍集中所存多首两人赠答之作即是这一情谊的最好说明。

就师承授受而言，黄溍经历了转益多师的过程，其间所得自然有多少之别，从而悟入的领域也各有侧重。像方凤、刘应龟以诗名世，黄溍从其所得诗学，就为他家所少。

---

① 《义乌县志》卷十四，明崇祯刻本。石一鳌生平详见黄溍《石先生墓表》。

② 《石先生墓表》，第721页。

③ 《隆山牟先生文集序》，第230页。

④ 程敏政：《宋遗民录》卷八"方凤小传"，明嘉靖程威刻本。方凤生平另详柳贯《方先生墓碣铭并序》。

⑤ 宋濂：《浦阳人物记》卷下"文学"之方凤传，知不足斋丛书本。

⑥ 《寄柳道传黄晋卿两生》其二、其三，方凤《存雅堂遗稿》卷一，续金华丛书本。

⑦ 胡翰：《谢翱传》，《胡仲子集》卷九，四库本。

其诸多师执之间的共同之处尤其值得关注。一方面他们皆属于婺州地方士人，其居处环境、学系脉络都颇为相近；另一方面他们都经历了易代之变，其气节操守皆有可观。方凤坚定的遗民立场自不必说，其他人入元也多只是出任教职。这实际反映了婺州文人在政治与文化之间的依违态度。在吕、朱等大儒相继沦谢之后，儒学的发展不得不面对大家缺失的境地，正是他们立足于乡域的学术活动，使得儒学的空间向中下层士人拓展，虽然高峰顿失，但不乏众声和鸣。婺学正是在这一背景下形成、发展，而黄溍的受学经历恰好表明在学术承传的意义上，地方精英的价值所在。

而他们各自师承的复杂性，又使得黄溍本人的思想具有婺学的融合特征。《宋元学案》将方凤归入"龙川学案"，黄溍作为"方氏门人"，当然可以看作是龙川学术谱系的延续。王炎泽得其外祖叶由庚之传。叶由庚曾与何基、王柏辨析理学，因而作为"北山学侣"被列入"北山四先生学案"；又执经于徐侨，得传朱子之学；而徐侨又从学于吕祖谦门人叶邽。多重学缘的影响，在王炎泽身上已经表现得非常明显。就石一鳌的学术源流来看，也表现出多重性因素。石一鳌师事王世杰，"初，徐文清公(徐侨)倡道丹溪上，及门者或仕或不仕，皆时闻人。文清之学，盖亲得于考亭；而秘书丞王君世杰，则有得于文清者也。先生少受业于监榷货务都茶场王君若讷，既又从秘丞君游。学日以茂，实大而声远"。而他晚年论《易》则复出己见，"其为说不皆本于徐氏"。吴澄曾评石一鳌《易说》，以为"其说理之当、说象之工，盖于象学、理学，俱尝究心"，而其主旨与吴澄亦有不同，"予补朱义者也，石广程传者也。君释象，予亦释象，则皆程朱之所未言者。虽有不同，而言固各有当也"①。作为石氏弟子，黄溍被列入"沧州诸儒学案"也具有学理上的充足理由。从学术谱系来看，黄溍已处于诸派交汇的文化大背景之中，陈亮、吕祖谦、朱熹等本来颇有歧见的学术见解，在这一交互影响与吸纳之下，已渐趋混同。实际上婺学初创时期就缺乏一统的力量，黄溍对此有透彻的认识，他"尝从乡先生闻乾淳师友之盛，未始不叹其人物之聚、学术之散也。盖婺之学，陈氏先事功，唐氏尚经制，吕氏善性理。三家者，唯吕氏为得其宗而独传。至于人自为书，角立竞起，吕氏终莫能挈而合之也"，贤达凋零之后，士人更是"第以世之所共传为信，遂使散者不可复合，不传者日就泯坠"。黄溍所秉受的各家学说，正具备了这一特定儒学发展阶段的特征。不过众说纷纭当中，并

① 吴澄:《石晋卿易说序》,《吴文正集》卷十七,四库本。《易说》与前及《互言总论》,或当为同一书。

非就没有共通的义理存在，“安知纷然不同之中，有混然大同者在耶”[1]？师承各家自然有广取众长的好处，但也会增加多歧亡羊的困惑，只有在纷歧的学说当中直探本源，把握根本义理进而形成自家体会，才能说是学有所成。从黄溍的学术思想来看，对“混然大同者”的追求，不失为把握其特点的重要方面。至于他在根本经术的同时，重文献、崇史学，则较多体现出吕学特点而多属个人的领悟了。

二、交游耆旧与文采风义

黄溍始生而宋社遂屋，前贤故老多有落拓不偶而晦迹林野之间者，因而在问学之余得以交游耆旧。虽然与执经问业所得略殊，但是老辈仪刑尚在，即使是旬月之间，得以亲承謦欬，也自能在风义与文章方面受其濡染。黄溍同郡好友柳贯即曾指出：“某年长于晋卿，而出游诸公耇老间，乃在其后。于时陵阳牟公居霅，新安方公居杭，如成都两石笋之相望。人固知为神物，而不可狎近之也。然二公之于晋卿，皆能破去崖岸，折辈行而交之；则二公之鉴赏，岂私一晋卿者哉？方韶父、刘元益，吾乡前辈，而某之执友也。韶父国子进士，元益太学内舍生，尝与仇仁近在京庠同业最久且故，兵后皆以诗鸣。其贻书介晋卿以谒者，固将引而进之于道，非有所觊为利达计也。[2]”牟巘、方回、仇远皆与黄溍作忘年交好，这其中除了方凤、刘应龟的引荐之外，更多的应是所谓声气相近；自然也包含了耆旧诸人对黄溍的欣赏与期待。

黄溍与这些文坛宿老的交游与其求学过程是相互交错勾连的，早在十几岁的时候，他就得以结识盘峰先生孙潼发，“溍年十六七，即参陪于杖屦之末。先生古貌野服，高谈雄辨，四座尽倾。每语当世事及前代故实，亹亹不倦。然喜汲引后进，有如溍之无所肖似，犹不以凡子见遇，每折行辈以相倾下”。孙潼发（1244—1310），字帝锡，一字君文，桐庐人，咸淳四年（1268）进士，曾任衢州军事判官，“蜀名卿史公绳祖侨寓是邦，先生暇日辄相与研究先儒性理之学，为士者往往闻其绪言而有所开悟”。宋亡后坚守不仕，以古人风节自期。《宋元学案》将其收入“北山四先生学案”。孙潼发在程钜夫求贤、留梦炎举荐的情况之下，能够秉持气节、自放于山水间，这一遗民精神给黄溍留下了深刻印象，“说者以为，人臣之义莫易于死节，莫难于去国，而屈辱用晦者，亦所难辨。宋之亡也，先

---

① 《送曹顺甫序》，第237页。

② 柳贯：《跋晋卿所得牟方仇三公诗卷》，《柳待制文集》卷十九，四部丛刊本。

生不在其位，而未始行乎患难；不降其志，而卒以明哲保身。从容于出处去就之际，而不至于屈辱。其善用晦者欤？盖人之难能，亦非人之所能辨。是用因其迹以推其心之所存，论次而表显之，庶百世之下有观感而兴起者焉"①。这一人格力量，对于身处异族入主中原朝代的黄溍来说，无法不对其出处观念产生影响。

而黄溍交游的耆旧当中，宋代遗民占据了相当大的比重，月泉吟社诸贤即是显例。除了方凤之外，当年曾预评诗的吴思齐也成为黄溍的莫逆之交，"元贞丙申(1296)秋，予游仙华宝掌间，因得拜先生浦阳江上。先生顾予喜曰：'吾二十年择交江南，有友二人焉，曰方君韶父、曰谢君皋父。今皋父已矣，子乃能从吾游乎？子其遂为吾忘年交。'予谢不敢。先生盖予大父行也。然自是间岁辄一再会，会则必欢欣交通，如果忘年者。先生间为予上下古今人物，使审所择而尚友焉。先生之心，其有望于予者哉！②"吴思齐(1238—1301)字子善，以任子入官，曾任嘉兴县丞；入元不仕，自号全归子。其祖吴深为陈亮婿，思齐能传家学，故《宋元学案》将其收入《龙川学案》。

吴思齐能诗，黄溍集中有《和吴赞府斋居十咏》，所咏为焦桐、蠹简、残画等，类皆残缺不全，正可以见其遗民心态。《书吴善父哀辞后》称他"中岁颇慕管幼安、陶渊明之为人，因自放山水间，时与畸人静者探幽发奇，以泄其羁孤感郁之思"，着眼的也正是其志节。与方凤一样，诗歌其实只是陶写胸怀之具而已。龚开对方凤的诗歌有高度评价，"异时龚公圣予见先生于钱塘，览所赋诗，识以二十二言曰：'由本论之，在人伦不在人事；等而上之，在天地不在古今。'言先生之诗者，无以易此矣"。③这未尝不可用来评价吴思齐的精神追求。正像四库馆臣所言，"盖凤泽畔行吟，往往眷念宗邦、不忘忠爱；开亦以遗民终老，故扬诩未免过情。然幽忧悲思、缠绵悱恻，虽亡国之音，固犹不失风人之义也"④。在后人的心目中，方凤、吴思齐、谢翱等宋遗民，"盖气节不群之士云"⑤。

在获交于乡域诸贤之后，考虑到婺州地域的限制，再加上向学的决心，同时又有方凤诸人的荐引，黄溍开始漫游杭州，以求开拓心胸、增广学识。多年之后他回忆起这一求学经历："始予既知学，颇思自拔于流俗，而患夫穷乡下邑，块焉独处，无从考质以祛所

① 《盘峰先生墓表》，第720页。黄溍另有七律《送孙君文判官文归桐庐》，第55页。
② 《书吴善父哀辞后》，第174页。
③ 《方先生诗集序》，第228页。
④ 《存雅堂遗稿》提要，《四库全书总目》卷一百六十五。
⑤ 《浙江通志》卷四十二"吴思齐传"，明嘉靖四十年刻本。

惑。闻钱塘古会府，号称衣冠之聚，宿儒遗老犹有存者。则赢粮笥书，逾涛江而西，幸而有所接识。然以违亲越乡，不能久与居与游。间获聆绪言之一二，终未至尽大观而无憾也。①”虽然这与镇日执经问学、盘旋坐隅的入门受业有所不同，但是老辈尚存、典型未远，其间教益也是颇值称道的，而这也成为此后黄溍向门生屡屡提及的话题。宋濂就提到，自己“幸从乡先生黄文献公游，听谈杭都旧事，有如淮阴龚公开、岩陵何公梦桂、眉山家公之巽、莆田刘公濩、西秦张公楧、虎林仇公远、齐东周公密，凡十余人，相与倡明雅道，而先生齿为最少，乃与群公相颉颃，南北两山间，其遗迹班班故在”②，可见一时交游之盛。

从时间而言，游学钱塘当在仙华问学之后，黄溍称“某以大德戊戌春，见先生于钱塘”③，所言为1298年谒见龚开事，而与钱塘耆旧交游当即此期。龚开（1222—1304）字圣予，号翠岩，“淮阴人，少负才气，博学好古，尤邃经术。宋季与陆秀夫同居李庭芝幕府。宋亡来居吴下，节愈孤峻。尝作文天祥及秀夫传，吴莱称其不减迁、固”④。龚开以志节称，亦善丹青，宋亡之后以画自给，“其胸中之磊落轩昂、峥嵘突兀者，时时发见于笔墨之所及”⑤。所作两传尤负盛名，也正是其节义精神勃郁于中的体现，古人对其有高度评价：“此等文字当与天地古今同为不朽。百世之下一展卷之际，尚能使人酸楚悲愤不能已已者，何邪？亦以秉彝好德之心，千载一时，不容泯灭故也。⑥”黄溍有诗云：“淮阴权奇士，髀肉老始消。长眉已雪色，頩颜尚红潮。朋游三数公，于焉共逍遥。平生经济策，忘言付诗瓢。”正是对龚开意气慷慨、寄情于诗的欣赏与追忆。

游学钱塘时所结识的耆旧与黄溍多有酬酢，如牟巘（1227—1311），“溍生也后，犹及拜于床下，而辱赠以言”⑦。在其卒后，黄溍又有诗追挽，感慨“后生无复望仪刑，青史徒烦列姓名”⑧。在多年之后，重展牟巘、方回赠诗，昔时的游从情形还不免形诸梦寐，“忆

① 《送汪生序》，第244页。

② 宋濂：《元故湛渊先生白公墓铭》，《宋学士全集》，第619页。

③ 《跋翠岩画》，第193页。宋濂《金华黄先生行状》言黄溍“弱冠西游钱唐，前代遗老与钜公宿学，先生咸得见之。于是，益闻近世文献之泽。暨还故居，从仙华山隐者方君凤游，为歌诗相倡和”，则游学钱塘在结识方凤之后，与其行迹似不合。

④ 正德《姑苏志》卷五十七，四库本。

⑤ 《跋翠岩画》，第193页。

⑥ 孙志道：《书龚圣予所撰文宋瑞陆秀夫二传后》，《宋遗民录》卷十，明嘉靖程威刻本。

⑦ 《隆山牟先生文集序》，第230页。

⑧ 《大卿牟公挽诗》其二，第65页。

昔登堂三十载，梦想时复瞻眉须”，可惜的是老成零落，“两翁风流扫地无，文章光焰埋丘墟”。[①]与仇远的交游似尤密切，黄溍曾陪其赴金陵并登石头城，有“平生一杯酒，及此慰飘零”[②]的怀古与劝慰诗句。在《寄仇仁父先生》中则致慨于其入元之后生活的寥落，“一官十载尚沉沦，门巷萧萧白屋贫”。

从黄溍青年时期的游学经历而言，诗文唱酬所带来的文字方面的进益当属一面；而接闻绪论、获睹故国文献风流当属更为深隐、影响也更深远的一面。特别是耆旧诸人的气节与人格精神，直接影响到这一时期黄溍的政治态度。他曾不无忧虑地表示：“溍生于宋亡之后，犹及见昔之故家人物。其处而不出者，类皆以时异事殊，而有依隐玩世之心。后生小子，习而不察，谨厚之风，日益以衰。”显然耆旧典型遗则未远，他们的政治立场，成为黄溍走上仕途之际首先要应对的最直接参照。

三、师友影响与出处选择

出处行藏关乎士人立身大节，是其行为方式与政治态度的明确外现。对于儒士而言，孔子所说的“士不可以不弘毅，任重而道远”，早就体现出积极淑世精神；而宋儒又将之推括为“为天地立心，为生民立命，为往圣继绝学，为万世开太平”，其间社会责任意识尤显强烈；“知其不可而为之”的悲壮行为更能振起士人的入世情怀。当然如果恰逢“道不行”的时代，“乘桴浮于海”也不失为士人保全志节的选择方式。而这种出处之间的选择，在宋元易代之际则颇有特殊性。

一方面朝代更迭，不可避免对士人带来冲击，更何况是由异族征服王朝取代了汉族王朝。陈得芝先生曾对宋末理宗、度宗朝三百二十八名进士在宋元交替之际的事迹进行考察，发现其中殉国者占 21.65%，入元不仕者占 53.05%，而归降与仕元者仅占 25.3%，其中还有部分人只是出任不入流品的低级教职，还有一些人则入仕未久即回归退隐。[③]从中可以看到这一特定时段士人的政治选择，其间凸显的遗民精神是颇值关注的现象。黄溍的师友中，方凤、吴思齐、孙潼发、龚开等都是甚有影响的遗民，因而黄溍表示：“载念某之少也，从先生长者咏歌先王之道于宽闲寂寞之乡，将以

① 《题陵阳牟公紫阳方公诗卷》，第 33 页。

② 《陪仇仁父先生登石头城》，第 44 页。

③ 陈得芝：《论宋元之际江南士人的思想和政治动向》，收入《蒙元史研究丛稿》，人民出版社 2005 年版，第 571—595 页。

是终其身”,①考虑到身教的因素,实在是比较自然的。在《连雨杂书五首》其二中,他表示:“昔慕栗里翁,颇复志耕耘。偶入翰墨场,把笔学为文。偃蹇独何成,喧啾浪云云。念彼荷蓧子,穷年愧其勤。”以隐居不仕的陶渊明为榜样,自然可以看出他的出处选择。虽然儒户的户计出身让黄溍在元代颇有儒冠误身的感慨,②但是能保全志节且可以免受荷殳披蓑的勤苦,也不失为一种安慰。不过这与一味消极避世显然有所区别,在他欣然于“鄙人昧时趋,旷途夙所遵。幸远簪组累,稍欣田圃邻”③的同时,当亲见流莩遍地却征敛追迫,也不免要发出“吾贱不及议,为君陈苦辞”④的呐喊,以显出对民瘼的关注。当然这是有限度的,“遗世岂予敢,匡时非我任”⑤,这一对同人的表白,明白昭示了黄溍对政权的刻意疏离。

另一方面,元代儒士的地位相对于宋代士人的优渥处境而言,显然有霄壤之别。虽然不至于像“九儒十丐”那样极端,而且儒户还享有豁免科差杂役的权利,但是元初科举废止、重吏轻儒的现实,都极大限制了士人的出路。⑥揭傒斯所说的“士失其业、民坠其教、盗贼满野”⑦,一定程度上不失为元初的社会写照。在进身之途大为逼仄之际,以往被蔑视的皂隶,则成为士人的不得已选择,“今之由儒入吏者,肩相摩,袂相属”⑧,其间取舍对于世代业儒的黄溍而言,未始不构成心理上的障碍。

不过随着时间的流逝与元朝政治经济局面的逐渐平稳,士人的心态也在不经意间发生递迁。社稷鼎革所造成的哀思愁怨之音渐渐淡去,“考察元初江南士人思想态度的变化,大体可以看出,世祖、成宗之交是一个转折时期。到这时,故宋士人思想上所谓‘节义’的堤防已渐崩溃,‘同人’、‘随时’之说盛行,有不少多年退隐不仕者出而勉就元

① 《叶审言墓志铭》,第484页。

② 《洞门黄氏宗谱》卷二《文献公历授散官始末》对黄溍出身、仕履有明晰记载,为史料价值极高之履历性质文件,文中明言黄溍“儒户出身”。黄溍自叙屡屡言及,如“予故诸生也,忝被官使”(《送应教谕诗序》)、“予故婺之诸生也”(《送李子贞序》)、“忝繇诸生,蒙恩锡第”(《谒先圣祝文》)、“溍忝繇诸生,与闻有政”(《诸暨州谒庙祝文·先圣》)、“始公佐宪府,溍因公行部,以诸生礼见”(《深州知州致仕刘公墓志铭》),不一而足,皆可证黄溍当以儒户身份而入邑庠就学。

③ 《东园晚归》,第6页。

④ 《览元次山舂陵行有感近事追和其韵以寓鄙怀》,第11页。

⑤ 《寄方子践子发》,第6页。方樗子发、方梓子践,俱方凤子,为黄溍友人。

⑥ 关于元代士人地位问题,详参萧启庆:《元代的儒户:儒士地位演进史上的一章》,收入《内北国而外中国:蒙元史研究》,中华书局2007年版,第371—414页。

⑦ 揭傒斯:《富州重修学记》,《揭文安公全集》卷十,四部丛刊本。

⑧ 《送宣公书院陈山长序》,第237页。

朝官职”[1]。宋元易代更多地被解释为天道兴废，这显然并非个人所能左右，还是顺应天时，正像赵孟頫所说的那样，“往事已非那可说，且将忠直报皇元”[2]，不失为直面现实的方式。此说是否有悖于节义伦理暂且可以不论，而士人仕元的心理压力经过这一阐释，显然要淡化得多。因而当黄溍同南宋遗老宴饮之际，可以从容地讽劝他们，“盈虚信天运，废兴岂人为。愿公姑舍是，一觞聊可持”[3]。刘应龟即曾出应教职，黄溍则明白地提出，“鹏鷃逍遥端可耳，玉堂何必愧柴扉”[4]，以为不管是归隐或是入仕，只要各适其志即可。在他交游的耆旧中，如仇远、方回就都曾任职于元，而这似乎也并不妨碍黄溍对他们的尊敬。[5]

或许这与诸人多只是出任教职有关，且有不得已的苦衷，并非仅是熏心于权势。而由宋入元的文人中，赵孟頫也许可算是颇具舆论影响也富有争论性的一个。黄溍对其才华品行不吝赞许，屡屡形之于题跋，以为“宋诸王孙，前有子固，后有子昂，人品皆为当世第一”；甚至还有时隔三十九年之后效仿赵孟頫于杭州南山再行雅集的举动。[6]但由于赵孟頫宋宗室的特殊身份，他的入仕似乎并未得到普遍的认同，晚年的黄溍在赞许“赵松雪，宋宗室，画唐马称第一”的同时，仍不免将他与以身殉国的李芾、文天祥、陆秀夫相比，以为“李潭州，文丞相，口血模糊尸铁强。一瓣香，为有此，何人慷慨崖山死？董狐有笔直如弦，元宋分明两青史”。[7]其间褒贬不言自明。

不过这些对于黄溍而言，尚不足以构成出仕的羁绊。早在他出生的时候，江南就已纳入蒙元版图，他无需背负上前辈遗民那样的沉重心理包袱。元代“内北人而外南人”的政权特点对南方士人确有很大歧视，但随着文化政策的逐渐宽松，政府采取极具象征意义的延纳南方有名士人的举措，以及师友中人的入仕行为，都不免使得学优则仕的意识悄然滋长。黄溍的临岐彷徨最终因其好友叶审言的举荐而打破，起初他“绝无仕进

① 前揭陈得芝文，第592页。

② 《元史》卷一百七十二《赵孟頫列传》。

③ 《陪诸老夜饮》，第4页。

④ 《次韵山南先生遣兴二首》其二，第56页。

⑤ 《叶审言墓志铭》指出：“至元、元贞间，部使者振举学校，悉延至前代遗老，以主教事，一时英俊之士，咸立下风。”可见出任儒职正是当时士人的普遍选择。

⑥ 《题群芳图》，第205页。南山雅集事见《南山题名记》，第317页。

⑦ 《题子昂春郊挟弹图》，第39页。陈高华《赵孟頫的仕途生涯》对其入仕经历与心态演变有详细分析，且认为：“他的出仕应是自愿的，并非被迫。”文见《元史研究新论》，第203—219页。

意，其友叶君谨翁力挽之出。大德五年(1301)，举教官”。①《寄叶审言》一诗正描述了黄溍在得知被推举之后的心情：“千里相思黄叶初，喜传消息慰离居。姓名漫入山公启，怀袖元无贾谊书。已分耕芸供赋敛，胡令汲引到樵渔？临歧踯躅频回首，风雨萧萧雁正疏。”《述怀》中说到，“夙违金门路，缅爱丹丘名。谬忝君子顾，捧己厕群英”，当也是指受到荐举一事。虽然他颇有晦迹渔樵的初衷，但并无绝然遁世的意图，因而在叶审言的推动之下，黄溍略显被动地开始了登仕的尝试。

叶审言(1272—1346)字谨翁，金华人。曾祖叶邽，受业于吕祖谦。叶审言幼承家学，于书无所不读，卓然自立，父子互为师友。《宋元学案》将其一门列入“丽泽诸儒学案”，且专揭“叶氏家学”一目，足见其学术具有根本。叶审言弱冠举教官，历浦江、义乌教谕，升衢州明正书院山长，借授处州缙云县官政乡巡检，调晋江县主簿，迁吉水州学教授，后改调婺州路司狱，以瑞安同知致仕。叶审言早年颇有壮志，曾北走大都以求有遇，“叶君披短褐，志力何雄哉！北走叫阊阖，红尘指崔嵬”②，结果失意而归。教官向来被称为“冷官”，在元代其迁转尤为困难，叶审言即多年困顿于此。所交游者则多为名贤，“许谦、柳贯、张枢、黄溍咸乐与为友”③。黄溍集中今存多篇与其酬酢文字，并为之撰有墓铭。至于他力荐黄溍出任教职，则与元代教官的选任制度有关。路、州教授为品官，其选任较为严格，元初往往要经由“学校公众”从“前进士人员”中推举，或者虽无出身，却“学问该博、年高德劭、为众所推、堪充教授”者，方可入选。④一般所能获得保举的，多为直学、教谕之类低级教职。由于叶审言的教官身份，他力荐黄溍才学优长、堪任学职就成为顺理成章的事情。

不过教官的难以升迁也是出名的，“自直学至教授，中间待试、听除、守缺、给由，所历月日，前后三十余年，比至入流，已及致仕，情有可悯”⑤；黄溍本人也承认：“若夫县教

---

① 宋濂：《金华黄先生行状》，《宋学士全集》，第913页。此说当本于黄溍《叶审言墓志铭》“审言力挽之出”。据危素《神道碑》，举教官为此年春。

② 《赠叶审言别》，第7页。诗中有“尚念穷贱者，衡门守蒿莱”之句，当作于大德五年之前。据黄溍《明正书院田记》，皇庆元年(1312)叶审言为明正书院山长，则叶审言北上似在义乌教谕任满之后。诗中又言“十年今何官，茅屋歌苍苔。岂无琅玕树，凤飞故低徊”，可见是暂弃教职而去。吴师道《寄叶审言并简晋卿》云“燕尘越水旧衿裾，何事今年赋遂初”，亦与其北上行迹相合，并知其曾退隐。

③ 《两浙名贤录》卷二“瑞安州同知叶审言谨翁”，明天启刻本。

④ 《庙学典礼》卷二《学官格例》，四库本。同书卷三《正录任满给由》记载，至元二十七年(1290)后“江淮迤南教官，从本路儒学公众推举保申”，也强调了举荐者的身份。

⑤ 《元典章》卷九，吏部卷三“正录教谕直学”，元刻本。

官，率选署于阃外。累其月至九十，始得上名铨曹，补郡文学，而与医卜执技者齿。满六岁，乃得预流内铨。其阅历之勤且久如此。老生宿学既无所事乎其间，有志之士苟资以自进，固不得俟乎强而仕矣。[①]”和黄溍同时举为教官的曹顺甫二十余年之后方才升转为温州路学正，就是一个典型的实例。黄溍经过试察中选，也必然要经历这样一个漫长的淹滞岁月，正像他所说的那样，出任学官之后“予讫不调”[②]。在经过内心的艰难抉择之后，他终于决定由儒充吏了。

在元代儒士有限的入仕选择之中，吏职或许难有“清流”之誉，但是比起教职来其升迁要容易得多，“元之有天下，尚吏治而右文法。凡以吏仕者，捷出取大官，过儒生远甚，故儒多屈为吏”[③]。根据《行状》记载，大德七年(1303)黄溍“举宪史”[④]。这应该是指黄溍应举为肃政廉访司书吏。元代儒人入吏有所谓“岁贡”制度，至元十九年(1282)即有规定：“若遇本道按察司及本路总管府岁贡之时，仰本司、本路行下本学教授，于系籍儒生内选试行义修明、文书优赡、深通经史、晓达时务、可以从政者保申，本司再行体覆相同，然后贡解。”名额方面，“岁贡人额，按察司、上路总管府，三年一次，贡二名，儒一名、吏一名；下路总管府，二年一次，贡一名，儒、吏递进”[⑤]。廉访司俗称宪司，按察司即其前身，至元二十八年(1291)诏令更名。宪吏职责颇重，而且两台监察院书吏需由各道宪司书吏选补，因而不失为从仕的捷径，“廉访司按治宣慰司、路府州县，而监察御史分守省部寺监；刷磨诸司案牍，纠察官吏非违，别白厉害，举到贤否。奉行之吏，其责尤为不轻”，因此其选用标准也较为严格，“大抵吏人一须行止可观，二须吏事熟闲。若更涉猎经史，以儒饰吏，可为全才。然全才罕得，有能于儒、吏中精通一事者用之公，选之当，亦足为众推服”。为避免举选泛滥，还需要“立题守试，考中程式，方可收补”[⑥]。

婺州为浙东海右道廉访司辖内，且为宪司治所。黄溍以应试之故到司，并作《上宪使书》以陈情：“仆乌伤之鄙人也，郡县不见菲薄，猥以充贡。由是昧昧于一来，庶几求伸其所欲为。重惟呈身识面，昔人所耻，辄不敢踵门纳谒，以速诮让。”作为晋谒性质文字，而能不卑不亢，充分表明黄溍平日持养有素。文中反复以风俗淳美为言，慨然于选举未

① 《送郑生序》，第243页。
② 《送曹顺甫序》，第237页。
③ 方孝孺：《林君墓表》，《逊志斋集》卷二十二，四部丛刊本。
④ 危素《神道碑》、杨维桢《墓志铭》皆作“举宪史”，文字虽略异而所指则相同。
⑤ 《庙学典礼》卷一《岁贡儒吏》。
⑥ 《元典章》卷十二，吏部卷六“考试廉访司书吏等例”。

能得人、反而造成觊幸趋竞之风，希望“居大人之位”者能够经由选拔人才一端而化风俗、抑奔竞。并明确表示一己之得非所萦怀，而当以“人才风俗为念”，“某于门下既不得有私谒，又不容嘿嘿而遂已也，辄敢显诵所闻于左右。若夫引而进之，抑而绝之，明公事也，非仆敢知也”。文章理义充沛，气盛言宜，能自大处着眼，故虽属求进文字而不陷茶然。实际上黄溍对自身学识才干颇为自信，他直言“仆生而寒微，赖家世遗绪不失身于农工商贾之列。幼而知书，年十五六而能属文。时之钜工宿学，皆幸而与之进，莫不玩其华而望其实也。仆于是忽然以疑，释然以悟，尽弃俗学之陋而务极其业于力之所至。凡圣贤精神心术之妙，古今废兴治忽之由，固尝窃窥之”。这一上书应该起到了作用，宋濂《金华黄先生行状》即称“就试皆中其选”。

从黄溍现存诗文来看，其出任宪吏后，行迹见于湖州、杭州、桐庐、金陵等处，皆为浙西道廉访司辖内。如《杭州寄里中一二同志》感慨自己“浪走红尘真自笑”，应不是隐居未仕的口吻。《五月二十日金陵客舍漫书》先言自己出世，“不拟芙蓉珮，终然挂寂寥”；结句又言“苍苍丛桂树，愁绝小山招”，流露出对这一选择的犹疑。其任职地域当亦与元代宪吏选任的回避制度有关。至元二十二年(1285)即有规定：“按察司书吏奏差，拟令一体回避本道收补”；这应该是有鉴于“外据各道廉访司书吏奏差，职役虽微，关系甚大，多系本道按治路分前后司吏选取。其源既非精选，其流似难得人。各人深知土俗奸弊，暗与路府州县官吏相通。或为容隐，或为透泄。遇有词讼，恣意起灭，把持官府，实为伤公害事”。①黄溍籍贯本属浙东道，而任职则为浙西，当即为避道选用的结果。至于他曾淹迹金陵，则应与浙西宪司上级机构“专莅江南之地”的“江南诸道行御史台”治所位于建康路有关。

在入吏之初，黄溍还颇想有所作为，他在《发金陵留别一二同志》中表示：“盛名不易居，直道我所遵。虽枉嘉遁志，未渝白圭言。”这显然是鉴于“白圭之玷，尚可磨也；斯言之玷，不可为也”，表明自己虽然违背初衷出仕，但不会弃置进道与为人的原则。不过随着时间的流逝，内心的失落也与日俱增。吏事繁剧、难以得志行道、不被同人理解，都让他心生悔意。这年的年底他就感慨自己出处不慎，“如何山中人，岁莫尘埃客”②。在《逸山过姚紫芝别业》中他慨然于昔是而今非，“念昔去岩壑，辍耕白云中。白云故无恙，我

① 《元典章》卷十二，吏部卷六“收补书吏奏差”、“书吏奏差避籍”。

② 《晓望》，第7页。

乃羞樊笼”。在与好友方子践的赠答中，更因有违夙约而多次表示愧疚，“相逢感畴昔，出处愧匆匆”，“向来常处士，早已负诸公”。①从《次韵子践秋社归岩南》中“时情冉冉心如醉，世议纷纷耳欲聋”、“蹉跎偶负平生约，已复人间岁一终”的沉吟，亦可看出黄溍在物议沸腾的舆论压力之下的痛苦与彷徨。最后他终于觉察仕非其时，“希世乖近务，慕隐余衷诚。愿言良时晚，庶保幽人贞”，决定重归园田了。

导致他“复退隐于家”②的原因，按照杨维桢《墓志铭》的说法，是“多忤上官去”。或以为“金华黄溍晋卿早年为湖州长兴吏，因簿书被棰。乃弃吏发愤读书，登乙卯进士第，为世名儒，官至翰林侍读学士”③。这一说法近于小说家言，并不一定可信。实际上黄溍在《答客问》中，对这一问题有所回应。写作此文的目的正是因为“仆大德中忝被选举，一时后进之士多见拔擢，而仆方退居田里。或讥其苞苴不修，以为迂阔。乃仿昔贤，述其问答之辞”。可见在很大程度上是因为其行止与官场习气不合，而且违背了其秉性与追求。在文中他对“眩势交之荣悴，昧俗化之隆庳，睹撵橇之利用，而将乘之阶陀”这样的官场追逐势力行为痛加贬斥，直言在出仕时机不合适之际，惟须“共己俟命”；但同时自己归隐乡里并非是沽名钓誉，“洁名以为高，矜己以自熹”。在仕与隐的选择上，黄溍通过自身的经历，逐渐形成了清晰的认识：“时盈时虚，天理之常。乃仁乃义，人道之纲。是以君子立不易方，故曰勿行尔悔，无患名不大；勿信尔欺，无患禄不随。”可以说，在元初科举未复、士人进身之阶逼仄的情况下，黄溍举教官、任宪吏，都是儒士的通常选择。从最初的被动入仕、到最后的决意退隐，可以看出黄溍在师友影响之下对仕途的疏离之感，也能发现他对出处选择并不陷于偏执，而是相时而动，当仕则仕、当隐则隐。不消说游宦未遂的经历对黄溍而言是一次打击，特别是奔走红尘、供役吏职对于世代业儒的文士而言更带有心理上的折磨，但是这一尝试促使黄溍对仕进道路有了清醒的认识，也影响到此后他的宦海选择。多年以后他还不忘指出：“某窃观昔人去就之际，出者或未能无累于物，处者或专务使影响昧昧、不闻于人。此二者皆过也。”在对待出处的态度上，过犹不及，故而君子执两用中，“进不徇人、退不绝物”④，这一理解和黄溍早年的游学游

---

① 《八咏楼遇方子践》、《杭州寄子践》，第46页。

② 宋濂：《金华黄先生行状》，《宋学士全集》，第913页。按黄溍举宪吏之年八月二十四日，其祖母童氏卒，黄溍当丁忧；次年五月二十四日，其祖父卒，亦当持服。黄溍或即因此弃职而去。

③ 《农田余话》卷上，明《宝颜堂秘笈》本。

④ 《秋江黄君墓志铭》，第564页。

宦经历应该颇有关联吧。

宋元易代对南方士人产生了重大冲击，由于蒙元贵族重根脚、崇世袭，“任官惟尚门第，非国人右族不轻授以爵位。至于南产，尤疏贱之，一官半职鲜有得者”①。社会各阶层重趋封闭，流动性较宋代大为减弱。即使仁宗时诏行科举，由于举额限制与对南人的歧视性规定，科举对于吸纳精英群体的意义也非常有限。在这种情况下，精英阶层与其居住区域的生活联系更为密切，精英作用得以扩散。②黄溍青年游学时期，广泛与婺州精英群体接触，其交游网络以婺州地方为主，并逐步展拓至江浙行省。砥砺向学、激荡风义的群体活动，使黄溍形成了不名一师、和齐斟酌的思想特色，体现出婺学的包容和会特征。婺州作为南宋遗民群体的重要活动区域，地方精英的政治意识对黄溍产生了重要影响。在尝试适应现有政治秩序的游宦经历中，黄溍初步形成了随意任运、出处无累的观念，既表现出对政权的认可，又显示出一定的疏离姿态。这既与南宋遗民的激越情绪有异，又与众多明初士人因政治高压而刻意避俗不同，反映出元代江南士人在政治活动中的特定心态。

① 瞿佑：《归田诗话》下卷《年老还乡》，知不足斋丛书本。
② 参牟复礼：《蒙古统治下的中国社会》，《剑桥中国辽西夏金元史》第九章，中国社会科学出版社 1998 年版。

第三章 难进易退：黄溍的游宦生涯

元朝混一天下以来，虽然疆域与政治版图得到极大拓展，但由于“内北国而外中国、内北人而外南人”心态的根深蒂固，南人在社会、文化中一直受到压抑与排挤。以仕宦途径而言，元代本就注重“根脚”，由入值宿卫而骤登荣宠在贵族子弟中并不乏人；而南人往往只能由吏入仕，羁縻于繁重的吏役当中，“少不下廿年始出官”①。像赵孟頫那样“被遇五朝，官登一品，名满天下”②者毕竟属于少数，这固然是因为“论其才艺，则风流文采，冠绝当时”③，更恐怕与其宋宗室的特殊身份有关。即如“诗文为有元一代冠冕”④的虞集，虽官至翰林侍读学士，而其出仕亦由荐授而始，且有“前代名宰相家子”的光环，对元代一般士人而言未必具有普遍性，特别是考虑到科举恢复之后南人更重科第的入仕取向。从宦海沉浮的经历来看，黄溍似乎更能体现南人的通常入仕路径。早年举教官、举宪吏，已不免使黄溍倍感宦途多歧；此后延祐复科，终由进士而正式步入仕途，却又浮沉州县，直至晚年方得跻为通显。这与元代科考在选官系统中不占重要地位有关，更典型体现了士人赐第后并不顺畅的仕途：“例不过七品官，浮湛常调。远者或二十年，近者犹十余年，然后改官。其改官而历华要者，十不能四五。淹于常调，不改官以没身者十八九。⑤”多年沉居下僚的经历，锻炼培养了黄溍的吏事才干⑥，也让他更多地接触到现实民生；此后虽然官位渐高，却也只能算是清显之职。游宦积年而能不系累于此，未至引年而峻于谢事，皆反映出黄溍在出处之间的淡然；宋濂在《行状》中许以“揆之古圣贤之道，盖无愧也”，洵然并非虚辞。

---

① 许有壬：《送冯照磨序》，《至正集》卷三十二，四库本。

② 杨载：《大元故翰林学士承旨荣禄大夫知制诰兼修国史赵公行状》，明初刻本《松雪斋集》附录。

③ 《松雪斋集》提要，《钦定四库全书总目》卷一百六十六。

④ 四库本《道园遗稿》书前提要，《总目》无此语。

⑤ 苏伯衡：《送楼生用章赴国学序》，《苏平仲文集》卷六，四部丛刊本。

⑥ 黄溍早在任宪吏之时写给好友杨载的《怀杨仲弘》中就提到：“谬惭推吏事，吾敢望平津”，虽谦称不敢企及“习文法吏事，而又缘饰以儒术”的平津侯公孙弘，但足见黄溍精于吏事早年即有所反映。

一、奋由一第

在游宦不遂之后，黄溍弃吏职归隐于家，这一经历被其友人吴师道寄诸吟咏："绣湖有客今奇才，豫章千丈翻风雷。读书羞坐广文馆，骑马欲上黄金台。石头城边访遗迹，长吟不换公卿檄。故山丛桂唤君归，十年被褐无人识。"①此诗作于皇庆元年(1312)，对于黄溍举教官、游金陵、弃宪史皆有描绘，而"十年被褐"一语表明黄溍隐读于乡里已近十年，则黄溍应在举宪吏之后很短的时间内即弃之而去。不过黄溍显然并非刻意绝然于仕进，他正在"共己俟命"，所谓"处非吾介，出非吾通。自信不疑，卒蹈厥中"，恰好可以形容他的心境。②

这期间于敬业修德、绩学属文之外，黄溍也多事交游。至大三年(1310)，黄溍客游杭州，与邓文原、松瀑真人黄可玉、儒鲁山禅师等游从唱和，并有"谬托下陈虚自诧，飞扬无力思何穷"③的感慨。此年春又与张枢等游金华赤松山。④皇庆元年(1312)则漫游湖州，谒见赵孟頫，赵孟頫于此年"十月廿九日"为黄溍早年诗文集作跋，许之以"用意深切而立言雅健"⑤。黄溍集中有《湖州路总管府题名记》，题下小字注"代赵学士作"，当即为赵孟頫代笔，可见其文学才华已得到承认。⑥此外黄溍还作有《长兴州东岳行宫碑》，文称岳神行宫"经始于皇庆元年之十二月，而告成于明年之三月"，则碑文当作于1313年。《两浙金石志》卷十五收录此碑，称"资善大夫徽州路总管孟淳撰，集贤侍讲学士中奉大夫赵孟頫书并篆额"，所录孟淳文章与黄溍碑文颇有相合者，应该是以黄溍之作为基础重新拟定，而文称"落成于今年四月"，末署"延祐改元岁在甲寅(1314)四月十一日记"，则似与重修的进度有关。结合诸端来判断，黄溍这一文章的写作当亦与游历吴兴

① 吴师道：《寄黄晋卿二首》其一，《吴礼部文集》卷四，清抄本。此诗系年详后。

② 《秋江黄君墓志铭》，第564页。

③ 《同儒上人谒黄尊师于龙翔上方修撰邓公适至辄成小诗用纪盛集》。此后三十一年黄溍有追和之作，诗题略云"至大庚戌(1310)正月二十一日，予与儒公禅师谒松瀑真人于龙翔上方，翰林邓先生适至。予为赋诗四韵，诸老皆属和焉"。

④ 黄溍有诗，题称"予与子长以庚戌之春、癸酉之夏两至赤松"。

⑤ 跋语见于四部丛刊本《金华黄先生文集》卷三末。据行状，赵孟頫至大四年(1311)五月升集贤侍讲学士、中奉大夫，用从二品例推恩二代。据其文集，"皇庆元年请假归"，"五月十三日，孟頫被旨许过家"，"八月六日钦奉制书，告于吴兴郡公墓下"，"十二月甲子，立石于郡公墓侧"，知两人会面、作跋即于赵孟頫暂回湖州谒告上冢之际。关于赵孟頫行实，可参见任道斌：《赵孟頫系年》，河南人民出版社1984年版。

⑥ 董斯张《吴兴备志》卷二十四"金石征"著录，称"皇庆元年集贤侍讲学士中奉大夫赵孟頫撰并书"。

有关。

从黄溍在湖州的交游来看，其目的似并不仅限于游学，正像吴师道所说的，“似闻幕府招延君，法律应须早致身”①，也许这可算是一次较好的出仕机会，不过元代科举制度的变动，使黄溍不需为此而再费踌躇了。

蒙元以武力经营天下，创业之初本来就对文教措意无多，虽经王鹗、陈祐、王恽等多次陈请举行科举，但均以有司难之而事寝不行。特别是蒙古贵族以其触及自身利益，反弹尤大，甚至出现“自国家混一以来，凡言科举者，闻者莫不笑其迂阔，以为不急之务”②的现象。至深受汉文化影响、锐意于文事的仁宗即位，情况方才出现了转机。在李孟、程钜夫、元明善等人的建言擘画之下，仁宗本着“设科取士，庶几得真儒之用，而治道可兴”③的愿望，于皇庆二年（1313）十一月下诏以科举取士。这一政策影响深远，“盖中原自金源氏灭，贡举废且百年。故延祐癸丑诏下，天下耸动，思见德化之盛”④。

与唐宋时期贡举士人“投牒自进”略有不同的是，元代规定：“举人从本贯官司于路、府、州、县学及诸色户内，推举年及二十五以上，乡党称其孝悌、朋友服其信义、经明行修之士，结罪保举，以礼敦遣，贡诸路、府。其或徇私滥举，并应举不举者，监察御史、肃政廉访司体察究治。”⑤于是在延祐元年（1314），“县大夫又强起先生充贡乡闱”⑥。根据考试程式的规定，乡试共分三场：八月二十日第一场，汉人南人明经，试经疑二问、经义一道；二十三日第二场，汉人南人于古赋、诏、诰、章、表内科一道；二十六日第三场，汉人南人试策一道。吴师道称“甲寅（1314）秋，与黄晋卿夜宿杭佑圣观”⑦，当指来应乡试。元廷对乡试考官的安排也有详细规定，“在内监察御史、在外廉访司官一员监试。每处差考试官、同考试官各一员，并于见任并在闲有德望文学常选官内选差。弥封官一员、誊录官一员，选廉干文资正官充之”⑧。当年江浙行省的监试官为佟伯起，考试官为许师

① 《寄黄晋卿二首》其二，此诗前云“故人别我今何适，书来尚作吴兴客”，知当作于1312年。
② 张之翰：《议科举》，《西岩集》卷十三，四库本。
③ 《元史》卷二十四《仁宗纪一》。
④ 许有壬《送冯照磨序》，“延祐癸丑”当为“皇庆癸丑”（1313）之误。
⑤ 《元典章》卷三十一，礼部卷四“科举条例”。
⑥ 宋濂：《金华黄先生行状》，《宋学士全集》，第913页。
⑦ 《吴礼部诗话》“作诗之妙”条，知不足斋丛书本。
⑧ 《元典章》卷三十一，礼部卷四“选考试官”。

敬，李洧孙任同考试官。[①]试题中经疑二问有一为“忠恕”[②]，而古赋题则为“太极赋”。科举试艺本有经学、词赋之争，以词赋多涉浮华，而经学关乎政教，故而元代将律赋、省题诗、小义等都摒弃，而本之朱熹《贡举私议》，朱学得到官方确认。以古赋取代律赋自然也是有鉴于律赋割裂声病、缀辑新巧的弊端，而变律为古更强化了其中的经学色彩。黄溍的应试之作在当时产生了巨大反响，“晋卿以《太极赋》领乡荐，学者传诵，时因称之为‘黄太极’也”[③]。这一赋作今存集中：

厥初冯翼以瞢闇兮，维玄黄其孰分？爰揭揭予中立兮，配天地以为人。曩既学而有志兮，纷遑遑其求索。曰道不可名兮，孰无征而有获？

翳皇羲之神圣兮，感龙马之负图。得妙契于俯仰兮，何有画而无书？岂至道之玄远兮，非名言之可摹？懿尼丘之降神兮，廓人文以宣朗。揭日月于中天兮，启群昏之罔象。指道妙于难名兮，曰以一而生两。是谓太极兮，非虚无与惚恍。高下以位兮，天尊地卑。燥湿以类兮，五行顺施。南乾北坤兮，西坎东离。万物错综兮，殊巨细与妍蚩。孰主张是兮，兹一本之所为？历两都而江左兮，胡乱说之纷霏？岂清言之弗美兮，去道远而愈失？伟先哲之独诣兮，重指掌于无极。揭座右以为图兮，开盲聋于千亿。谓斯道之匪它兮，在夫人而曰诚。几善恶犹阴阳兮，兹吉凶之所生。嗟奇论之后出兮，穴墙垣为户牖。析同异于一言兮，或曰无而曰有。莸终不可使薰兮，垩终不可使黝。道惟辨而愈明兮，贻话言于不朽。

昔圣门之多贤兮，缤入室而升堂。端木氏之颖悟兮，仅有睹其文章。虽亚圣之挺生兮，犹叹其前后之无方。畴敢索无声于窅默兮，孰能求无形于微茫？惟下学而上达兮，炳圣谟之洋洋。诸生之贸贸兮，方钩深而摘隐。探赐也之所未闻兮，夸神

---

① 俞希鲁《郭天锡文集序》云“延祐甲寅之秋，科举肇行”，“时宪史佟公伯起实监试榜闱中”。韩性《薇山先生虞公墓志铭》云“延祐甲寅初行科举，左丞许公(师敬，字敬臣，许衡第四子)董试江浙，择试官必当世师表，遣使致公(虞荐发)”，“遂应命”。黄溍《霁峰李先生墓志铭》称李洧孙“延祐元年，以选为江浙同考试官”。此外，据黄溍《邓公神道碑》，“仁宗即位，诏以科目取士，江浙行中书省檄公(邓文原)考延祐元年乡举”；《隆山牟先生文集序》言，此年牟应龙“应聘出持江浙文衡”；贡师泰《黄学士文集序》称，“先生领延祐甲寅乡荐，先文靖公(贡奎)实为考官，于师泰有契家之好”。据《三场文选》所录考官批语，知此年考官尚有刘志善。黄溍另有《谢乡试主司徐照磨启》，其名不详。从实际情况来看，考试官员显然超过了规定所云的“各一员”。这或因考试官与同考试官出于正式任命，而虞荐发、牟应龙、刘志善等则属于应聘参与评阅科举程文，即世人所泛称的“考官”之类有关。

② 韩性《薇山先生虞公墓志铭》：“试闱经问‘忠恕’，或引‘天地忠恕’以对。”

③ 陈旅：《次韵黄晋卿与张伯雨道士高丽式上人会于杭州开元宫》，《安雅堂集》卷二，四库本。

奇而捷敏。持空言如系影兮，曾不满夫一哂。曰予未有知兮，何太极之敢言？秉思诚之遗训兮，矢颠沛而弗谖。庶返观而有得兮，明万里之一原。申诵言以自诏兮，聊抒意于斯文。

赋以体物为宗，而"太极"一题本属性道微言，尤难措辞。此赋则先揭橥题旨，点明太极关乎宇宙混沌的本初状态，杳渺难言；继而对道学统系中由伏羲画卦、孔子系辞、周子作图说等"太极"阐释史进行勾勒；最终表明太极之旨微茫难求，惟当以圣人之言为衷，以思诚为持养准绳。文章既能就性理而言其要，不落窠臼而力避迂腐之论，且切合应试士子身份，声口允称，音调浏亮。正像吴讷所分析的那样："甲寅乡试，江浙以太极命题，斯实二气五行之本，继善成性之原，非若一事一物可以铺张形容、旁比曲喻以成赋也。故长于辞藻者多悖理而害义；专于经训者率成有韵之文。此篇理趣纯熟，音节爽朗，下句命字不失赋家调度；且如太极之义，自源徂流，发明殆无余韵。后之赋性理者，不可不知。"①考虑到能在场屋这一特定的场合之中写就此文，确实无愧乎作手。黄溍由此声名大振，在乡试中脱颖而出。这一年"行江浙中书省试士钱唐，凡一千二百有奇，九月辛未（二十日），列合格名士里寓于书，上丞相府"，"江浙闽二十八人"，②黄溍实居前列。

会试定于次年的二月，于初一、初三、初五分试三场。元代规定举子需自行准备试卷，正月十五日就要到中书礼部投纳，卷面用印钤缝后发还。因而黄溍应该在更早就已经来到大都，这一次考试也很顺利，"复在选中"③。此后则进行廷试，考官人选方面，"知贡举乃读卷平章政事臣李孟、读卷参知政事臣赵世延、集贤学士臣赵孟頫"④，而元明善此年"廷对又充读卷官"⑤。三月初一日于中书省印卷，卷背用印钤缝。三月七日黎明入试，汉人南人试策一道，限一千字以上。策题内容则与荒政有关，"当是时方内乂安，文

① 吴讷：《文章辨体》卷五，古赋四"太极赋评语"，明天顺刻本。

② 叶盛：《胡石塘送诸生诗序》，《水东日记》卷十二，中华书局1980年版，第127页。

③ 宋濂：《金华黄先生行状》，《宋学士全集》，第913页。按黄溍乡试名列第三，会试则为第十六名，《新刊类编历举三场文选》收录其应举文字六篇，（《全元文》录文三篇）乡试策题为"问官冗吏污民嚣俗弊"，会试策"问农桑学校"。此书完帙存于日本静嘉堂文库，国内唯有残帙。具体情形参见陈高华：《两种〈三场文选〉中所见元代科举人物名录》，收入《陈高华文集》，上海辞书出版社2005年版；另见黄仁生：《元代科举文献三种发覆》，《文献》2003年第1期。

④ 许有壬：《跋首科贴黄》，《至正集》卷七十二。

⑤ 《元史》卷一百八十一《元明善传》。

物熙洽，而圣策所问，犹以稼穑伤于水旱，细民致于饥寒，未能家给人足为忧”①。黄溍在廷对时“惓惓以用真儒、行仁义为言，辞甚剀切，读卷者以其颇涉于激，缀之末第”②。元代进士左右榜皆分三甲，此年共取士五十六人，仅过当初所定举额一百人之半而已，其中蒙古色目人又占据了十六人，可见竞争之激烈。黄溍被划入“末第”，实即第三甲，赐同进士出身，放榜为三月十三日。③高中之后就是一系列的活动安排，四月十七日，赐恩荣宴，进士簪花；二十七日，于中书省祗受敕牒；二十九日具公服，诣殿廷谢恩；三十日，便服诣都堂参谢；五月二日，谒先圣庙，行舍菜礼。④这期间黄溍还以门生之礼谒见了李孟与赵孟頫。⑤根据科制规定，第三甲以下授官皆正八品。元代散官制度多承金制，初次除授，散官当低于职事两阶；仁宗特命官、职对品。于是黄溍经吏部铨注，敕授将仕郎、台州路宁海县丞，开始正式步入仕途，而这一年他已经三十九岁了。

二、州县沉浮

自兴科举以来，由进士而入仕宦即成为诸多士人的目标，在唐代就有“搢绅虽位极人臣，不由进士者终不为美”⑥的说法，其受推重可以想见。不过元代官、吏之间的界限趋于淡化，由吏员进阶者颇不乏人，而进士沉抑于下僚者也甚常见，其宦途相较而言似乎并不具有太大优势，“科目行，士皆蕲一第以行其志。然其初入官，率多得州县，又往往居佐贰下僚”⑦。但就首科而言，对之满含期望则是必然。友人陈樵虽对黄溍未能授职清显略有遗憾，但更多的则是期许：“岂无清切地，州县程其期。⑧”黄溍在“有日酬天

---

① 苏天爵：《跋延祐二年廷对拟进贴黄后》，《滋溪文稿》卷三十，中华书局 1997 年版，第 506—507 页。许有壬《跋首科贴黄》亦言自己对策“切于救荒”。按此年廷试策题为元明善所拟，见于《元文类》卷四十六，略云：“今天下虽久宁谧，户口虽甚蕃滋，而稼穑或伤于水旱，细民或致于阻饥，未能家给人足，时犹仰济县官。岂行仁义犹未尽效邪?”又见于欧阳玄《圭斋文集》卷十二。

② 宋濂：《金华黄先生行状》，《宋学士全集》，第 913 页。

③ 《元婚礼贡举考・御试程式》：“三月十三日，赴阙，听候唱名”；黄溍《谢乡试主司徐照磨启》亦云“三月十三日蒙恩赐同进士出身”。据《元史・选举一》记载，实际上放榜前一天礼部即已“告谕中选进士，以次日诣阙前”。

④ 参见《元婚礼贡举考・进士受恩例》，见《庙学典礼》(外二种)，浙江古籍出版社 1992 年版，第 164 页。

⑤ 《秋江黄君墓志铭》云：“初，李韩公(李孟)以中书平章政事知贡举，某用门生礼拜公里第”；《跋赵魏公书嵇中散绝交书》云：“予以延祐二年领荐上春官，拜公(赵孟頫)于京邸，时犹为侍读学士”。

⑥ 王定保：《散序进士》，《唐摭言》卷一，学津讨原本。

⑦ 李祁：《送陈元善赴海北宪掾序》，《云阳集》卷四，四库本。

⑧ 陈樵：《黄晋卿见过却归乌伤》之二，《鹿皮子集》卷二，四库本。

造，终身返布衣”①的抱负与清醒中走马上任，其《初至宁海二首》形象地描绘了地方风物与初始观感：

地至东南尽，城孤邑屡迁。行山云作路，累石海为田。蜃炭村村白，樱林树树圆。桃源名更美，何处有神仙？

缥缈蛟龙宅，风雷隔杳冥。人家多面水，岛屿若浮萍。煮海盐烟黑，淘沙铁气腥。停骖方问俗，渔唱起前汀。②

宁海于元属上县，其地倚山临海，崇山侵汉，巨海惊涛；因刘晨、阮肇遇仙之说，又别号“桃源”。诗中所言捕鱼、煮海、烧炭，都反映了宁海县民的治生特点：“宁海介山海间，民有三等。濒海则专治罾笱、作扈渎，以渔为业。远则涉海听春、骑艚放钓；或拼性命，逾大薤、越韭山、过诸行及日所出处，捕踞沙大鱼石首间，有遇风覆溺之患。近则采螺蚌蛏蛤珧蛎之属以自赡给，或载物货往他郡为商贾，或为官削土蓢蓧者。海水为路，至郊外近郭聚落，则其人稍稍务农力本，畜鸡豚、种蔬茹、治生产作业。居山则翦木垦壤、治田畴、树桑柘、畜养牛羊；农隙则薰狸、捕鹿、射彘，刈茗为篝、燔木为炭，负荷入市贸易。”③在农业社会中，地理环境往往对经济情况具有重要的限制作用，宁海因此其民多贫，而风俗喜讼，并不容易治理。

不过黄溍本善于吏事，在任上颇有卓荦可言者：“先生在宁海时，县地濒于盐场，而亭户恃其不统于有司，肆毒害民，民不敢正视。编氓之隶漕司洎财赋府者，亦谓各有所凭，横暴尤甚。先生皆痛绳以法。吏惧，以利害白，弗顾也。有后母与僧通而鸩杀其夫者，反诬夫前子所杀。狱将成，先生变衣冠阴察之，具知其奸伪，卒直其冤，远近以为神明。巡兵捕盐，贩者急遂沈盐于河，帅众以拒。巡兵怒，乃取他私贩事以实之。民有在盗籍者，谋为劫敚，未行，邑大姓执之以图中赏格，初无获财之左验。事皆久不决，先生为之疏剔，以其狱上，各论如本条，免死者三十余人。”④由于黄溍出色的吏治表现，当肃政廉访司官员董士恒巡视郡县、体覆按察公事时⑤，其具体事务就多委任给黄溍，“公为

---

① 《次韵答陈君采兼简一二同志》之五。元代赴任程限最远亦不得超过五十日，违限百日以上即作阙任处理，故黄溍至宁海当在延祐二年。

② 《文献集》卷一此诗题作《秋至宁海》，则黄溍秋日至官。

③ 《宁海县志》卷一《舆地志·风俗》，明崇祯五年刻本。

④ 宋濂：《金华黄先生行状》，《宋学士全集》，第914—915页。下引黄溍行实皆出此文，不另注。

⑤ 吴澄《赵国董忠穆公墓表》称董士恒“初以特旨授承务郎、真定路总管府判官，继历肃政廉访司，官佥事凡再、副使亦再”。据《元典章》所载，延祐四年即已明确规定“各道廉访分司每年八月中分巡，至次年四月中还司”。

黜其以贿败者军百户一人、县吏二人、在官无禄者四十余人”。

县丞在县级官员中虽属佐贰，缺乏独立裁断的权力，但是其地位并非可有可无，“丞者令之贰，所以述县事而辅令者也。是故辅之无缺，则一县蒙其福；毫发有间，则百里为之不宁矣。丞之设岂虚也哉”？[①] 从黄溍治绩来看，虽然劝课农桑、究心水利也属于职司所系，甚至有祈雨灵应的征验：“岁大旱，祷于灵湫，有白龙蜿蜒见湫中，已而黑云四兴，大雨如注，县以有年”；但主要集中于决狱平讼，而这也与宁海弊俗有关。其地虽习尚勤俭，但“其人好使气，善斗讼”，“甚至骁悍诪张，稍有仇怨，即兴谣造谤，匿名投递。任侠之徒，时时持官府短长，要结武断，包纳逋负。治之急，辄倡衅构陷”。[②]民俗民情如此，陈樵在《送黄晋卿之任》中所说的“为治须三尺”，得到了充分体现，“愚民以婚田斗竞往诉，咸下其状，多至数十百。先生录其当问者，即不当问者遣之。先生明习律令，世以法家自专者，有弗如也。凡经其论定，翕然畏服，不敢重有辞”。

黄溍筮仕宁海，属地僻远险绝，[③]而且吏事繁剧，但他颇能应对裕如，并善于自我调适。在游览当地名胜石台后所作的《石台纪游诗序》中，他就淡然表示：“卑高远近，物之不齐者也。夫苟无累乎物，斯异方而同得者也。”足见其胸中真趣与品性修为。

当黄溍勤勉于佐治县政之际，江浙行省则正酝酿修改盐法。盐政对于元代经济情况有极为重要的意义，“国家经费，盐利居十之八”[④]。元代实行榷盐制度，由盐户专门从事盐业生产，经盐运司、分司、盐场等层级实行对产盐的直接管理。经销方面，主要有经商人中介的“商运商销”模式和国家直接经销的“官运官销”模式。商运商销指商人向国家交纳钱物，购买盐引，然后凭盐引到盐场（或盐仓）支盐并分销各地；官运官销则主要体现为计口食盐，即根据人口分配盐额，直接征收盐价。这两种方式在元代不同时段所占比重不同，但都体现出政府对盐业的垄断与控制，“国之所资，其利最广者莫如盐”[⑤]，决定了盐业国家专卖制度的必然。为了进一步加强对盐业的管理，大德四年（1300）两淮改行盐法，因为“比年以来，诸人盗卖私盐，权豪多带斤重，办课官吏贿赂交通，军官、民官巡禁不严，以致侵衬官课”[⑥]，故而规定盐商不再经盐场而是至盐仓支盐。这一制度

① 戴良：《长洲县丞杨君去思碑》，《九灵山房集》卷十，四部丛刊本。
② 《宁海县志》卷一《舆地志·风俗》，明崇祯五年刻本。
③ 《霁峰文集序》云：“宁海为县，在东南斗绝处，其地多连山穹林，而大海距其前。”
④ 《元史》卷一百七十《郝彬传》。
⑤ 《元史》卷九十四《食货志二·盐法》。
⑥ 《元典章》卷二十二，户部卷八“新降盐法事理”。

对江浙也产生了影响，延祐五年曹伯启“迁司农丞，奉旨至江浙议盐法。罢检校官，置六仓于浙东西，设运盐官，输运有期，出纳有次，船户仓吏盗卖漏失者有罚。归报，著为令”①。至于两浙改盐法的具体时间，当在延祐七年(1320)，《元史·食货志五》载两浙盐运司公文，称“本司自延祐七年改立杭州等七仓，设置部辖，掌收各纲船户，运到盐袋贮顿在仓，听候客人依次支盐，俱有定制”，所言即是改法立仓一事。②这一改革中各盐场皆设立了监运官员，黄溍即为其中之一，“延祐七年十月二十日知除房吏部呈：奉省部江浙省咨，选拟黄溍两受台州路宁海县丞，历三十一月，未该升转。合于本等正八品选用。历过月日，受任理算。蒙都堂议得，奏准前职，散官如故，次任两浙都转运盐使司石堰西场监运，散官如故。至治元年二月祗受敕牒，迁充前职”③。故可知黄溍在至治元年(1321)即迁任石堰盐场监运官。

石堰场在余姚境内，“北至海三十五里，旧名买纳场。宋分石堰为东、西场，庆元初置仓设官监，后并东场于鸣鹤而西场独存”，黄溍监运的即为西场，而其盐赋又非常繁重。④另外由于水路的汊网交错，私盐贩运颇为猖獗；而运转过程中的折损等，也使得其职任并不轻松。在督运中“冒不测之险，躬执贱事，日夜与持筹小吏较其锱铢”⑤，其间繁琐劳苦可想而知，但也充分展现了黄溍通晓吏事的一面：“在石堰，视亭场为尤囏，居是官者常以秤盘拆阅及不能检防私鬻被谴。先生规措有法，无毫分入于吏议。”盐场监运要负责支装盐袋、运送收纳，溷迹于下吏之中，投简编而督输运，对于士人而言很难说不是用非所长。但文人在元代沉抑于下职属于普遍现象，正像黄溍劝慰故交李子贞所说的那样：“夫任人之道，必其才与事称，是以习而安焉。然人之才品有万不齐，非有司所能周知也，为士而不得守其职业，岂独予与子贞然哉?”而且南人本来在元代就受到排斥，从仕机会尤为不易，“今天子明圣，慎简辅弼侍从之臣，以秉钧持衡，俾吾徒获返其初服，甚幸。若夫指道德性命之言，为吏议所不急，而惟以簿书出纳为问，此则儒者自失其

---

① 《元史》卷一百七十六《曹伯启传》。

② 《元史》同卷亦载：“延祐七年比两淮之例，改法立仓。纲官押船到场运盐，赴仓收贮，客旅就仓支盐。”《食货志二》则称：“延祐六年，罢四检校所，立嘉兴、绍兴等处盐仓官，三十四场各场监运官一员。”似当指延祐六年曹伯启即行措置，至七年始诏行。

③ 《文献公历授散官始末》，《洞门黄氏宗谱》卷二。

④ 《两浙海塘通志》卷十二，清乾隆刻本。元代宋禧《两浙都运盐使司判官阿哈玛特公惠政记》即云“越之石堰场，赋最重”。

⑤ 《送李子贞序》，第250页。

职业，而非有司之过也”。显然黄溍并不认同陷迹职守、弃儒入吏的选择，而寄希望于在纷仍丛脞的杂役之外保持士人的本质追求，“举其职业而不以是琐琐者自累”①，这也正是黄溍在繁重的职事之余能保持超然的精神动力。

盐务本来就苛杂繁琐，官吏的素质对其成败起着非常重要的作用，“惟得人焉而尸之，则财阜民康，经用不匮；非其人，往往挟权骫法，殖私以厉民，不至敓爵丧躯而不已”②。黄溍在石堰盐场政绩不俗，“阅四载，以功，超一资升从事郎、绍兴路诸暨州判官”，其具体时间当为泰定元年（1324）。③

判官属于所谓“民职”，正像黄溍所说的“被命佐州，与有民社”④，是州政的佐贰人员，凡州内事务皆可赞画连署。故而黄溍“受任之初，延登耆年，询以风土”⑤，竭尽劝课农桑之责。此后在赞协治体方面颇有作为，如公廨兴作，“捕盗司屋坏，撤而改作，无敢后期”；平抑赋役，“巡海官船例以三载一新，费出于官而责足于民，有余则总其事者私焉。公莅是役，撙节浮蠹，还其余钱，争欢呼而去”；鞫勘罪囚，“奸民以伪钞钩结党与，胁攘民财，官若吏听其谋。挟之以往新昌、嵊县、天台、宁海、东阳诸县，株连所及百余家，民受祸至惨。郡府俾先生鞫治，一问皆引伏。狱具，官吏除名，同谋者各杖之百”。此外，则要接受上司临时差委，“奉省檄监税杭州，先生御之以宽，商旅四集，仅阅三月，增钱十二万缗有奇”；泰定四年（1327）还奉郡檄穷郊原，赐高年帛。⑥

不过州判更重要的职守在于逐捕盗贼，即《元史·百官志》所云的“兼捕盗之事”，盖“凡州判官、县尉、巡检之设，职捕盗也。官甚卑，职为甚要”⑦。黄溍于此亦能恪尽职守，纠察猾吏、缉盗谳疑：“捕盗卒阴置伪钞板于良民家，乃白于官往索之，恶少年持梃从者近百人。先生遇于野，诘从吏曰：‘弓卒额止三十，安得此曹耶？可缚送于州。’闻者遁走。有盗系钱塘县狱，游民赂狱吏私纵之，假署文牒，发兵来为向导，逮捕二十余家。先

① 《送李子贞序》，第251页。

② 张养浩：《大都河间等路都转运盐使约约惠政碑》，《归田类稿》卷九，四库本。

③ 据《文献公历授散官始末》，“至治三年十二月二十六日，类选部注绍兴路诸暨州判官，散官任从仕郎。泰定元年三月廿六日，奏准前职，三任从仕郎、绍兴路诸暨州判官。泰定元年四月，祗受敕牒迁充”，距至治元年受任正好四年。

④ 《诸暨州谒庙祝文·城隍》，第113页。

⑤ 《诸暨州劝农文》，第117页。

⑥ 参见《奉府帖赐高年帛晚宿孝义山中赋》、《蒋君墓志铭》，第14页、第602页。

⑦ 危素：《邬子柴巡检方君去思碑》，《危学士全集》卷十一，清乾隆二十三年刻本。吴师道《婺源州重修捕盗司记》亦云“州以判官兼捕盗”。捕盗司多以州判兼领，故而屋宇新作实属其职分。

生疑而讯焉，悉得其情。以正盗宜从重议，持伪文书来者又非州民，俱械还钱塘，诬者自明。”诸暨素有难治之名，“诸暨故为俗尚气而喜争，牒诉纠纷，为长吏者恒患其不易治”①。而黄溍却能应对裕如，充分发挥他的吏治才能，“一导以善政，民多从化”。

不消说多年的州县仕宦经历，对黄溍管民任事能力而言既构成巨大的挑战，也未始不具有玉汝于成的独特意味。虽然他以律令明习、吏事精娴而多受肯定，甚至在常人视为畏途的盐场监运任上也能兢兢业业、克任其职，但对于世出儒家、以诗书节义自持的黄溍来说，职任的繁剧纷扰与藉科举以行志的理想之间，落差是显而易见的。就连休浣之际，也无法摆脱“公事痴儿何日了”②的感喟。不过黄溍“困于州县几二十年”③的偃蹇，终于因同年马祖常的举荐而打破，“至顺元年（1330）十月奉敕牒迁”④应奉翰林文字同知制诰兼国史院编修。这一年黄溍已经五十四岁，距离他释褐也已有十六年了。

三、白首登瀛

元代官吏任用制度本有重内轻外的特点，京官相对于外任官员有更便捷有利的升迁机会：在品阶迁转方面，“内任官率一考升一等，十五月进一阶。京官率一考，视外任减一资。外任官或一考进一阶，或两考升一等，或三考升二等”，已表现出明显的差异；而任期方面亦有不同，“随朝以三十月为满，在外以三周岁为满”，⑤体现出外任官员的弱势地位。故而大德七年（1303）郑介夫上《太平策》就指出这一任官制度的弊端：“今内任以三十个月为一考，满即升一等，又多是内任迁转。外任以三周为一考，三考得一等；又有给由、入选、待注、守阙之岁月；六年才历一任，十八年得升一等。淹滞莫此为甚也！”⑥实际上黄溍同年进士中，如曹敏中、许晋孙，就都只是辗转于州县职事中，未尽其才即赍志而没。如果不是机缘偶合，恐怕黄溍也只会淹留郡县了。所以当送友人胡助于泰定元年（1324）赴京师待选时，黄溍不无自我解嘲地写道：“为言留滞今头白，无用诸公荐子虚。⑦”而与他们交好的“诸公”当中，马祖常无疑发挥了“荐子虚”作用。胡助本人即因王

---

① 《元故中奉大夫湖南道宣慰使于公行状》，第422页。
② 《诸暨休日偶书》，第71页。
③ 苏天爵：《题黄应奉上京纪行诗后》，《滋溪文稿》卷二十八，第475页。
④ 《文献公历授散官始末》，《洞门黄氏宗谱》卷二。
⑤ 《元史》卷八十三《选举志三·铨法》。
⑥ 《历代名臣奏议》卷六十七《治道》，明永乐十四年内府刻本。
⑦ 《送胡古愚兼简道传博士》，第70页。

士熙、马祖常等人举荐，而于泰定五年(1328)除翰林国史院编修官。至顺元年(1330)马祖常"参议中书省事"，[①]拥有了选置官吏的便利，于是黄溍"始自选调拔置史馆"[②]。白首而始官京华，仕宦情味不免深沉，虽然难舍恋阙情结，但是壮怀激烈的意绪也很难出现了。接受任命已是冬季，正式赴任应是至顺二年(1331)春天，在途中黄溍写下了《入京道中寄同里诸友》：

> 十年州县底，及此望京华。客路时时雨，春江岸岸花。何方堪报国，将老更浮家。可得同携手，山颠复水涯。

元代翰林兼国史院设应奉文字五员，从七品，其品秩并不高；黄溍入为应奉，进阶儒林郎，其散官也不过从六品而已。尽管实处散地，但地位清切，因此入直翰林一直是士人歆羡的清显职事，而黄溍此诗中除了淡淡的激动之外，更多流露出的却是对里居田园生活的向往。在台阁与山林的选择中，黄溍的言行显现出无可无不可的恬淡。

翰林应奉以应诏草制、笔墨文翰为主要事务，职守相对清闲。对于黄溍而言，这不仅意味着摆脱了淹滞州县时期的繁重政务，更获得了融入上层士人文化圈的机会。仅从今存的文献中也可以看出，这期间黄溍与马祖常、虞集、苏天爵、索元岱、赵继清、仇濬等多人有游从唱和。而此年五月廿二日文宗驾幸上都，八月初八日始还，黄溍复得以职事之故，扈从北都。无论是从北国风光的奇异、上都风俗的独特、京城宫阙的壮美、驿途车马的劳顿，还是就得伴大驾的尊荣而言，这都是值得特笔书写的经历。黄溍以诗人的敏感，落笔而成《上京道中杂诗》十二首：

> 辞亲独行迈，遥遥抵京国。胡为突不黔，驱马更远适？至尊有时巡，树羽殷阡陌。宿卫必近臣，顾问须耆德。陋儒亦何知，冗从同执戟。草深原野青，雨暗关塞黑。寥寥盛年意，眷眷游子色。一身万人中，敢不思努力。(《发大都》)
>
> 刘君古遗直，祠堂在丘园。嗟此豪侠窟，文雄欻孤骞。平生二三策，匪侥明主恩。琐琐谈得失，无乃市井言。凭高一长望，苦厌车马喧。微风过疏雨，青山满前轩。阴晴倏异态，浮云实无根。悠悠千载心，去去勿复论。(《刘蕡祠堂》)
>
> 连山东北趋，中断忽如凿。万古争一门，天险不可薄。圣人大无外，善闭非楗

---

① 关于马祖常仕履，详见苏天爵《马文贞公墓志铭》、许有壬《马文贞公神道碑铭》并《元史》本传。今黄溍集中涉及马祖常文字不多，惟《跋赵魏公书嵇中散绝交书》云"至顺二年(1331)，见叶公(叶畲)于中丞马公座"，可知两人有酬酢；另有《马氏世谱》详其家世，其时马祖常已卒。

② 苏天爵：《题黄应奉上京纪行诗后》，《滋溪文稿》，第475页。

钥。车行已方轨，关吏徒击柝。居民动成市，庐井互联络。幽龛白云聚，石硙清泉落。地虽临要冲，俗乃近淳朴。政须记桃源，不必铭剑阁。仆夫跽谓我，无为久淹泊。山川岂不好，但闻风雨恶。（《居庸关》）

崇崇道傍土，云是古长城。却寻长城窟，饮马水不腥。斯人亦何幸，生时属休明。向来边陲地，今见风尘清。禾黍被行路，牛羊散郊垧。儒臣忝载笔，帝力猗难名。（《榆林》）

忆昔赐第归，吾母适初度。蹉跎岁月晚，今辰乃中路。居人夸具庆，游子惭叱驭。兹山称最高，扬鞭入烟雾。矗矗多峭峰，蒙蒙饶杂树。崎岖共攀援，踯躅频返顾。陈情未成表，登高讵能赋？独怜山下水，远向卢沟去。（《枪竿岭》）

缘崖一径微，入谷双崦窄。密林日易曛，况乃云雨积。行人望烟火，客舍依山色。家僮为张灯，野老烦避席。未觉风俗殊，只惊关河隔。严程不可缓，子规勿劝客。（《李老谷》）

鸡鸣秣吾马，晚饭山中行。何以慰旅怀？赤城有嘉名。滩长石齿齿，树细风泠泠。时见岩壁间，粲若丹砂明。温泉发其阳，撝诃勤百灵。前峰指金阁，真境标殊庭。白道人迹稀，青崖云气生。信美无少留，缅焉起深情。（《赤城》）

竦身望龙门，缓辔行兀兀。溪回愁屡渡，雨横惊暴溢。两崖俨相向，百水怒争出。人言马上郎，快意每多失。自非渥洼种，不得矜捷疾。飘飘虮虱臣，凛凛鼋鼍窟。皇灵重覆冒，利涉用终吉。回睨向所经，千嶂隐朝日。青林外盘纡，黄流中荡潏。后来未渠央，君子宜战栗。（《龙门》）

解鞍及亭午，稍欣烟雾收。苍然众山出，历历如雕锼。前瞻一石独，灵宫居上头。颇闻去年夏，水激龙腾湫。走避登屋上，夜半齐呀咻。幸兹溪涧中，今作清浅流。宴安不可怀，变化诚难求。翠华渺在望，行矣毋淹留。（《独石》）

自从始出关，数日走崖谷。迢迢度偏岭，险尽得平陆。坡陀皆土山，高下纷起伏。连天暗丰草，不复见林木。行人烟际来，牛羊雨中牧。飒然衣裳单，咫尺异寒燠。伫立方有怀，相逢仍问俗。畏途宜疾驱，更傍滦河宿。（《担子洼》）

日暮官道边，土室容小憩。汉将安在哉？荒台犹仿佛。低徊为之久，怀古增歔欷。长风吹旷野，飞雨千里至。萧条苍山根，草木余爽气。常怜司马公，予夺多深意。奏对实至情，论录存大义。史臣司述作，遗则敢失坠？（《李陵台》）

晨兴过桓州，旭日生苍凉。举头见觚棱，金碧何巍煌。洪河贯其前，青山环四傍。暮投玉堂署，鳌峰屹中央。趋跄旅群彦，官烛分余光。琴册森在侧，谈笑来清觞。列坐无所为，陈诗咏黄唐。帝乡岂不乐？父母远莫将。起视云汉低，垂星烂寒芒。南飞有冥鸿，邈哉天际翔。（《上都分院》）

元代自设立两都以来，岁时北巡成为定制，颇有士人得以往返大都、上都之间，而上京纪行类作品遂成为元代文学中引人注目的现象。黄溍虽然有机会扈从北行，但实际上与文宗所行并非是同一路线。皇帝赴上都所行为黑谷东道，而一般随从人员则由驿路入滦京。[①]两京间驿路约800里，黄溍诗中所述昌平、榆林、赤城、独石、李陵台皆为官方所设立的驿站，其他诸如居庸关、枪杆岭、李老谷、担子洼等则为风光独绝的险要之地。[②]正像黄溍所说，"今年夏，忝以下僚，备数冗从"，而有动于中并行诸言者，则是"山川之雄丽，草木之荣耀消落，风沙云日晦明之变化，与夫人情物态之可喜可愕"。[③]黄溍这一组诗影响颇大，虞集、苏天爵、吴师道、贡师泰等多人为之题咏，廼贤甚至宝藏诗稿，谒人题跋。苏天爵更以为诗人往往穷而后工，黄溍困顿州县的经历，再加上此行的奇绝，因而诗作能得江山之助，"至顺二年夏，予与晋卿偕为太史属，扈行上京。览山河之形势，宫阙之壮丽，云烟草木之变化，晋卿辄低徊顾恋若有深沈之思者，予固知其能赋矣。既而果得纪行诗若干首"[④]。这一组诗实则非仅以状图景象取胜，其思致之沉郁、格调之苍古，尤其值得推许。吴师道所云"纪实全依太史法，怀亲仍写使臣悲"[⑤]，正点出了诗作在纪行之外的深层内蕴。

组诗对于黄溍获得文坛广泛影响力的作用是不言而喻的，危素《神道碑》即言："扈从至开平，作《纪行诗》十有二篇，世盛传之。"此前黄溍虽因儒学素养与文学才华而颇受乡里耆宿赏识，《太极赋》更使他声名大振，但仕宦环境的局限与士人交游圈的狭窄，黄溍的影响力多限于江浙一带，他应该只能被视为地方精英的代表。入直翰林虽然并非显宦，甚至是"官曹多暇日"[⑥]，但文化圈的改变确是明显的事实。贡师泰称黄溍"上京道

---

① 关于元代大都与上都之间的交通路线，可参见袁冀《元代两京间驿路考释》及《元王恽驿赴上都行程考释》，收入其《元史研究论集》，台湾商务印书馆1974年版。陈高华、史卫民《元上都》（吉林教育出版社1988年版）第二章"两都巡幸与交通"对此亦有详尽探讨，可参看。

② 刘蕡祠堂当位于昌平驿附近，廼贤《上京纪行·刘蕡祠》题注云："唐刘蕡幽州昌平人，谪死柳州。历辽、金无能发潜德，至本朝天历间，昌平驿官宫祺始奏建刘谏议书院。"

③ 黄溍《题上京纪行诗后》，见《纯白斋类稿》附录卷二，《金华丛书》本。此文全集失收。

④ 苏天爵：《题黄应奉上京纪行诗后》，《滋溪文稿》，第474页。

⑤ 吴师道：《题黄晋卿应奉上京纪行诗后》，《礼部集》卷七，四库本。

⑥ 《武义县尉萧君墓志铭》，第534页。

中诸诗尤为杰作”，其中也许有揄扬的成分，不过组诗却在众多同人的传写与题咏中不断扩大其影响力。如果说晚登朝籍使黄溍日渐具有全局性文坛影响，那么组诗正不妨被视为这一过程中的标志性文本。

组诗中深沉的思亲情绪在元代上京纪行诗中似乎略显跳脱。六月十九日黄溍北上枪杆岭，恰逢其母童氏生辰，在旁人称羡的双亲俱存的“具庆”中，黄溍已不免有辞亲远游的感喟；刚在上都翰林分院宿顿下来，觥筹笑宴之余，便有“父母远莫将”的叹惋；而当南还之际，其父黄铸却已于八月十六日卒去，事后追忆“始知属纩之辰，正在演纶之日”。[①]由于路途旷远阻隔，讣闻至京师已是十二月十五日，“溍即日解所居官，匍匐奔归”[②]。黄溍短暂的供奉词林生活，就这样因丁父忧而中辍。

黄溍匆遽南归奔丧，次年十月营葬其父于颜乌墓北五里。元制丁父母忧实二十七月，待至服阕，遂于元统三年(1335)“二月祗受敕牒迁充”[③]承直郎、国子博士。元代国子监与国子学呈合一之势，监、学官员也颇有重合，不过国子监更指向于管理，国子学则重于教学。而国子博士属于学官，“通掌学事，分教三斋生员，讲授经旨，是正音训，上严教导之术，下考肄习之业”[④]。元代国子学分上中下三斋，通过每季度考核功课来递升等级；在学达到一定年限，则可以参加私试，岁末积分达八分以上升为高等生员，获得参加公试的机会，进而在其中选取一定人数充贡。在学期间的讲授、考试等任务都主要由博士来完成，甚至还核定教官选用、升迁时的水准，大致正如《元史·百官志》所说的“掌教授生徒，考较儒人著述、教官所业文字”。黄溍文集中多篇策问就是这一时期所出的考题。任职上庠之时，黄溍“视弟子如朋友，未始以师道自居，轻纳人拜，而人来受学者滋益恭，业成而仕，皆有闻于世”。所授国子生中，傅亨、拜住皆预乡荐，而拜住后在至正二年(1342)更高中为进士第一人。

这期间发生的大成殿配位座向争论，鲜明地体现了黄溍不为势屈的介直性格：“时人欲增设礼殿配位四。配位合东坐而西向，学官或议分置于左右，同列不敢争，先生独面折之。其人恚甚，日坐堂上以危语相加，御史恶其无礼，逐去之，乃克如先生言。”元代

① 《追荐先父疏意》，第168页。

② 柳贯：《元故追封从仕郎温州路乐清县尹黄公行状》，《柳待制文集》卷二十。

③ 《文献公历授散官始末》，《洞门黄氏宗谱》卷二。黄溍《纪梦诗序》称“重纪至元之元年(1335)春，予忝以非材，备员国子学官”；《奉议大夫同知诸路金玉人匠总管府事傅公墓志铭》称傅亨“尝从予游，及予承乏居国学，又适在弟子列，而亨取上京乡荐为第一，予所与闻也”，傅亨中元统三年秋乡贡进士。所述皆与此相合。

④ 《元史》卷八十一《选举志一·学校》。

为了表示对文教的尊崇，在儒学中普遍设立大成殿以祭祀孔子，因而形成了以祭祀为主要功能的礼殿与以教学为主要功能的明伦堂、学斋这样的儒学建筑构架，庙与学实际上成为一体式建筑。礼殿正中祀奉孔子，其下有四配、十哲等弟子列入配享。四配即颜、曾、思、孟，其正式确立在南宋咸淳三年（1267），此年以曾参、子思配享先圣，钱大昕指出："自唐至于治平，先师配位惟有颜子。熙宁始增孟子，政和又进王安石，未几降入从祀，仍止颜孟二配。至是始进曾子、子思，升居孟子之上。其位皆东面，非若十哲之分列东西也。①"到了元代虽然江南地区多以四配列于孔子之左，但是北方却与此异制。由于此事关涉到道统传承，配位次序方位具有象征意义，许约就曾上书表示不满："今京师庙学与河北诸路府学，并循亡金之旧，左颜右孟，与夫子并居南面，奚有是理哉？②"经过争论，四配问题最终以诏旨形式确定，延祐三年七月，"诏春秋释奠于先圣，以颜子、曾子、子思、孟子配享"③。根据危素《尼山大成殿四公配享记》的记载，此事出于赵世延的建言，"先是四公列坐两旁，礼部以为翼承道统，述明圣经，作则万世，以立人极，论德定名，列次配侑。东坐西向，于礼为称"。应该说黄溍的主张无论是从礼制还是从法令角度而言，都具有充分的合理性。在学官咄咄逼人的气势和同列的缄默中，他的当面指责无疑体现出个人操守与对礼道的秉持。

总的来说，这一时期黄溍仕途相对平稳，或居清华之选，或领师儒之席，虽然不属显要职位，但是比起当年"憔悴浙江边"④来说则要顺意得多。在京城任职不仅使他与诸多同年有叙旧酬酢的机会，而且也得以扩大交游圈。从其诗作中可以看出，无论是乡里故旧、同年贤达还是其他居京士人，都开始频繁出现在唱和诸作当中，比起州县时期，其影响辐射范围得到明显的扩大。黄溍作为元代中后期文坛中坚力量的地位，在这一阶段似已得以酝酿成形。

四、提学江浙

黄溍在蹉跎州县多年后方获得入仕京畿的机会，显然他也是有实现抱负的雄心，但是升沉久判，出处参差，同年诸彦亦如燕鸿分飞，显晦异遇；而他自己官居散地，无从施

① 钱大昕：《宋史四·礼志八》，《廿二史考异》卷七十，上海古籍出版社 2004 年版，第 984 页。

② 许约：《建言五事》，《元文类》卷十五，四部丛刊本。

③ 《元史》卷七十六《祭祀志·宣圣》。

④ 《送汪臣良县丞之京兼简诸同年》。

展，又不愿干谒逢迎，心下的失落自难避免，正像《岁晏》一诗所说：

岁晏木叶落，遥见东城隅。雉堞郁岧峣，列屋何萧疏。悠悠西南望，赫赫金张庐。退朝集冠盖，鸣珂沸通衢。合遝多俊游，并辔飞华裾。顾盼有光彩，行者为踟蹰。俯惭筋力微，无从效驰驱。日斜坐官舍，还拂案上书。缅彼川路长，感此年运徂。迟回不能去，叹息将焉如？

在这样的矛盾心境中，一方面感觉仕宦京城亦不过是消磨岁月，另一方面则宦情渐退，"予方徇微禄，未能返柴荆。终然无补报，白发日夜生"。[①]特别是母亲年届耄耋，更进一步促使黄溍决意不再远宦。在任职胄监六年之后，黄溍"以太夫人春秋高"[②]自请补外，"至元六年（1340）四月祗受宣命"，迁充奉政大夫、江浙等处儒学提举，"当年十月之任"。[③]

儒学提举是行省层次负责地方教育的行政官员。忽必烈时期，著名江南士人叶李建言，"各道儒学提举及郡教授，实风化所系，不宜罢。请复立提举司，专提调学官，课诸生，讲明治道而上其成才者于太学，以备录用"[④]，得到首肯。至元二十四年（1287）闰二月，"设江南各路儒学提举司"[⑤]。成宗元贞元年（1295）五月，"诏各省止存儒学提举司一，余悉罢之"[⑥]。此后这一制度遂基本得以确立："儒学提举司，秩从五品。各处行省所署之地皆置一司，统诸路府州县学校、祭祀、教养、钱粮之事，及考校呈进著述文字。每司提举一员，从五品。副提举一员，从七品。[⑦]"

不过由于地方行政机构以及宪司对儒学的实际管理与监督，相对而言儒学提举司权力得到分流，其职掌多限于作养人才方面。至正元年（1341），中断六年的科举重新举行，黄溍作为行省儒学官员，担任江浙乡试考官，并拟定了策题。此年江浙贡士二十八人，虽然取士关乎风教，但是任务不算繁重，因而期间黄溍与预试考官多有酬酢，《试院同诸公为主试官作》、《试院同诸公为监试官作》、《送宋兵部还京》就属于这一类作品。乡试结束黄溍还与考官一起游览西湖，作有《试院诸公西湖同泛分韵得仪字》："秋杪景

① 《送王君冕同年归长安》，第20页。
② 贡师泰：《黄学士文集序》，《玩斋集》卷六，明嘉靖刻本。
③ 《文献公历授散官始末》，《洞门黄氏宗谱》卷二。
④ 《元史》卷一百七十三《叶李传》。
⑤ 《元史》卷十四《世祖本纪》。
⑥ 《元史》卷十八《成宗本纪》。
⑦ 《元史》卷九十一《百官志》。

将晏，天高雾仍披。漾舟西城曲，散策南山陲。重棘幸已撤，累觞欣共持。及兹酒不空，未害席共移。会合非可常，简书各有期。念之动予怀，勖哉慎其仪。”校文乡闱者本多为文坛耆宿，而科举复行更意味着文运的重兴，诗中吟咏绸缪之意与儒学提举的身份是颇为融洽的。

作为儒学提举，路府州县庙学的教育、兴建等事宜自然也是黄溍关注的中心。绍兴路儒学屋宇颓圮、资用乏绝，总管宋文瓒上任之初，即以兴作儒学为要务，广筹经费而兴土木之役，“斥大气规制，因旧以为新，将使儒服俎豆之事，永有赖以不坠，其仰体上意之所向，而悉心殚力于职分之当为，可书也已”，于是黄溍作《重修绍兴路儒学记》以纪其事。海盐州知州有感于庙学释奠之乐阙如，遂延请善乐儒者重正雅乐，黄溍在《海盐州新作大成乐记》中予以特笔记载：“盖古之设教，莫重于乐，非止用于释奠也。侯之于乐，不但欲辨其铿锵，又必求通其义者相与讨论之，可不谓知所本乎？诸君子从侯修其时事，周旋升降于堂序之间，必有闻其乐知其德，而鼓舞于鸢鱼飞跃之下者矣。是举也，有功于教道甚大，非徒备其阙典而已，可无书乎？”建德路桐庐为严子陵故里，其地自宋即有钓台书院，入元而学田多被侵夺，路总管罗廷玉为复学田并主持经营，兴坏而起废，黄溍乐其成而作《重修钓台书院记》。华亭处士邵天骥，以里居去庠序为远，子弟求学不易，于是“乃捐私钱，即所居之旁辟义塾，赡以胥浦、风泾、仙山三乡之田二百十八亩有奇，礼名士主其席，聚里中之俊秀而教育之”，二子又襄助其事。黄溍在《邵氏义塾记》中对这一义举不吝赞词：“它日，必有能以幼之所学为壮之所行，而措诸事业者矣。至是，然后为学之成而可以见。君父子有功于斯文，岂不伟哉！”这几篇文章都作于至正二年(1342)，主题集中于学校的兴建与礼乐活动，虽出于地方士人的求请，但对于统领行省教育事务的提学而言，这也是难容推脱的职任所在。

因为提学并不需要直接处理地方行政事务，故职事轻省，而其人则多极一时之选，具有振厉一方风教的象征意义，时人即指出提举司“虽视秩第五，而临据乎校庠序之上。曹务甚简，师资攸系，非馆阁掌故之目、声实兼茂者，固莫宜居之”①，可见提学对行省地方风化教育的作用。黄溍提学江浙时，文坛誉望日隆，“凡所至止，四方贤士大夫与方外之友，踵门而来求，所谓公堂厅壁、园池亭轩、寺观塔庙、祠宇阡垅，以至于前人法书名画，谓得先生之文，凡官有善政、士有隐德，泯灭而无闻者，遂得托声光于不朽，而有所取

① 柳贯：《提举司厅壁题名序》，《柳待制文集》卷十七。

信于世，其见欣慕于人者如此”①。求文者日多自然是文坛影响力远届的表现，请人代作以应求请有时便也不可避免，杨维桢在《墓志铭》中就提到黄溍“在杭提学时，谒文者填至，必取余笔代应”。而代为书翰者就更多，像当时以善书著称的陈秉彝性初、吴叡孟思即曾为黄溍代书。又如俞和子中，“当是时，文章巨家如黄文献公溍、陈监丞旅，前后相继为江浙提学。每为文脱稿，必致子中书之”②。

就在这样的文事杂沓当中，黄溍宦情渐失而萌生退意。黄溍早年即有志耕耘，后虽入仕而不忘初志。晚年虽官位渐显但在元代重北轻南的二元统治体制内，终究难以获得施展的机会，所处多为散地而难有作为。自请外任虽然有母老侍养的因素在内，但显然并不如此简单。在提学江浙时期，黄溍与方外之士的交往明显增多，甚至是亲迎母亲来杭，也由道家高士张雨“致板舆游开元后圃”；钱塘丛林也游谒殆遍，高僧大德屡屡出现在唱酬笔墨当中。从心态而言，黄溍仕宦之意已趋澹然。在至正二年(1342)，黄溍就已有致仕打算。③次年春，“先生始六十有七，不俟引年，亟上纳禄之请，绝江径归”④。元制年逾七旬始当依例致仕，而黄溍此时年犹未及，足见其于禄仕之恬淡。

黄溍纳禄侍亲以尽慈孝，正是时人歆羡而以为不可及的。不过很遗憾的是，黄溍方“陈情归养而奄罹大故”⑤，此年六月二十三日，童氏夫人以八十八岁高龄故去。而其时元廷正拟修纂宋辽金三史，“于是上方用中书奏，妙柬文臣，付以史事。先生名在史官中，使者及门，而夫人之殡在堂已九日矣”⑥。这自然就不会成行了，等到服阕，遂“以中顺大夫、秘书少监致仕”。黄溍自言的“念昔居闲曹，未老先纳禄。蒙恩列外监，放浪湖一曲”⑦，正是对这一生活历程的诗意勾勒。出处行藏尤能反映个人的仕宦心态，在元代南人普遍宦途艰窘的情状之下黄溍纳禄远引而去，就更显得不同寻常。“当时同年与后进者，出入侍从，赫然居台阁，富且贵；而先生方食贫索居，与未仕时无少异。或者谓先

① 陈元英：《送黄先生归乌伤后序》，《黄文献公集》卷十二，第568页。

② 徐一夔：《俞子中墓碣》，《始丰稿》卷十三，光绪武林往哲遗著本。

③ 王祎《齐琦传》称：“江浙提学黄晋卿，年六十有六，将致仕。琦谓之曰：‘来年乃可致仕，当带秘阁职名。’”见《王忠文公集》卷二十一，明嘉靖元年张齐刻本。

④ 《文献公历授散官始末》所载较行状更为细致：“至正三年二月，以年逾六十，精力已衰，自愿致仕。例合加受从四品。合覃，都堂议得：‘黄溍秘书少监致仕。’至正三年九月钦授宣命。”因丁母忧，故敬受宣命在除服之后。

⑤ 《先大夫封赠祝文》其二，第116页。

⑥ 张雨：《送黄先生归乌伤序》，《黄文献公集》，第566页。

⑦ 《至正丁亥春二月起自休致入直翰林夏四月抵京师六月赴上京抒怀六首》其六，第26页。

生亦漫为游者欤？盖先生性廉静，寡嗜欲，薄名宦，故所处恬然，亦无不自足者”①。君子难进易退、不忮不求，黄溍以切实的言行为此作出了生动阐释。

五、入直词林

黄溍至正三年春“乞老金华”②，本来就有退耕林壑之意，居母丧则使他有充分的理由拒绝修史的诏命。除服之后黄溍更徜徉山水之间，多有萧散出尘之想。至正五年(1345)八月，黄溍至杭州为其父母墓铭购石镌刻，同时寻访故旧。此前他挂冠而去，少有人知，而今故地重游，慕名而来求谒叙款曲者络绎不绝。以至黄溍在钱塘迁延多日，至冬十月方才打算返乡，众多士人祖筵相送，如张雨、杨维桢、应本、姚安道、钱惟善、俞和、黄玠、吴克恭等，可谓极一时之盛，且各有诗、序传世。甚至在将行之际，“吴兴之高士逸人，已造舟久待于西湖之上滨，将邀先生游计筹、何山之间矣。业已治行，其去与留，而先生初无固必，又岂所谓漫游者欤”？③这种无可无不可的态度，正是黄溍得返初服之后闲适心境的反映。次年秋七月，黄溍又在门生汪祀、许谦之子许元等陪同下游览金华北山，想到年轻时多次与友人盘桓于诸山之间，由衷为自己“暮年幸已成初志”感到欣慰。④八月至兰溪，宿于徐津道济所，为作诗文；⑤九月游兰溪赵敬德所建聚星楼，俯仰今

---

① 陈元英：《送黄先生归乌伤后序》，《黄文献公集》，第568页。

② 《陈泽云周易爻变易蕴序》，第275页。

③ 陈元英：《送黄先生归乌伤后序》，《黄文献公集》，第568页。

④ 此行黄溍有诗，题作“丙子七月十七日，同辉公登紫微岩。汪生元明、许生存仁来会，遂宿鹿田。明日乃由山桥，回至芙蓉峰而别。追念数十年间，并游之士往者已不可作，在者又莫之与同。两生顾能不惮其勤，相从蹑屩行风雨中，诚一时清事也。第未知后游为何日，同游为何人，抚事述情，成二十韵，邀两生同赋，奉呈审言、子长”，可见其行踪。而题中“丙子”实为“丙戌”(至正六年，1346)之误。简单考辨如次：诗中有句云“吾年未及谢，倦飞已知还”，为致仕之后口吻；而至元二年秋黄溍在国子博士任上，缺乏回乡遨游的时间，此其一。黄溍另有诗，题作“予与子长以庚戌之春、癸酉之夏，两至赤松。今年秋复来，则子长已倦游，而予亦老矣。同游者汪生元明、许生存仁，既又得龙丘余子方与俱行。由小桃源登炼丹山，谒二皇君祠，回宿宝积观。感岁时之代谢，念交朋之离合，辄成短句，奉简子长”，核其行迹，知两诗所述实为同一事，而后诗中“成初志”云云亦只能作于退居田里时期，且不可能作于黄溍至正十年之后的林下休致之际，因为叶审言卒于至正六年十月、张枢卒于至正八年八月，结合上年游钱塘行迹，只能作于服除之后的丙戌年，此其二；黄集元刻二十三卷本卷十一此诗题正作“丙戌”，作为最直接的证据，可以据依。

⑤ 黄溍此行有诗《丙戌中秋宿徐道济书房即事兼怀永之郎中》，又作有《徐氏咏史诗后序》。据《皕宋楼藏书志》卷九十三徐玺秉国《史咏二卷》提要中所载黄溍序，末署年月“至正六年秋八月十日”。徐道济名津，为徐玺次子。徐永之讳一清，于徐津为堂兄弟行。俞樾《徐公龙山暨元配节孝郭淑人篴室节孝王孺人墓表》述徐氏世系綦详，文称“永之公讳一清，以戴《记》领乡荐，登元至治宋大本榜进士。任江浙儒学副提举，晋江浙行省左右司郎中，元敕授奉议大夫”，与黄溍诗相合。

昔，作文以记其事。在此期间又与执友叶审言重逢，“往见之双溪上，握手道旧故，殊款洽”①。从这一长时间的游历来看，黄溍显然已在游山川、访士友的生活中惬然于心，并以归栖山林自期了。

就在这一年冬天，由于执政大臣的举荐，黄溍的退隐生活再一次被打破：“故湖广行省平章公朵尔直班、今中书左丞相太平开府公交荐之，被上旨，落致仕，仍旧阶，除翰林直学士、知制诰、同修国史”。退休之余而得到这一任命，自然有特殊恩遇之意。元代制度规定，“除侧近行的集贤、翰林院里用着的有知识老的每外，其余内外做官的人每年纪到七十呵，三品以下官员，他应得的品级添与一等散官教闲呵”②，故此次召用属于制度之内优待老臣的特例。本来三品以上官员的任命，“非有司所与夺，由中书取进止”③，而对黄溍的拔擢直接出自宸断，显示出对他的重视，也反映出黄溍在当时存世老臣中文化耆宿的象征地位。

根据《始末》记载，制命初下为“至正六年十一月初九日”，至达婺州已是次年春天。尽管与黄溍的初心并不相合，而且任职也更多的只是具有“黼黻皇猷”式的象征意义，但是难容推辞。于是黄溍在七年二月启程赴任，四月抵达京师，而此时皇舆已巡幸上都，复策马北上，六月抵达上京。到达之后，“中书传旨兼经筵官，召见慈仁殿，上语朵尔直班曰：‘文臣年老，正宜在朕左右。’”④这一征召显示出对黄溍不同寻常的重视，也让黄溍在暮年获得了直接为皇上讲读经史、输忠纳诚的机会。百感交集之余，黄溍写下了《丁亥春二月起自休致入直翰林夏四月抵京师六月赴上京述怀》六首：

> 夙予抱微尚，漫仕遂浮沈。决去不复疑，甘以投华簪。春天动使星，空谷发跫音。仓忙遣就道，载笔归词林。弱质幸未朽，茂恩一何深！义当不俟驾，事乃违初心。揖与亲友别，长眺故山岑。临觞不能御，朗咏岩中吟。（其一）
>
> 扬帆越江淮，河水来活活。吕梁扼其冲，石芒殊峭拔。溯河柁忽摧，度洪缆遽绝。前途总安流，风劲桅复折。兼旬涉险艰，脱命争毫发。行行薄畿甸，值此正阳月。（其二）

① 《叶审言墓志铭》，第484页。

② 《元典章》卷十一，吏部卷五“七十致仕”。这就是《元史·成宗纪》所说的“除集贤、翰林老臣预议朝政，其余三品以下年七十者，各升散官一等致仕”。

③ 《元史》卷八十三《选举志三·铨法》。

④ 危素：《大元故文献黄公神道碑》，《危学士全集》卷十一。

皇舆方北狩，前旌晓已发。疾驱望清尘，我马不及秣。出关度峻阪，下视原野阔。硐溪多萦回，冈岭互盈缺。旧游如梦寐，古道无改辙。经时春草变，久旱夏云热。远行识苦辛，傥免蒙霜雪。（其三）

信宿憩虚馆，平明玉堂开。微风散灵雨，阶戺无纤埃。良会秩初筵，芳醪湛樽罍。内官出黄封，飞鞚天际来。承平多故事，鄙劣惭非才。抃跃向宸廷，庆云郁崔嵬。乞身惧再渎，恋阙空徘徊。（其四）

日出旦气清，斋祓趋行宫。周陆夹驰道，大帐垂穹窿。鸣鞘下霄汉，别殿临熏风。摄衣升玉除，穆穆瞻睟容。谒拜未及已，回光赫重瞳。诏使侍经幄，通籍丹禁中。斯荣非所希，千载庶一逢。怵惕久复前，旅进陪群公。愿因奉清燕，慷慨输微忠。衰迟力不逮，劳心但忡忡。（其五）

圆象无停运，日驭转西陆。凉野多归人，翩翩共驰逐。念昔居闲曹，未老先纳禄。蒙恩列外监，放浪湖一曲。薄田皆旧畬，敝庐非新卜。白首重见招，英游并华毂。寒松虽后凋，幽兰岂再馥？宣尼讥患失，伯阳贵止足。时暮复何言？终期返初服。（其六）

第一首诗写到在七年春接到诏旨，被召入词林，虽然荣光莫大但是有违初衷；而圣意难违，于是辞别亲友赴京。临行时既颇怀感激，又依恋故园。第二首叙写了沿水路北上途中的艰辛，在经历了柁摧、缆绝、桅折的险阻之后，终于在四月赶至大都。由于元代在两都制度确立之后，诸帝夏季例行巡幸上都，于是黄溍又从大都北上滦京。第三首描写了在多年之后重新走过这一路程的感触，景致未改而旧游恍如梦寐。第四首则写六月中旬抵达上都，翰林国史分院开院，群贤毕集，大行盛筵，并依照承平故事起草制书。第五首描写于别殿瞻拜列圣遗像后，承旨侍讲经筵。在感激恩遇之余，又深恐力不能任。第六首写到八月大驾南归，归途中黄溍浮想联翩，在归隐林下与白首仕进当中，选择的天平最终倾向了前者。①这一组诗自然可以算作是北行纪事类作品，但是与常见的颂圣内容相比，诗中更多的是对出处的反思，虽然不乏感怀恩宠的词句，最终的情感指向却仍然归于田园。可以说从一开始的出行，黄溍对于去就即已有了仔细的考量，而此后他的言行进一步印证了这一选择。

① 黄溍《上都翰林国史院题名记》对此年巡幸上都的时间有明确记载："盖大驾以至正七年四月十九日发京师，五月十二日驻跸上京，八月十三日回銮"，这可以帮助理解组诗的写作时间；黄溍又有诗《丁亥六月十三日上京翰林开院喜雨院长开府公俾为诗以志之》，可知黄溍抵达上都的具体时间，且可与第三首诗参读。

得以入直翰林并侍讲经筵标志着黄溍在其时文坛的地位已得到广泛确认，因为“翰林国史职在代言以施命于四方，载事以传信于万世。天子出御经筵，则劝讲进读，启沃圣心；退则䌷绎前闻，以待访问。任重而地亲，上所识擢，必勋阀近臣、儒林大老与一时名人魁士。实侍从之高选，非他有司比也”①。元代经筵制度至泰定帝时正式形成，顺帝时已相当成熟，三日一进讲，以期讲明治道、恢廓听闻。而任职官员则无专属，惟“选中书、枢密、御史台、翰林国史之臣，以见职知、兼经筵，丞相独署以领，重其事也”②。其中“惟居翰林者，独主其文移出纳”③，因而工作颇为繁重。进讲时敷绎文辞而以蒙语翻译，并需备有文稿以备省览。黄溍“进讲经筵者三十有二。经筵无专官，曰‘领’曰‘知’，咸宰执近臣。诗文之述，率属先生订定。非有关于治道之大者，不敢上陈，其启沃之功为多。上嘉其忠，数出金织文段赐之”。经筵之设本来就有崇文兴治之意，黄溍“慷慨输微忠”的愿望通过进讲经筵这一行为得到了传递。

至正八年(1348)正月辛亥，“诏翰林国史院纂修后妃、功臣列传。学士承旨张起岩、学士杨宗瑞、侍讲学士黄溍为总裁官。左丞相太平、左丞吕思诚领其事”④。元代纂修后妃功臣列传具有成例，仁宗至大四年(1311)五月，“命翰林国史院纂修先帝实录及累朝皇后、功臣列传，俾百司悉上事迹”；英宗至治元年(1321)三月，“敕纂修仁宗实录、后妃功臣传”，顺帝至元元年(1335)，也“诏翰林国史院纂修累朝实录及后妃、功臣列传”，但似乎成效未彰。⑤而此番再次申命，规模颇显宏大。黄溍列员总裁，“罔敢不亲其职业，辰入酉出，无须臾间”⑥。不过既然为总裁官，发凡起例即可，修纂的细节工作当不必过问，“先生为条陈义例，多所建明，士类服其精允”。这一工作应该进展颇为顺利，《神道碑》称黄溍“修后妃、功臣传，数被金币之赐”。但此书似乎最后并未得到朝廷正式认可，黄溍曾言自己“起自休致，承乏太史，属预闻修本朝后妃、功臣传，幸从诸公之后执笔具草，而竟

①③ 《上都翰林国史院题名记》，第289页。

② 许有壬《敕赐经筵题名碑》，《至正集》卷四十四。关于经筵制度，可参见张帆：《元代经筵述论》，《元史论丛》第五辑，中国社会科学出版社1993年版。另《庚申外史》载，“至正元年诏选儒臣欧阳玄、李好文、黄溍、许有壬等四人，五日一进讲，读五经四书”，这则材料至少在时间上有点问题，该年黄溍实在江浙儒学提举任上。

④ 《元史》卷四十一《顺帝本纪四》。据危素《神道碑》，至正八年夏黄溍方“升侍讲学士”。黄溍八年四月作《御史中丞董公神道碑》，同月作《北溪延公塔铭》，并署衔“翰林直学士”。故《元史》此处所载不确。

⑤ 分见诸帝本纪，《元史》卷二十四、卷二十七、卷三十八。

⑥ 《贡侍郎文集序》，第272页。

未获裁定上进"[1]，言下不无遗憾。此年适为大比之年，黄溍"被上旨考试礼部"，作《会试汉人南人策问》，以牧民之道为问；到殿试时又为读卷官。至此黄溍已先后多次预考科举，"前后所甄拔者，尽知名之士"。

黄溍以文学老成之士优选入直词林，"北扉视草，东观绎书；扈跸上京，谈经内府；躐跻劝讲之职，忝陪侍从之班"[2]，对士人而言实属荣遇。其日常职事除起草制书、修纂史册、进讲经筵之外，尚有大量应制文辞需要结撰，正所谓"凡国家典册诏令及勋贤当得铭者，必命先生为之"。文集中所见者，诸如拜住、答失蛮、也速解儿、合剌普华、拔实、别里哥帖穆尔、董守简、董士恭、史惟良、邓文原等大臣之神道碑，康里氏、脱脱之先茔碑，铁木儿达识之祠堂记等，皆属应制之大手笔；而释道之类，如上都大龙光华严寺碑、北溪延公塔铭、鲁云兴公舍利塔铭、秋亭洪亨道行碑等，不一而足。至于执政大臣、同僚诸彦所求作之碑板题跋，更是指不胜屈。正在这天下文望攸归之际，黄溍却早已宦情渐消。至正九年(1349)四月，黄溍"以久直词林，窃禄无补"[3]，多次上章请求归里，并不等批复即自行南归。顺帝得知后，"遣使者追及武林驿，敦迫还京，复供前职"。黄溍方才抵家就接到诏命，使指有严，不得已又匆匆就道北赴京师。[4]直至次年四月，黄溍再次上书呈请，方才得谢南还。这一行动也许带有因元朝末年政纲渐颓所引发的知几明变之避世性质，但是这对于黄溍而言其实具有一贯的内在动因，在"今世之士生于南方者为时所弃，恒不得为显官"[5]的情况之下，黄溍"年未七帙而谢事，暨群公力荐起之，俄复控辞；上方眷待之深，再召还朝，未几又辞"，其难进易退之风，亦常人所难为，而足以激浊扬清、砥砺廉隅了。

---

① 《嘉议大夫礼部尚书致仕干公神道碑》，第697页。关于此书是否最终成书，学界颇有争议。《元史·后妃表》称"累朝尝诏有司修后妃传，而未见成书"，则明初修史时已未见此书。王袆集中有《代国史院进后妃功臣列传表》，称"维祖宗实录之具完，独臣、后本编之犹阙。粤自大德丙午之岁，逮今至正戊子之年，屡庀攸司，特严直笔。乃懿范徽猷之放失，及骏勋伟绩之网罗，迄为全书，足裨正史"，则全书已成且曾上进。《元史·贡师泰传》称贡氏"预修后妃、功臣列传，事毕迁宣文阁授经郎"，四库本《玩斋集》所附年谱记其于"至正八年戊子，迁授经郎兼经筵译文官"。故此书实于当年修成，但因故未能获得"钦定"。王袆此年随黄溍客游京师，上表当系代黄溍作。

② 《陈乞依旧致仕咨文》，第167页。

③ 《存复斋文集序》，第277页。

④ 黄溍《奉训大夫瑞州路总管府判官致仕黄公墓志铭》称："予亦以衰朽纳禄而归，抵家甫二日，俄有召还之命"；《中宪大夫淮东道宣慰副使致仕王公墓志铭》则云："溍以久居词林，老不任事，纳禄而归。抵家甫一日，而有召还之命。"所记略有不同。

⑤ 杨翮：《送崇仁县尹陈子英之任序》，《佩玉斋类稿》卷四，四库本。

六、林下休致

至正十年(1350)四月黄溍得谢南还,在“吾老且休矣”①的心态下,黄溍得返初服,开始了悠游林下的退居生活,此时他已经七十四岁。虽然求文者仍然杂沓纷夥,但是黄溍已渐渐老谢笔砚,不再轻易属文。访故寻友、觞咏于山水之间开始成为这一时期的生活主题。

十二年(1352)春,黄溍在王祎陪同下至东阳访见胡助,两人谊属同乡,又曾同官京城,而今则复同致仕归里,吟咏绸缪之余,黄溍作《次韵答胡古愚博士》:“麻衣草座老仙翁,曾及清时侈际逢。行殿晓趋开豹尾,禁林秋宴出驼峰。休官尚想英游并,爱客何嫌异味重。况乃东阳山水窟,主张风月有诗宗。”诗作既重述了胡助北游滦京的荣遇,又对其林下休致的悠闲生活表达了歆羡之情。实际上这也可以看作是黄溍晚年心态的反映。②这年三月,黄溍游左溪,次年三月游天宫,作《壬辰春三月游左溪癸巳春三月游天宫有感而赋》:“频年谒拜祖师庭,只有山光与水声。尚想玄珠密相付,免令我漫肆讥评。”左溪即浦江左溪寺,为天台宗八祖玄朗道场;天宫即东阳天宫寺,为七祖慧威驻锡之地,左溪玄朗及九祖湛然皆曾在此修学佛旨。从黄溍与缁流人士的交游以及频繁拜谒宗门圣地的行动可以看出,他晚年亦渐游心世外、栖心于佛了。至正十四年(1354)春,黄溍门生傅藻邀游法华山,于是与楼文翁等一同游览,次日又至楼氏居所宴谈,在诗中他写道:

> 故庐湖水曲,门对法华山。百里空荒外,三峰暗霭间。倦游烦汲引,阔步强跻攀。老怯高寒境,非缘兴尽还。
>
> 小憩虚斋夕,何人笑语同?青云一才子,白发两衰翁。节物逢春好,名区有路通。未能穷胜践,还往愧匆匆。③

虽然徘徊山林饶富情趣,但毕竟年岁已高,尽管楼文翁游兴未减,力邀黄溍游玩上清、龙寿诸山,黄溍却也渐渐有心力不济之感了。

---

① 杨维桢:《故翰林侍讲学士金华先生墓志铭》,《东维子文集》卷二十四。

② 此行王祎有和作《陪黄先生至东阳谒胡先生有诗次韵》二首,另有《陪侍讲常侍二先生宴赵氏家园次常侍韵》,李唐有《壬辰春陪侍讲黄公太傅胡公及诸友饮于赵园分韵得林字》,可见一时唱和之况。王祎另有《次侍讲先生游方岩》,则黄溍或即此年游永康方岩。

③ 《游法华山回宿楼氏书房遥望嵩头陁智者国师道场上清五云龙寿诸山而未及其处赠同游傅生国章》。按:四库本此诗末句作“健走愧儿童”。关于此次游从,另见《楼文翁墓志铭》所述。

在得享林下之乐的同时，这一时期黄溍各种著述也得以写定梓行。至正十三年（1353），义乌县达鲁花赤亦璘真、县尹周思泰属黄溍以元丰、咸淳旧志为基础重新编订县志，“溍衰朽荒疏，无能为役，乃俾王生祎、朱生廉合二书，而参之郡乘，删其繁冗，订其舛误，法当补书则引类相从而增入之，附以辩证，厘为七卷，仍以图冠于卷首。溍既辱视其成，因为之序。会两生并赴秋闱，遂俾傅生藻相与校正。归于执事者而刻焉”①。据此可知《义乌志》七卷实为黄溍总纂，主要由其门生王祎、朱廉、傅藻三人编订完成。

黄溍又有辨证经史之随笔札记，“晚又出其绪余，随笔志之，号曰《日损斋笔记》。凡经史奥旨，昧者显之，讹者订之。辞虽优柔不迫，而难决之疑、久蔽之惑，皆涣然而冰释”。此书篇幅不大，“所可惜者，公之胸中所存宜不止此，而耄年之加厄于求文者之胶葛，竟不能有以尽笔之也”。但允称精审，“非揽之于至博而约之于至精者，不可以与于此”。②书稿由黄溍授予门生宋濂，宋濂珍藏是稿并于至正甲午年（1354）春作序。此后宋濂授此书于弟子刘刚养浩，刘氏“以类相从，分而为三，曰辩经、曰辩史、曰杂辩。既已缮书成卷，又以读其书者不可不详知公之为人，遂以中书参议危公太朴所撰神道碑，及太常博士傅公子通定谥等文以附其后，共为一书”，并刻梓而行。③这就是今见诸本《日损斋笔记》的祖本，当其刻成黄溍已前卒。

至于黄溍文集之刊行，则与贡师泰有关。至正十五年（1355）贡师泰升福建闽海道肃政廉访使，六月至任。④赴任途中道出金华兰溪，与王祎相款洽，遂得观黄溍文集。贡氏与黄溍本有世谊，又曾为同僚，“先生（黄溍）领延祐甲寅乡荐，先文靖公实为考官，于师泰有契家之好。其后同居史馆，又同侍经筵，交谊尤笃。比廉问闽南，过金华，得先生之集于王祎，故叙而授之三山学官，俾刻梓以惠来学”⑤。福建宪司治所位于福州，福州

① 《义乌志序》，第 271 页。《金华丛书》本此序末尾署“至正十三年秋八月二十日”，今见崇祯十三年、康熙三十一年诸本《义乌县志》前录黄溍序署年并同。文中言“自国朝统一函夏，县地入于职方已七十有八年”，江南归入元治为 1276 年，是年正月宋帝奉表请降，至 1353 年正为 78 年。文中所言“两生并赴秋闱”即为十三年之乡试。

② 宋濂序，《日损斋笔记》卷首，清道光守山阁丛书本。

③ 刘刚后序，《日损斋笔记》卷末。

④ 《玩斋集》附录年谱，四库本。

⑤ 贡师泰：《黄学士文集序》，《玩斋集》卷六。贡氏至兰溪为五月，万历丙午刻本《兰溪县志》卷七《杂志类》下“遗事”中“兰溪避暑”条载：“至正十五年乙未五月，宣城贡公师泰为闽海廉访使者，道经兰溪。”此行王祎与之有诗唱和，并为贡氏文集作序。据释至仁《澹居稿》（日本宽文甲辰刊本），五月十三日黄溍与贡师泰同游杭州灵隐寺。（释至仁有诗，诗题略云“至正十五年五月十三日，翰林学士黄公晋卿、福建廉使贡公泰甫访予灵隐莲峰堂”。）黄溍并于此年八月甲子（十一日）作《贡侍郎文集序》。

别名三山，故此书当为福州路儒学刊行。此本四十三卷，为黄溍文集中收录诗文最全的版本。

黄溍退归田里之际，文坛耆宿实已凋零殆尽，黄溍岿然犹存，雅负海内盛望。至正十七年(1357)秋七月，“今江浙左丞相金紫公达世贴睦迩方承制司黜陟之柄，移书起先生咨议省事，以疾力辞。闰九月五日，薨于绣湖之私第，享年八十有一。学士大夫闻之，俱流涕曰：‘黄公亡矣，一代文章尽矣！’门弟子刘涓、王祎、宋濂、傅藻等咸来相治后事，以是月十八日葬于县东北三里崇德乡东野之原”。十月一日宋濂辑录其任官行事为行状，杨维桢为作墓志铭；次年临川危素为作神道碑。杨维桢作铭时因东南动乱，海内鼎沸，“悼丧乱未得谥于朝，与其徒私谥曰文贞先生”。此后得以行状上于太常请谥，获赠“文献”。按照谥法，博闻多见曰文，学该古训曰献，褒崇之意实深。考诸有元作者，黄溍之道德文章，应不愧斯评。

第四章　酌古通今：试策与黄溍的政治关怀

在元代南方士人于政治领域普遍遭受抑制的情况下，要想讨论黄溍的政治态度，并不是件太容易的事情。这种困境来自于两个方面：首先，黄溍早年沉抑于州县之间，虽然有亲理民政的实际经历，但其时人微言轻，缺乏就政治事件发表言说的便利；晚年虽然官位渐高，但或提举学政，或侍讲经筵，有缘饰文治之实，却与政坛颇有疏离。其次，黄溍文集中缺乏明确表述自己政治态度的诸如政论、奏疏之类文字，诗作多流连山水、酬酢应答；文章则以记序碑志为主，且不乏典雅雍容的颂世之作。故而曾有学者以为，虞集、黄溍、马祖常等人"皆身居清贵文臣之高位，对于深层政局渐趋腐败恶化，绝不可能一无所知；然宁甘漠视，以彼深厚之文化修养，一如既往歌功颂德者，则其政治伦理可知"。特别是黄溍，其文集中"绝少涉及"时政民生，缺乏"痛心时弊、哀伤民瘼之作"；"且溍之死，下距元亡不过十年有余，何以晚期之乱象绝难见诸笔端？是黄溍之为人为文，真不可言说矣"。[①]这一批评不可谓不严厉，也让人对黄溍的政治操守颇生质疑。

不过这一切其实只是误解。姑且不去谈论黄溍文集中反映现实作品的多少，单就全集中收录的乡试、会试及国学策问五十一篇而言，文字本身即涵盖了广阔的政治内容。特别是策问引据经史、务求经世的特点，决定了其间必然反映出拟定者的政治见解。这些文献因属于场屋之文，未能获得学界充分重视，但它们与《三场文选》壬集中所辑录的黄溍乡试答策一起，可揭示出黄溍政治观念的丰富内涵，需要认真审视。

一、试策制度与策题拟定

"策"作为一种文体大致可以分为策问与对策两类，这一区分主要来自文体功能的不同与作者身份的差异。策问采用以上行下的声气，用提出一系列问题的形式行文，要求根据所问进行针对性回应；而"对策"则主要是对策问的回答，行文一般需要斟酌经

① 《从元代"馆阁体"诗看元中期文风之转换——以虞集、黄溍、马祖常为例》，《中国传统文化与元代文献国际学术研讨会会议论文集》，中华书局2009年版，第487—500页。

史、结合实际。①策文产生甚早,汉代就曾以策问的形式选拔人才,“凡录政化得失显而问之,谓之对策。考之于史,实始汉之晁错”②。而科举正式兴起之后,历代选士都非常重视这一文体,“可以说,试策是中国古代历时最久,地位最稳固的考试文体。大致可以说历代选拔人才的考试,都离不开策问与对策”③。而黄溍集中所存的策问,就是这一制度的产物。

元代科举制度的推行并不顺利,不仅开科之时曾引起广泛的争议,后至元初年更一度停举,故而前后所历会试、廷试仅有十六科;而乡试也仅十八次。不过这些考试当中,策却是唯一贯通全场的必考文体。根据科举程式,乡试中蒙古色目人试两场,“第二场策一道,以时务出题,限五百字以上”;汉人南人试三场,“第三场策一道,经史、时务内出题,时务不矜浮藻,惟务直述,限一千字以上”。会试所考与乡试相同。而廷试则只试以策,“汉人南人试策一道,限一千字以上成;蒙古色目人时务策一道,限五百字以上成”。④黄溍集中所存策问,以乡试为主,会试仅一篇,这些文字自然是黄溍被选为考试官时所拟定的。主持或参与科举的官员,必须“于见任并在闲有德望文学常选官内选差”⑤,可见这一行为本身就具有很浓郁的文化象征意味,而拟定策题当然就更能表明其学识水平。从存世的元代科举策文来看,相当一部分都是出自于进士之手。

黄溍曾先后多次以考官身份参与科考,宋濂《金华黄先生行状》记载:“始先生尝预考江浙、江西、上都乡试,江浙则三往而一主其文衡;至是,被上旨考试礼部,寻又为廷试读卷官。”可以看出黄溍曾参与江西、上都乡试各一次;预考江浙乡试三次,并有一次作为主考;会试、廷试则有一次。这一材料虽然详细但是却未能提供具体的年份,为了方便对策问的解读,在此有必要先考察一下黄溍校文的具体时间。

《行状》记载黄溍预考会试、廷试,为其再值词林、侍讲经筵时期,这一阶段内大比之年为至正八年(1348)。黄溍《华亭黄君墓志铭》记:“始予校文乡闱,华亭黄璋首以荐书,

---

① 徐师曾《文体明辨序说》将策文分为策问与策两类,其中策又包括“天子称制以问而对”的制策、“有司以策试士而对”的试策与“着策而上进”的进策。可见其所说“策”即“对策”,至于所析分的制策、试策、进策等细目,主要是就“对策”的主体身份、呈文对象而言,其文体学意义并不突出。本文中所言“试策”并非文体概念,而是指向于以策试士这一制度。

② 吴讷:《文章辨体序说·制策》,人民文学出版社1998年版,第37页。

③ 吴承学:《策问与对策》,《中国古代文体形态研究》(增订本)第三章,中山大学出版社2002年版,第49页。此文从体制渊源、策文规范、文体特性、与科举的关系等方面,对策问与对策进行了详细的论述。

④⑤ 《元史》卷八十一《选举志一·科目》。

北上试有司，不合而归。益肆其力于学无少懈。及予起自退休，入直词林，被旨预闻试事，璋以再荐而来，竟不偶。予能得之于二十年之先，而不能不失之于二十年之后。”而黄璋“以天历二年(1329)、至正四年(1344)两取乡荐”。根据这一记叙，黄溍于天历二年即曾校文乡闱，因华亭隶属于江浙行省，故此年当考文江浙。黄璋在黄溍参与会试的至正八年重至京师，却再一次春官失利，两次应举的时间间隔正合“二十年”之说。

黄溍试文上都的时间也较易考明，其《纪梦诗序》明言“重纪至元之元年(1335)春，予忝以非材，备员国子学官，其年秋校文上京”。这一年十一月诏罢科举，因而实际上只举行了乡试，而次年的会试就已停废。这一年乡试黄溍弟子傅亨得贡，《奉议大夫同知诸路金玉人匠总管府事傅公墓志铭》称傅亨“尝从予游，及予承乏居国学，又适在弟子列，而亨取上京乡荐为第一，予所与闻也”，所说就是这一件事。傅与砺说得就更清楚，“科举既罢，太学生傅亨子通以元统三年乡贡进士，受御史荐出掾山北”①。这一事件在黄溍的诗作中也可以得到印证，《同王章甫待制校文上京八月十五夜宿龙门驿》写道：“凉风堕黄榆，万马皆南驰。而我方北首，度关及鸣鸡。石路幽更阻，仆夫惨不怡。徐驱待明发，泱漭穷烟霏。貂裘者谁子？怪我逢掖衣。为言霜露多，遑遑独安之？我非不自爱，简书今有期。忆昔州县间，折腰向小儿。荏苒二十年，白首初登畿。同袍如燕鸿，去住常相违。悠然慨平生，与世何参差。暝投龙门驿，高馆临回溪。青崖拱白月，水木含余晖。秋色故潇洒，我行殊未迟。相从况魁彦，炯若珊瑚枝。衰暮奚足云？一觞聊共持。”八月份大都气候转寒，皇帝车驾已开始南归，而黄溍因为校文之役，不得不触霜露而兼程。从他延祐二年(1315)进士及第授官到此年，恰好“荏苒二十年”。

黄溍其他几次预考乡试，集中于江浙行省和江西行省。顺帝至元六年(1340)十二月下诏复行科举，此时黄溍在江浙儒学提举任上。“至正元年(1341)秋，予与建德推官李君粲同较文乡闱，南士预荐者二十有八，朱公迁其一也”，而朱公迁为“饶之乐平人”。②饶州路属于江浙行省，行状所谓的“一主其文衡”，就是指黄溍此次重开科举之后主持江浙乡试。

而考定另外几次乡试校文的时间，就要颇费周折了，不过黄溍文集中仍有线索可寻。黄溍《云蓬集序》云：“延祐庚申(七年，1320)秋，予忝预校文乡闱，得一人焉，曰高君

① 傅与砺：《送傅子通赴山北书吏序》，《傅与砺文集》卷四，明洪武十七年刻本。
② 黄溍：《乐平朱君以寔墓志铭》，第569页。

骧”，其后又称“后三年，识君于钱塘”。据行迹判断，延祐七年黄溍预考的可能是江浙乡试。而黄溍《书王申伯诗卷后》则称：“延祐庚申（1320）秋，予忝预校文乡闱。会申伯繇闽阃白事中书行署，相与握手道旧故”。所谓的“闽阃”即福建闽海道肃政廉访司，置司福州路。元代对江浙行省分四道设廉访司进行监察，福建宪司即为其一。两人相会的“中书行署”自然应在杭州，故而此年校文江浙基本可以肯定。这一判断可以与黄溍奉诏所撰《邓公神道碑铭》中的记叙相互印证：文称“始公校艺乡闱，臣溍误辱荐名，及公再主文衡，臣溍遂忝预执笔”，“校艺乡闱”指的是“仁宗即位，诏以科目取士，江浙行中书省檄公考延祐元年科举”，就在这年邓文原主持的江浙乡试中，黄溍得以高中；“再主文衡”指邓文原再次主持乡试，“江浙行中书省复移行御史台，檄公考延祐七年（1320）乡举”，黄溍既然称自己“忝预执笔”，那么他参与了这次江浙校文就应该是毫无疑义了。

接下来可以考察黄溍另外两次考文江西、江浙的时间。在为同年所作的《张弘道墓志铭》中，他追忆道：“予与弘道同对大廷，同校文江西，又同校文江浙。未卒事而弘道移疾丐休致去，卧翔鸾佛寺，竟不起。”这其中提供了很多关于校文的信息，而张弘道“其卒以天历二年（1329）十月二十日”，“没于杭”，可知张弘道未能卒事的那次校文，正是天历二年的江浙乡试，这也与上文所引的《华亭黄君墓志铭》相合。

至于校文江西的具体时间，《张弘道墓志铭》中没有提及，文集中则只存有《江西乡试南人策问》一文，以《周官》制度为问，缺乏其他线索。不过因为元人刘贞仁初所编选的《新刊类编历举三场文选》壬集对策一书，这一疑难遂迎刃而解。此书编录了自延祐元年（1314）年科举恢复开始的各科乡试、会试之策问与举子之对策，所选录范围为南方江浙、江西、湖广地区，共八卷，每卷正对应于一科。第五卷江西乡试策“问《周官》之制”，核其文字，与黄溍集中所收者相同，因此可以推定黄溍校文江西，当是第五科，即泰定三年（1326）。①

现在可以对黄溍考文时间进行归纳：延祐七年（1320），江浙乡试，策题“问吴越闽厚伦成俗之义”；泰定三年（1326），江西乡试，作《江西乡试南人策问》；天历二年（1329），江

① 笔者所见《三场文选》壬集为朝鲜初期刊本，蒙韩国高丽大学金甫暻博士惠示，特致谢忱。另外李超根据国内残存的《三场文选》诗义八卷、古赋七卷、诏诰章表三卷，辑录有举子程文的考官批语。经义类第五卷江西乡试第二名刘性，有“黄初考批：诗义理既明畅，辞亦粹洁。发明民之质矣一句，亦它卷所未及”。当即黄溍泰定三年（1326）校文江西时的批语。第六卷江浙乡试第三名黄常，“覆考黄州判溍批：诗义明粹详整，甚有发越，可冠本经，宜在前列”。第六科乡试为天历二年（1329），此时黄溍为诸暨州判。见李超：《元代科考文献考官批语辑录及其价值》，《中国典籍与文化》2010 年第 3 期。

浙乡试，策题“问浙右公田两浙盐利”；元统三年（1335），上都乡试，作《上都乡试蒙古色目人策问》；至正元年（1341），主持江浙乡试，作《江浙乡试蒙古色目人策问》、《江浙乡试南人策问》；至正八年（1348），预考会试，作《会试汉人南人策问》。

黄溍文集中的国学策问，当作于他元统三年（1335）二月至至元六年（1340）四月任国子博士期间。元代国子学教育步入正轨之后，采用分斋积分制度。生员被分入六斋，下两斋以处初学，“凡诵书讲说、小学属对者隶焉”；中两斋“讲说《四书》、课肄诗律者隶焉”；上两斋“讲说《易》、《书》、《诗》、《春秋》科，习明经义等程文者隶焉”。每季度进行考试，以次第升等。凡是实际在学时间满两年的，汉人上两斋、蒙古色目中两斋的生员，可以参加私试。其考试方法，“汉人私试，孟月试经疑一道，仲月试经义一道，季月试策问、表章、诏诰，科一道。蒙古色目人孟、仲月各试明经一道，季月试策问一道。辞理俱优者为上等，准一分；理优辞平者为中等，准半分。每岁终通计其年积分，至八分以上者升充高等生员。以四十名为额，内蒙古、色目各十名，汉人二十名，岁终试贡”①。黄溍所撰国学蒙古色目人策问十八篇、国学汉人策问二十四篇，就应该是私试时的策题；由于一季度才试策一次，策问的数量也可以和黄溍任职国子监的时间大致对应。

堂试策问当亦作于这一时期。堂试一般指路学主持的考试，而黄溍并无这一经历；且策问蒙古色目与汉人南人分列，故似当为国子学公试而作。公试即岁终试贡，是国子生员获得出身的重要途径，凡是实际坐斋三年以上、私试合格升等的生员，以四十名为额度，蒙古、色目各十人，汉人二十名，“省、台、集贤院、奎章阁官同考试，中式者以等第试官”②。其初每年岁末举行公试，后来则“每大比选士，与天下士同试于礼部，策于殿廷”③。公试的贡额也并不固定，因早年的岁贡二人取士数量过少，此后逐渐增加，到至正年间因三年一试，蒙古、色目、汉人出贡总额已达到二十人，并增加了备榜。考试方法上，据《元史·选举志》记载，武宗至大四年（1311）规定，“试蒙古生之法宜从宽，色目生宜稍加密，汉人生则全科场之制”，此后并无太大变动。因此可知公试需要试策。

国学贡试之法泰定年间曾一度废罢，不过在黄溍任职胄监之际，应该是依此施行的，其《送赵尧臣序》称，“仍纪至元之二年（1336），予方备员国学，上舍生真定赵凯尧臣私

①③　《元史》卷八十一《选举志一·学校》。

②　《元史》卷三十四《文宗本纪三》。王沂《送张宗德序》所说的“岩村里秀之齿贵胄于国学，必由三品朝官举而后补，其员限百人。既补，然后尚书、御史、祭酒、司业考试，取其中科者而为第其甲乙，以名升于礼部。甲为六部史，乙郡博士，岁八人，谓之出身”，就是指国学试贡制度。见《伊滨集》卷十五，四库本。

试合格，循旧比待年以就公试。明年以其名列上于集贤，转达中书。既终场而未及释褐，台府用御史建言计奏，被旨命监学官杂举公试终场之士材任诸道宪吏者，凡所举三十有三人，而尧臣得淮西”。虽然赵尧臣是受荐举而出任廉访司吏，但显然如果按照正常情况，公试合格也是可以获得出仕机会的。国子博士本来就负有通掌学事、考核儒业的任务，堂试策问当是黄溍参加国子贡试之际所拟定，这些文字与文集中的其他策问一起，构成了认知黄溍政治见解的重要材料。

二、乡试对策中的政治理想

相对于策问而言，对策需要明确表述自家见解；而南人所试之策必须涉及经史与时务，要求体现作者分析政治问题的能力，并提出自己对解决现实问题的构想，“盖问者谋猷咨度，以审其计之是非；答者献纳开陈，以决其事之可否。科目设此，正谓识时务者在俊杰，欲以观其明经而致用，非徒事乎无益之虚文”①。因而三场对策对于了解士人的政治理念颇具价值，“皇王之略，天文地理人事之纪，礼乐兵刑边陲河渠钱谷之数，无不备焉。故览一策而一朝时事可稽也；览群策而累朝故实可考也”②。根据《行状》的记载，黄溍在殿试对策时曾慷慨议政，“惓惓以用真儒、行仁义为言，辞甚剀切”。试策本来就含有诏人直言之意，尽管“读卷者以其颇涉于激，缀之末第”，但其间所体现的积极论政意识还是值得充分肯定的。不过很可惜这一对策与会试对策都未能留传，其具体内容也难以稽考。而《三场文选》对策第一科江浙乡试中则选录了黄溍的对策，这一全集及《全元文》所失载的材料，对于了解初入仕途之际黄溍的政治观念而言，其价值是不言而喻的。

由于是首次开科取士，对士人的期望自然很高，策问也直接涉及当时的统治缺失，以“官冗、吏污、民嚣、俗敝”发问，具有很强的现实针对性：

问：经史所载皆时务也。读虞书则知尧舜之务，读夏商周之书则知禹汤文武周公之务，读史亦然。至于史则时与务靡然俱下，何欤？无乃知为务以救时，而不知稽经以为务欤？

钦惟皇上神圣冠伦，嗣大历服，祗若祖训，以科举取士，岂徒务以经术变前代设

① 王之绩：《铁立文起》后编卷之五“策”，《历代文话》第四册，复旦大学出版社2007年版，第3800页。

② 《铁立文起》后编卷之五“策”，《历代文话》，第3801—3802页。

科之陋而已？盖务得真儒而用，使风移俗易、臻至治也。混一以来，垂四十年，草创因循，至于今日。官冗、吏污、民嚚、俗敝有矣，欲致隆平，当去太甚。然则官冗不可不汰也，当如汉光武吏职减损，十置其一欤？吏污不可不惩也，当如隋文帝使人遗以钱帛，受者加罪欤？民嚚而争讦相尚，当如赵广汉者，钩距求情，痛绳以法欤？俗敝而奢侈无节，但令如贾谊者，太息于庶人帝服、倡优后饰欤？

自古一法立，一弊生，弊生则又为之法；于是法如牛毛，弊如蜂午。时与务靡然俱下，由此故也。然则使人何以无幸爵之心而不壅铨曹？何以使吏消黩货之念而不干邦宪？何以使民知逊弟？何以使俗知礼节？

古之治天下者，经具焉，而何经为之要？经言平天下者，务具焉，而何务为之本？知经之要，明务之本，逢今之时，平天下犹运之掌上尔。魏征论五帝三王不易民而化，封德彝非之曰："魏征书生，岂识时务？"彼不知教化乃时务也。魏征言焉，太宗纳焉，是以有贞观之治。尝闻取法于上，仅得其中，使皇元之治止如贞观，而不进于唐虞三代之隆，果有真儒出焉，将其心愧耻矣。诸君钦听明诏以来，念此至熟也。其稽经以对，副圣天子侧席真儒之意。①

这属于一篇典型的时务策，反映出仁宗以科举取士、甄拔人才的本意。作为元代汉化程度较深的帝王，仁宗即位之初，就着意于改变前朝弊政，大力推行汉法。武宗时期滥行封赏，甚至出现"加恩近臣，佩相印者以百数"②的情况；同时官吏选用制度混乱，机构膨胀严重；而经济方面则更定钞法，转嫁矛盾。对于励精图治的仁宗而言，这些都是亟待更张的社会问题，而策问所涉及的正是当时的社会热点问题，体现出试策"以考其用世之才"③的用意。相对于诗赋而言，策问更有利于考察举子通古今、察利弊之才干，正所谓"试之策以观其所以措置于今之世"④，因而尽管强调了对经典的尊崇与依从，要求"稽经以对"，但更重视的则是指向于当下的实际效用。策问提出了一系列问题，而实际其中暗含了拟题者所设定的价值判断，故而准确体察策意是对策的前提。

策问第一层即揭橥出经与史的分野：经典所载的尧、舜、禹、汤、文、武、周公六位治

① 此策问亦见于陈栎：《定宇集》卷十三《历试卷》，四库本。陈栎(1252—1334)延祐元年以《书经》登江浙乡试陈润祖榜第十六名。此卷另收录有经疑、经义等场屋之作，可据以考察其年乡试考题。以《三场文选》所录策问与陈栎本集相核，知《定宇集》中略有脱文。

② 揭傒斯：《送程叔永南归序》，《揭傒斯全集》文集卷三，上海古籍出版社1985年版，第298页。

③ 郑玉：《送唐仲实赴乡试序》，《师山集》卷三，四库本。

④ 苏轼：《谢梅龙图书》，《苏轼文集》卷四十九，中华书局1986年版，第1424页。

世典型，其事迹皆可为后世师法；而史书所述此后时务，则随着时代递迁而少有可观。进而提出疑问，这一情形是否因为后世仅仅知道策略因应世变，而缺乏尊经征圣的意识？

第二层则表明科举试策的意义，希望能获取建议，解决现实统治中所出现的官冗、吏污、民嚣、俗敝的缺失；并引述了历史上曾出现过的应对方略，以征询这些措施是否可行。史文有载，汉光武帝为了解决官冗现象，建武六年“六月辛卯诏曰：‘夫张官置吏，所以为人也。今百姓遭难，户口耗少，而县官吏职所置尚繁。其令司隶州牧各实所部省减吏员，县国不足置长吏可并合者，上大司徒、大司空二府。’于是条奏并省四百余县；吏职减损，十置其一”。[①]隋文帝不满于吏治贪腐，“往往潜令人赂遗令史、府史，有受者必死，无所宽贷”[②]。赵广汉为人强力峻厉，精于吏治，“尤善为钩距，以得事情”[③]，即善于多方推求、钩而致之，以获得对事物真相的全面了解。贾谊感慨于世俗衰弊，侈靡无度，“古者以奉一帝一后而节适，今庶人屋壁得为帝服，倡优下贱得为后饰”，以此为“至大不敬、至亡等、至冒上”，“可为长太息者此也”。[④]这些对策今日是否具有效用？

第三层是对第一层的回应，认为历史上弊政层出不穷的原因，在于只知应付表面症结，却不去探求根本原因，未能提出本源性方法。而这实际上也是对第二层中诸多历史人物的所行措施的隐然否定，故而再次以如何解决实际问题为问。第四层则突出了以经为本的宗旨，通过魏征与封德彝的矛盾，揭示出“教化”对于治国方略的重要意义，希望举子能够根据经典，进一步阐释这一问题。

可以看出，策问虽属于考题，以提出问题为目的，而其本身实际上也颇具逻辑结构，并隐然含蕴了拟题者的自身主张。此题以时务发问，却勾连史实，敷绎经典，体现出明显的以古贯今、尊经致用特点。作为对策，黄溍的策文自然要对上述问题加以回应：

> 对：盖闻为天下国家有先务，教化是也。所以为教化之本者，曰任贤也、兴学也。《诗》、《书》所载，莫详于唐虞成周。稽之于《书》，则“亲睦九族，平章百姓”，以至于“民于变时雍”，尧之教化可谓至矣。求其所本，莫先于“克明俊德”之一语，岂非以任贤而致然欤？稽之于《诗》，则“自西自东，自南自北，无思不服”，周之教化可谓

① 《后汉书》卷一下《光武帝本纪》。
② 《隋书》卷二《高祖本纪》。
③ 《汉书》卷七十六《赵广汉传》。
④ 《汉书》卷四十八《贾谊传》。

至矣。求其所本，不过于“镐京辟雍”之一言，岂非以兴学而致然欤？六君子之道一也，知帝尧武王之所务，则知舜禹汤文之所务矣。汉唐以来其间明君良相，虽或知教化之为美，而不知以任贤兴学为本；故终莫睹其效。而其所凭藉维持以救一时之弊者，反倚之一切之法，岂非失其所本而致然欤？

钦惟圣天子宵旰图治，发德音，下明诏，搜扬四方之士，思得真儒，共致唐虞三代之隆，甚盛举也。切伏惟念，国家混一区宇，四十年于兹，兵革日以息，财用日以阜，田野日以辟，户口日以增，可谓官府具而纪纲立矣。然时之所谓急务，不过簿书期会之严、钱谷出纳之谨而已，未闻有以教化为意者。夫治天下国家当知所先务，今欲革官冗、吏污、民嚣、俗弊之患，舍教化何以哉？

考夫汉光武之吏职减损而十置其一，隋文帝之使人遗以钱帛而受者加罪，赵广汉之钩距求情而痛绳以法，皆可谓不揣其本而齐其末者矣。至于贾谊之太息于庶人帝服、倡优后饰，则亦末如之何。其时与务靡然而俱下者，果何为而然耶？传曰：“教之以德，齐之以礼，则民有格心；教之以政，齐之以刑，则民有遁心。”此言教化之效非法令所及也。夫论当世之务而以教化为先，此世俗之所谓迂远而不切者也。愚将以为欲使夫人忘其幸爵之心，绝其黩货之念，兴逊弟而崇礼节，非教化不可也。

管子曰：“礼义廉耻，是谓四维。”盖耻之俗行，则人无幸爵之心，官不待汰而自不壅乎铨曹矣。廉之道立，则人无黩货之念，吏不待惩而自不干乎邦宪矣。人安乎义，则民知逊弟而争讦之风息矣。人习乎礼，则俗知礼节而奢侈之敝除矣。是故教化隆则四维张，教化微则四维绝，非细故也。夫以一人任君师之寄，至不轻也。四海之广，兆民之众，亦安能家至而户晓之哉？是以古者家有塾、党有庠、术有序、国有学，而成均之法，必有道者、有德者乃使教焉，稽之礼经可见也。其治隆于上而俗美于下者，岂有它道哉？

抑尝稽之《中庸》，而知所谓修身、尊贤、亲亲、敬大臣、体群臣、子庶民、来百工、柔远人、怀诸侯者，经之要也。稽之《大学》，而知所谓格物、致知、诚意、正心、修身、齐家、治国、平天下者，务之本也。《中庸》修身之道，莫先于尊贤；而《大学》者，古之所以教人为学也。尊贤而任之，兴学以教之，而犹以官冗、吏污、民嚣、俗弊为患者，未之有也。夫化民成俗，类非俗吏之所为；非徒不能，彼固不识也。魏征论五帝三王不易民而化，而封德彝非之。教化时务固非二事，德彝非不识教化，乃不识时务也。属兹宾兴之始，宜有识时务之俊杰者出，上副九重侧席详延之意，而愚安足以及此。然尝稽之诗书礼经，而知古之为天下国家者，未尝不以教化为先，而教化未尝不以任贤兴学为本。方今上自国都、下逮县镇，亦既莫不有学，苟慎择守令，付以师帅之任，而责其承流宣化之效，岂惟可使风移而俗美，将见乐育之盛、真儒辈出，知经之要，明务之本，而致天下于唐虞三代之隆者有人矣。愚何幸，身亲见之。

这一对策出入经史，鉴古知今，随问走答，扣住策问中隐隐所透出的关键字眼，以"崇教化"为主旨，分层立论，表述了自身见解。第一层破题发策，直接标揭出"治国之务首重教化，教化本于任贤兴学"的主意。通过征引经典，从正面肯定任贤、兴学的积极意义；又以经衡史，指出后世逐末迷本的失误所在，从而具体细致地回应了策题首问。

第二层承接主旨，回转至当下，答策毕竟不比经疑经义，在引据经典、通乎往日的同时，更要突出洞达时务、指引现实的一面。黄溍的对策结合了仁宗时期的政治现实，提出其时朝廷所重者实在于细务，而忽略了根本性的制度建设，因而若想革除时弊，则须直探本源，以教化为本。

第三层回应策问所疑历史记载，以否定的形式指出其阙误正在于舍本求末；并再次申论题旨，指出崇教化对于政务而言，貌似迂远实则最为切近根本。第四层则正面阐述论断，在突出教化重要性的同时，表明在推行层面需要别择贤才、兴举学校。最后一层回应了策问所提的经典之要、政务之本问题，引述《中庸》、《大学》来进一步强化论点；指出封德彝的不足，正在于他未能关注政务的根本，忽略了教化对于时务的基础作用。

从对策中可以看出，元代四书学在科场的地位渐次凸显，黄溍依经作对，而四书明显占据了突出地位。即使是在强调致用的对策当中，经史的导向价值也未曾削减，答策多引据经典，比附时务，体现出鲜明的斟酌古训、接引当世的倾向。至于提揭论点，层层深入，正反比次，贬古颂时，从文章角度而言则不失矩度且更多带有场屋特征。黄溍的对策依经据史，立论淳正，以教化为本，淡化了应对弊政的具体措施，虽未见得切于施用，却根柢纯粹，符合儒家治国之道。这一初入仕途之际的应答文卷，所代表的政治立场自然难以摆脱特定的话语空间限制，但正像黄溍多次申述的那样，"承流宣化，莫先学政。泮宫之制阙而弗讲，非所以严国典、重教基也"①；"今承平浸久，治教休明，庙学之制，于斯大备。有土有人者，能汲汲致其力焉，可谓知化民成俗之本也已"②，皆可见其对

① 《松江府重建庙学记》，第401页。
② 《新城县学大成殿记》，第305页。

崇教兴学的重视。因而这一场屋应对,正不妨视为黄溍的政治理想,同时明显体现了他以儒治世的主导意识。

三、策问:通达治体,善为疑难

策问作为多用于举场抡才的文体,有其特定的规范与要求,"盖欲观其博古之学,通今之才,与夫刳剧解纷之职也";而且策问以问询为形式,其重点在于结合现实政治,提炼出相关问题,在逗引士人各言己志的同时,尤其要具备高卓的识力,因而尽管看似缺乏综贯完整的文章结构,实则内在文理密实勾连,或以问代论,或以问总论,其间自有内在理路,正所谓"对策存乎士子,而策问发于上人,尤必通达古今,善为疑难者,而后能之。不然,其不反为士子所笑者几希矣"。[①]黄溍集中所存策问多达五十一篇,数量在现存元人别集中堪居前列,其指涉面之广,正反映出黄溍对政治领域的广泛关注。即使从文章角度而言,其价值在当时亦已得到认可。受限于成书年限,元代重要文章总集《元文类》收录黄溍文字虽仅一篇,却正是黄溍考文江西时所问之"《周官》之制",这足以表明策问在黄溍诗文中的重要性所在。诸多策问具体鲜明地揭示了黄溍在政治领域的关注重心、思想倾向与经世济用特点。

(一)内容广博。科目策问重在选官,士人入仕后于部曹之间交互迁转,需要对各部职事有所熟悉;黄溍所撰策问内容广阔,凡吏、户、礼、兵、刑、工六部职掌,几乎都有涉及。如元代的吏治问题,因重根脚、重北轻南等政策导向,官冗吏贪之弊甚为突出,"大德以后,承平日久,弥文之习胜,而质简之意微,侥幸之门多,而方正之路塞。官冗于上,吏肆于下,言事者屡疏论列,而朝廷讫莫正之,势固然也"[②],这在策问中也多有表现。国学汉人策问之十七即以养廉职田为问:

> 问:职田之制,其来尚矣,而今也谓之养廉职田。职田而以养廉名,则是吏之廉否,特视夫所养何如耳?然以田之在官者有限,有田则给焉,无田则弗给也,不几于谷禄不平乎?若夫人品之不齐,又未易以概论。廉者固不待养,而有养者未必皆能廉也。岂非无恒产而有恒心者,惟士为能乎?伊欲使上之所养也均,下之自养也厚,其道何由?可得而闻乎?

① 徐师曾:《文体明辨序说·策问》,人民文学出版社1998年版,第129—130页。

② 《元史》卷八十五《百官志一》。

针对吏治贪腐问题，元廷以提供职田的形式提高官吏待遇，希望能有效遏止这一现象。但职田给否不一，无形中又导致待遇不均的产生。策问借此发问，黄溍自身的观点实已暗自逗漏，在主张均一待遇的同时，又指出“廉者固不待养，而有养者未必皆能廉也”，所强调的正是以礼文教育来提高官吏本身的道德修养，从而自根本层面解决这一问题。这也正是国学蒙古色目人策问之九所关注的中心：

问：为国者皆欲吏之廉，不知所以致其廉；皆患吏之贪，而不知去其贪。谈者谓禄秩厚则廉者有所劝；禁令严则贪者有所惩，是固然矣。今之禄秩非不厚，而廉吏不为之多；禁令非不严，而贪吏不为之少，其理安在乎？

不难看出，厚禄秩、严禁令都只是就问题的出现而提出的应对措施，未能涉及根本的官吏素养层面，显然难奏其功。

吏治问题实际上反映了元代在人才培养与选用方面的考虑不足。官吏迁转多循资格，科举选官又多设障碍，时兴时废，下层士人特别是南人很难获得晋升高位的机会。由于社会阶层流动性的缺乏，官吏的素质自然也难以保证。国学蒙古色目人策问之八即指出其中病因所在：“养士将以致用也。养之于未用之前者，有教法焉；用之于既养之后者，有选法焉。为法虽不同，而首尾相资，有不可偏任者。夫何今也拘于法守，莫能相通？汉之徒三千，不尽登于铨曹；唐之吏八百，不皆出于学馆。所养非所用，而所用非所养。选法在今为甚密，教法视古则已疏。法制之疏密既殊，事任之轻重不得不异，此势之所必至欤？是果出于立法之初意否欤？品调消息之，使无彼此轻重之偏，亦有其道欤？”人才教育与官吏任用的脱节，结果学非所用、用非所学，必然导致“古道湮坠，士习日偷。群居则玩思空言，而指簿书、钱谷为细务；从政则苟道吏议，而视仁义、礼乐为虚文”。[1]针对这一问题，黄溍既考虑到根本性的制度建设，重视人才教育与培养；又提出加强专门性的职业训练，讲求任人之道。在国学汉人策问之十八中，他指出：“古者士有常业，官有常守，故其为事专而成效易见也。夫何后世之用人，惟以岁月序迁而不复审其能否？至于官数易其守，而士数易其业，以儒名家者不得专意稽古礼文；以吏为师者不得专力于簿书期会。自非以数术方技执艺之事为世守，鲜有久于其职业者。授以不素习之事，而欲委任责成焉，亦已难矣！岂当世之士，皆有非常之材，而施诸事业者，无施不可欤？抑为士者，徒知计官资之崇卑，而未能如数术方技执艺事者之安其所守欤？不

① 《国学蒙古色目人策问》之二，第139页。

然，则古者任人之道，不可行于后世欤？必有其说。”从这些策问中可以看出，黄溍对于吏治问题的思考，其实已经具有相当的广度与深度，既能就具体策略层面提出专任的设想，更注意到根本性的养士问题，从而做到本末兼顾。

又如元代后期突出的社会动荡问题，即地方性农民起义，在策问中也得到凸显，而黄溍诗文中则缺乏对此社会问题的正面描绘。国学蒙古色目人策问之五以此为问：“国家之患盗，自古而然矣。方今朝廷清明，天下无事；而民间椎埋抟掩之习犹有存者。以为养之未至，穷而无赖欤？教之未尽，愚而无识欤？则农桑学校之政，尝举矣。以为郡县之治有未善，苦吏急而致然欤？则守令之选，又未尝不精也。愿推言夫不能使民不为盗者，其失安在？弭之之方，宜何如？”策问中所言“清明无事、椎埋抟掩”云云自然是讳饰之辞，实际上在至正十一年(1351)红巾起义大爆发之前，顺帝时期北方各地起义已呈多发之势；值得注意的是，黄溍在文中所强调的“不能使民不为盗”这一论断，显然他认识到问题的根源所在，因而提及的教、养及吏治问题，都不过是高压之下的社会矛盾、阶级矛盾激化的种种表现而已。而如何平息起义，也一直是困扰元廷的大问题，有限度地给予南人参与高层政治的机会、严禁私藏武器、禁止汉人南人学习蒙古色目文字，甚至杀光张、王、刘、李、赵等大姓汉人这样极端的建议①，都不断被讨论或实施。黄溍的策问其实反映了他个人平日对这一问题的思考，在《送王仲楚序》中，他分析了社会动荡的原因：“比岁大盗窃发，荐为东南之忧。山区海聚，愚民无知，其触法抵禁，固势使之；然向令任承流宣化之寄者，能听于无声、视于无形，而逆折其萌芽，岂遽至是哉？赖天子圣明，将士用命，鼠辈就戮，氛祲肃清，诞降德音，与之更始。然欲为久安长治之策，则险驱默化，俾之日迁善远罪，而同跻于仁寿之域，宜有其术矣。”抛开其间蔑视性话语不论，黄溍对于“势使之”的社会事件的追责，其实更多地指向了官吏的不作为，并进一步指出弭患要重视久安长治的策略安排，这也正是他在国学蒙古色目人策问之十六中标揭的主旨：“除盗救荒，非无良法，然莫若思患而预防之。乃今圣仁在上，成行惠孚，蚁聚之众固已肃清，菜色之民殆将苏息。及是时也，儆戒无虞，蓄积备具，有不可不素讲者。”重在预防，自然就需要减轻民众负担、弱化歧视政策、加强官吏素养，从而使矛盾从根源上得到消弭。防患于未然实为探本之论，策问中的问难与探讨，恰好与诗文中对元末农民起义

① 至元三年(1337)权臣伯颜“请杀张、王、刘、李、赵五姓汉人，帝不从”，见《元史》卷三十九《顺帝本纪二》。

的相关描绘构成互补。①

除此之外黄溍所拟策问涉及当时多种社会问题，如常平义仓、钞法、吴松江水利、马政、训农、养士等等，无不关乎经世之务；甚至古史得失、班马异同、五行灾异也成为关注中心，足见策问所论涉及之广。能提出问题本来就意味着对此领域已有属意，而策问内容的丰富广博则反映出黄溍对各政治领域并不缺乏关注的热情。

（二）崇儒重教。从策问丰富的内容中，也可以看出黄溍政治观点的基本倾向，带有明显的以儒治世、崇儒重教的特点。国学汉人策问之二十云："我国家尊尚儒术，褒孔子之道，以昭示乎四方。缙绅先生，言必以孔子之诗书执礼，而非敢为申韩法家之言也；教必以孔子之文行忠信，而非敢为庄列道家之教也。"就元代思想领域的实际情况而言，儒家的地位实际处于中衰时期；尽管儒释道三家并立，但统治者对释道的重视与利用是儒家难以企及的，因而黄溍的策问只能说表明了他个人的思想倾向，特别是考虑到科举制度层面对朱子学的吁求。儒家重视礼文教育、涵养茹化，这往往易被视作迂远而不切实用，在异族入主中原之际，试图恢复礼教传统，自然更是困难重重，而黄溍则在这方面多有关注。

在堂试汉人南人策问之一中，黄溍追溯道学源流，结合时下科举俗学对儒学的功利化解读，以道学发问："道学何始欤？危微精一以为传，文行忠信以为教，道学之名未立也。汉董生、唐韩子，皆当世大儒，其亦所谓道学，非欤？自营道、河南、关西创其前，紫阳、广汉、东莱承其后，逮至我朝文正许公，出而以身任道学之寄。学士大夫，莫不知所依归。乃者仁皇在御，明诏有司以经术造士，且示学者以所宗师。道学之盛，莫今若也。夫何新学小子味其糟粕者，不过为取科目之计；老成宿学窥其阃奥者，类皆有轻科目之心？古之道学，亦若是欤？"这其中既有对俗学的不满，又有对接续道统的期待。此外策问中或以所学何道、所行何事为问（国学蒙古色目人策问之二），或究求所志何趋、所学何学（国学蒙古色目人策问之八），或推原声音律吕之本末（国学汉人策问之二），或商订乡饮酒礼之制（国学汉人策问之十二），或考询历代祭礼之得失（堂试汉人南人策问之三），无不体现出黄溍推崇儒教、重视礼乐教化的特点。

---

① 黄溍《绍兴路重修学记》述及"中原俶扰，淮夷绎骚"，即 1351 年所兴起的红巾起义；又称"蠢兹淮夷，本吾国家赤子，有能闻公（绍兴路达鲁花赤九十子阳）之风，慕义而来格，则公德教之所加，宁有此疆尔界之间也哉"，所重仍在于以修文德平定患乱。认为黄溍漠视时局，显然是有失片面的看法。

而国学汉人策问之三以乐教为问，可以明显反映出黄溍对礼文教化作用的重视："古之造士，必以四术，而莫尚于乐。有虞胄子之教，典乐专焉；成周国子之教，司乐总焉。考其名官，而所重可知也。岂不以乐者，学之所以成终欤？汉唐去古日远，诗书礼之文虽仅存，而乐之缺有间矣。然犹有以乐立于学官者，有请以乐教诸生者。其为乐，果皆出于古欤？我朝沿袭近制，雅乐之设于成均者，惟释奠乃有合乐，而未始用以为教也。其为乐，果不通于今欤？孔子适齐，以童子视端行直，而知韶乐之作。乐之善人心其效如此，而可希廓弗讲欤？伊欲如帝王盛时，俾为士者无不成于乐，亦有其道欤？"策问引据经史，强调乐教渊源与功效，并希望能复追古昔，其用意指向于规摹当世。这当与黄溍典教胄监的切身经历有关，在《送曾止善孔庙司乐》中他即曾表示，"金石方在耳，颂声未崩沦。闻风苟有作，薄俗斯还淳"，希望以乐敦俗；在《海盐州新作大成乐记》中，不仅对策问有所回应，更指出："盖古之设教，莫重于乐，非止用于释奠也。侯之于乐，不但欲辨其铿锵，又必求通其义者相与讨论之，可不谓知所本乎？诸君子从侯修其时事，周旋升降于堂序之间，必有闻其乐、知其德，而鼓舞于鸢鱼飞跃之下者矣。是举也，有功于教道甚大，非徒备其阙典而已，可无书乎？"显然黄溍所重视的并非器数仪文等末节问题，而是突出了礼仪规范背后所蕴含的文化教育意义。对这些"若缓实急"①事件的重视，正体现了黄溍政治观念的儒家本位特点。

（三）通经济世。策问内容丰富，博涉社会事务，其中多可与黄溍自身所历相互映照，带有经世济用的色彩。在国学蒙古色目人策问之三中，黄溍问及举贤退不肖之法："进贤退不肖，古之道也。国家设官分职以理庶务，而俾持风纪者司其黜陟。夫何州县间，絓于吏议者往往而是；登于荐牍者，曾不多见欤？有虞氏所举十有六人，所去四人而已。由是言之，三载之所黜陟，概可知矣。岂今不古若，贤者少而不肖者多欤？孔子曰：十室之邑，必有忠信。安可厚诬天下无君子欤？愿试陈之，以祛所惑。"这一疑问涉及监察制度的不足，当黄溍读到苏天爵的奏议集时，疑惑遂涣然冰释："顷因发策上庠，尝以为问，诸生咸莫知所对。兹获观伯修奏章，始知天下未始乏材，特患夫司黜陟之柄者，好出声威以立名誉，一有所引重辄以附丽为嫌而止。是以斥弃常多，甄拔常少也。②"可见这一策问实源自现实政治中的困惑，发策正带有祛除时弊之目的。江浙乡试南人策问

① 《德清县学祭器记》，第306页。

② 《读苏御史奏稿》，第199页。

中涉及征税赋敛之法，特别提及引盐，结合黄溍盐场监运、深知盐政之弊的经历，就容易理解其间的现实针对性。正像他自述的那样，“厥今东南为民病者，莫甚于盐策。始则亭户患其耗而不登，次则商旅患其滞而不通。及均敷科买之法行，而编民之家无贫富莫不受其患。况夫吏得肆其奸，则民之不堪益甚矣”。而其时黄溍官卑位浅，“予自筮仕以来，佐治濒海州县，目击盐事之病民，顾以政非己出，未如之何”，故而拟题发策就成为纾解现实困惑的最好途径。

又如策问中屡屡感慨国学教育的不足，以为“选法在今为甚密，教法视古则已疏”①；科举施行之后，“三岁登贤能之书于天府仅百人，以博士弟子而预其列，恒不若偕计吏者之众”②，实即以为国学未能发挥聚集、培养人才的功能；国学汉人策问之二十二又以历代国学制度为问而暗涉当下的不足。这些也与黄溍亲与其事而能体察其间弊病有关。在元代国子学本来就属于贵族教育，收教平人子弟实为点缀且条则苛烦，“天子之学，以教国之贵游子弟；而田里之秀民，亦得用举者受业其间，餐钱固不以烦县官，而满百人辄止。后至而久次者，必员有阙乃得补其处，此今之定制也”。在员额限定下，即使是颖秀之士也只能慨叹求学无门，“今也乃使之旷日以俟，远者或十年，近者犹四三年，何以开发其聪明，而能蚤有知乎？国家施教导民之初意，宜不若是。予所为太息而末如之何也”。此种限制考诸经史，实乏先例，故而黄溍也只能寄望“幸而有能陈诗以讽于上，用古之道变今之法”。③结合黄溍文集中这些相关记叙，当可明了策问中的种种困惑，实际上也带有黄溍力求经世的热忱。

需要指出的是，策问在突出经世关怀的同时，其出发点仍多根本乎经史。虽然科举条则规定蒙古色目人试策只试时务，汉人南人方经史、时务并顾，实际上这两者之间并无实质性区别。即使是完全的经史策，也不会全然罔顾现实需要，像《江西乡试南人策问》问《周官》之制，其最终落脚点仍在于“厥今朝廷，内建六曹，盖古六官之遗意也，岂其成法固在所取欤？抑犹有可举而行者欤”，强调经史对于现实的借鉴意义。古人早已看到，“策问大概有二，不问时务，则问经史。然二者亦自相关。问时务者，必引经史为证；问经史者，必以时务终”。④在黄溍的策问当中，称道经史的用意正在于规摹当世。他多

① 《国学蒙古色目人策问》之七，第 141 页。

② 《国学汉人策问》之四，第 145 页。

③ 《送饶安道序》，第 251 页。

④ 《铁立文起》后编卷之五“策”，《历代文话》，第 3799 页。

次强调，“夫穷经而不能致用，则经为空言矣；作事而不师于古训，则其为事亦苟焉而已矣”①，“圣贤之论治，未尝不取法于古”②，所追求的理想境界则是“征古验今，以究其得失而折衷之”③。从中可以看出，黄溍政治观念的本质特征，正在于酌乎古而通于今，策问中所说的“经史所载皆时务也”，不失为其最好的注脚。

从黄溍的策问及对策来看，他个人其实对政治领域有着较为真切广泛的关怀，不仅关乎民生的仓法、钞法、水利等被纳入关注视野，吏治窳败、任人之法、社会动荡等元代政治的重要问题也成为关注重心，而其中对于礼教治化的突出，更表现出黄溍政治观念中崇儒重教的基本特点。策问中涉及问题多与黄溍亲身经历相关，具有强烈的经世济用色彩。当然，黄溍的策问多作于其仕宦的中期，当其晚年元廷政治窳败，社会问题日益突出，虽然他于此不无关注，但不免限于敦厚忠恕，毕竟也缺乏直面现实、针砭时政的言行。④不过以后见之明来看黄溍的政治观念，其立足于元廷的立场实亦出于必然，而那种认为黄溍缺乏政治伦理、不重视现实的观点，实际上却是颇为片面的。这也提醒我们，在考察元代南方士人政治态度之际，不仅要关注传统诗文中间的正式表述，也不应忽略策问之类场屋文体中的另类话语。有时候如策问之类的功利性应用文体，虽处于边缘地位，当中所蕴含的文化信息是正统诗文无法替代的。

---

① 《国学蒙古色目人策问》之十三，第142页。

② 《国学蒙古色目人策问》之十一，第142页。

③ 《国学汉人策问》之十三，第148页。

④ 如至正十二年(1352)七月，红巾军徐寿辉部攻陷杭州，一时江浙震动。黄溍《绍兴路新城记》对此记叙颇详：“愚甿无知，因乘间窃出而弄潢池之兵。釜中游鱼，尚假息于海濒；封豕长蛇，荐肆食于河洛。重山浚谷，野林荒墟，蠢屯蚁聚之辈，往往相挺而起，蔓延及于杭城。而官府邑屋之盛丽，陆海珍异之富饶，一夕而烬，至正十二年秋七月十日也。绍兴故越地，杭越相距百里而近，讹言相惊，人不自保，扶携而去，闾井为空。”而其政治倾向不言自明。

第五章　文苑或儒林：黄溍儒学史地位的衡定

《元史》论及黄溍之学，评价甚高："溍之学博极天下之书，而约之于至精。剖析经史疑难及古今因革、制度名物之属，旁引曲证，多先儒所未发。"[①]这大抵是约略宋濂所撰《金华黄先生行状》而来，但作为正史论述，看作是其时的公论似不为过。王袆也曾指出："乡先生翰林待制柳公贯、翰林侍讲学士黄公溍皆大儒，天下所师仰。[②]"不过即便如此，《元史》并未将黄溍列入儒林传，而是在列传中重笔记述，从传主的社会地位与文化影响来考虑，这样当然不无妥当。至清代全祖望评论婺中学术流变时，则以为自白云先生许谦始，其学已渐流入章句训诂，"义乌诸公师之，遂成文章之士"[③]，显然将黄溍视为文苑中人。文苑与儒林，这一看似对立的评价，具体到黄溍而言，该如何定位呢？此问题既与元代儒学发展的大势相关，也体现出浙东一派的学术追求，颇堪寻味。

蒙古人以铁骑平定中原，与其军事实力强大相应的是，疆域版图的极度扩张。而实际上，元代在思想文化方面的活跃及建树，也不容忽视。陈垣先生曾指出，元代"儒学、文学，均盛极一时。而论世者轻之，则以元享国不及百年，明人蔽于战胜余威，辄视如无物，加以种族之见，横亘胸中，有时杂以嘲戏"；然而"以论元朝，为时不过百年，今之所谓元时文化者，亦指此西纪一二六〇年至一三六〇年间之中国文化耳。若由汉高、唐太论起，而截至汉、唐得国之百年，以及由清世祖论起，而截至乾隆二十年以前，而不计其乾隆二十年以后，则汉、唐、清学术之盛，岂过元时！"[④]这一评价高度标举了元代文化的成就，却也与现实研究当中对元代思想文化的相对冷落形成了鲜明对比。通行的诸多思想史论述，于元代皆略述而过，就像侯外庐先生所说的那样，"元代理学的研究长期被忽视，其实，元代理学的资料并不少，而其演变和发展的线索也是很清楚的"[⑤]。这也许因

① 《元史》卷一百八十一《黄溍传》。

② 王袆：《宋太史传》，《王忠文公集》卷二十一，四库本。

③ 全祖望：《宋文宪公画像记》，《鲒埼亭集外编》卷十九，清嘉庆十六年刻本。

④ 陈垣：《元西域人华化考》卷八《结论·总论元文化》，上海古籍出版社 2000 年版，第 132—133 页。

⑤ 侯外庐等主编：《宋明理学史·序》，人民出版社 1997 年版，第 2 页。

为元代处于宋明这两个儒学高度发展的朝代中间，相形之下未免稍绌，更可能与元人在思想文化方面缺乏系统而明确的理论构建有关。元代学术不定于一尊，虽呈活跃积极的态势，却多是在前人基础之上的弥缝与和齐，虽然学有所受，自家体贴出来的却不多。在这样的背景之下，探讨黄溍的儒学思想，对认识元代士人的精神世界，或可提供一些具体而微的细部样貌。

一、举场程文与黄溍的儒学素养

由于黄溍并未留下专门的经学论述，因而要想系统了解其儒学思想难度不小。就黄溍师承授受而言，因其转益多师，自方凤、王炎泽、石一鳌等地方士儒处参同问学，其学术渊源不免兼有陈亮、朱熹与吕祖谦诸家学说的交互影响。而他此后游学钱塘，交游耆旧，在闻见日广的同时，学术方面必然更具并蓄之势。如其自述，“始予既知学，颇思自拔于流俗，而患夫穷乡下邑，块焉独处，无从考质以祛所惑。闻钱唐古会府，号称衣冠之聚，宿儒遗老犹有存者，则籯粮笥书，逾涛江而西，幸而有所接识”①，可见黄溍早年访师求道的追求。此后他颇有一段时间游处杭城，“始予留钱唐，辱与予游者厘十数人，欲相率推予为之师”②，交相问质的当然仍是学问。但这些论学之语既无留存，其间思想也就难以谈起。所幸《三场文选》中选录了黄溍的应试程文，从而为了解黄溍早年的儒学修为提供了重要参照。依据元代科举制度，汉人南人科考第一场为明经，需试经疑二问与经义一道。第二场于古赋、诏、诰、章、表内科一道；第三场试策一道。黄溍的乡试经疑答卷现存于日本静嘉堂文库所收藏的元刊《类编历举三场文选》中，因极罕觏，故此前学界未曾有人引及，《全元文》与《黄溍全集》均失收。③现特据静嘉堂藏本将这两篇科场文字揭出，以讨论黄溍的儒学素养。

经疑第一问为“忠恕”，其题曰：“曾子曰：‘夫子之道，忠恕而已矣。’《中庸》曰：‘忠恕，违道不远。’同一忠恕也，而圣人、学者异焉。先儒谓迹虽同而心实异，其论确矣。然此直为‘施诸己而不愿，亦勿施于人’者言之尔。至若‘我不欲人之加诸我也，吾亦欲无加

① 《送汪生序》，第244页。

② 《送徐生归吴中序》，第252页。《陈子中墓碣铭》中所说的“初，子中合其同志五六人从予南屏山中，丹徒亦在焉，欲相率推予为之师，予谢不可”，与此应该是同一件事情。

③ 《三场文选》收录黄溍应举文字六篇，即乡试经疑二问、乡试古赋一篇、乡试试策一道、乡试会试经义各一道。《全元文》据国内残本录其古赋与经义，另三篇文字失收，《黄溍全集》同。

诸人’，则与‘勿施于人’异矣。使子贡果及此，可谓与圣人之心不异乎？其犹有间乎？毋率尔而对，将以观深造焉。”[①]根据《论语》的记载，“忠恕”是曾子对孔子思想体系中“一以贯之”的“道”的切近体认，有以此为孔子思想核心的意味；而在被视为子思所作的《中庸》当中，“忠恕”却看起来又与“道”尚有间隔，在个体行为上表现为“施诸己而不愿，亦勿施于人”，强调推己及人。这在《论语》中有相似的表述，子贡声言“我不欲人之加诸我也，吾亦欲无加诸人”，不过孔子却认为“非尔所及”，按照理学家的阐释，这是因为子贡所说的行为属于“仁”，是圣人才能达到的目标，故而孔子不予认可。此疑所针对的就是经典当中极易产生混淆的相近表述，希望考生能够剖难析疑，解释孔子之道与弟子所体会之道有何异同。显然如果不是融贯经义、具备纯熟的经学造诣，是难以遽下断语的。

在此可先参照陈栎的答疑，他认为圣人之道动以天，即自然而为；而学者之道则动以人，是勉强而为，这是朱熹《四书章句集注》中的观点。黄溍的程文虽然主旨也不脱此意，但破题与行文却颇有不同：“忠恕之道虽一，圣贤之分则殊，即其言而求其心可也。盖尝因先儒之说而观圣门之所以论忠恕者矣。曾子之言，圣人无心之忠恕；而《中庸》之言，学者有心之忠恕也。子贡所谓‘无加于人’者，仁之事；而《中庸》所谓‘勿施于人’者，恕之事也。有心、无心固不吝于不异，若夫‘无加’即无心之谓，而‘勿施’即有心之谓也，安可以概论哉？愚切以为，曾子、子思之言忠恕则一，而有圣人学者之分，此同而异者也。子贡之所谓‘无’，《中庸》之所谓‘勿’，虽若有间，然有心而为之则一，此异而不同者也。何以知其然哉？盖反覆其‘不欲’‘亦欲’之言以求其心而知之也。至诚无息，学人之忠；万物各得其所，圣人之恕也，曷尝有欲为之心乎？且夫一贯之说，曾子、子贡之所共闻，观其应对之际，则应之之忠恕，固非子贡所及矣。使其果能以仁之事为己任，其欲为之之心固在也。于圣人无心之忠恕，宁无间乎？敢用即其言而求其心，以塞明问，惟执事幸教之。”[②]黄溍的程文主旨虽然也是敷衍朱熹的集注而成，显示出对科场要求的遵循；但是他却不仅指明子贡所言为仁者之事，非其所及，更从子贡“不欲”与“亦欲”的反复用语中看出了子贡的有心而为，这从来未曾在经解中为前贤道及，只能说是黄溍

① 《三场文选》甲集《经疑》卷一“江浙乡试”。按陈栎《定宇集》卷十三亦收录此年乡试经疑二问及其程文，文字与《三场文选》所录略异。此处所录已据《定宇集》参校。

② 《三场文选》甲集《经疑》卷一“江浙乡试”。

自身的合理演绎。所以考官不禁在这几句之后批上了“它卷所无”字样，以示激赏。①

第二道经疑为“文行”，主要考察举子对“文”与“行”重要性的认识：“‘子以四教，文行忠信。’又曰：‘行有余力，则以学文。’行先于文欤？文先于行欤？”问卷中两句皆出《论语》，而“文”与“行”的顺序却截然相反，以此发问，其中却暗藏玄机。正像考官在批语中所揭示的那样：“‘子以四教’，乃弟子记夫子之言，如‘诗书执礼’之比，不可指为‘文’先于‘行’也。至若‘君子博学于文’，其言学文之当先，弟子则以学文。是言举‘文’之当后，然而问以彼者，正欲其对以此尔。它卷援‘博学于文’者有之，不如此卷之精，当逊一头地”。可见“文行忠信”之说，只是孔子泛言为学的内容，并不是指为学的先后次序。“行有余力，则以学文”一语，先行后文；但孔子又言“博学于文，约之以礼”，先文后行。经疑正是想让举子引述此句，来证明孰先孰后在经典中实际上多有歧出，原因在于侧重不同，而且所述的“文”在内涵方面也大有差别。“行有余力，则以学文”中的“文”实际上是诗书六艺之“文”，在儒家话语体系中属于末道，因而先行后文所体现的是文与行在道德判断层面的价值高下，文处于附属地位；而“博学于文，约之以礼”则强调为学端绪，先文后行是就进学阶段而言。

黄溍的答卷破题即以道之根本相同而进学之序有异立言，从知行先后与本末等差入手进行辨析，层次秩然：“天下之道其本则同，圣人教人之序则有不可得而苟同者矣。其所教人者何？曰知与行而已。‘子以四教，文行忠信’，而先儒释之曰：‘教人学文修行，以存忠信也。忠信，本也。’又曰：‘行有余力，则以学文’，而先儒释之曰：‘德行，本也；文艺，末也。’以此观之，岂非二者皆以行为本而文为末乎？然而圣人之立教，或先文而后行，或先行而后文者，愚切以为各有所主而然，初不可执一求，亦未易以差殊观也。主于知而言，故文先于行。主于行而言，故行先于文。盖不先学文则无以考夫义理之实而以为力行之地，所以必先文而后行，此主于知而言者也。未及笃行而遽以学文为事，则文胜灭质而无以收致知之功，所以不可不先行而后文，此主于行而言者也。抑尝考之，

① 《三场文选》在黄溍此文之前还附刻了考官刘志善的批语：“子贡果能无加诸人，只是以己及物之仁，视圣人全体不息、同乎天命、乾道无心而成化者，其间甚远。此卷拈出‘不欲’‘亦欲’，谓子贡果能无加诸人，其欲为之心固在，说同而拈掇不同，它卷所无也。曰行文粹雅，东坡说《书》最可为今日答疑之式。独此卷备之。此卷互考亦尝经眼，还日迷五色，敢不自咎？”批语揭出了黄溍程文在关捩拈出方面的独具匠心之处，欣赏其义理与辞章兼具之美，这体现了科场的衡文标准。而“自咎”云云，则表明黄溍此卷是覆考之后才得到如此高度评价，初考中似遭黜落。

夫子之言有曰'博学于文,约之以礼',圣门之立教,以文先于行者,其言固不一而足。虽然,天下之道一本而已,以知行而言,则曰文曰行,容或互为先后;以本末而言,则文之不可先于行也必矣,尚何疑之有哉?"黄溍注意到了在认知层面行与文互为先后的关系,这类似于今人所说的理论与实践的关系;同时又抓住了行本文末的根本要义,理论极有分疏。对比陈栎程文,其文虽分别本末,但并未能如黄溍那样主从兼顾,即可知考官的断语并非虚言。

使黄溍声名四驰的科场名作当属乡试第二场所作《太极赋》,此赋为其赢得"黄太极"之美誉,可见一时风靡之势。①此赋已见前章所引,虽然属于古赋之体,但通古善辞,义理畅达,甚至被明人编入《性理大全书》,这无疑是对其善述性理的推重。王祎在肯定此赋"天下学者家传人诵"的同时,也认为其价值在乎义理,"不以科目为轻重"②。考官批语则直接指出了赋题阃奥与此赋优长:"此赋最难作。若但赋'太极'二字,则《庄子》有此言。只可认《易·系》'太极'二字作题目。周子去圣逾远,今舍《易·系》之'太极',而赋周子之图,是沿流而失源也。有谓'有物混成而分剖为天地阴阳'者,此异端之说。有直谓'太极既判而后有天地人物'者,此鄙俗之论也。曾不思伏羲画卦之时,天地阴阳五行流行赋予,其来远矣。夫子后来说'易有太极',直指画前之妙要。后之学者知'易有太极',是往古来今流行赋予、继善成性之原而已。此卷首言伏羲,后言夫子,末言周子无极、立人极之旨,自根而枝,命意造语精切超诣,且绰有古赋之体。科举方行,若但取经义之有韵者,恐误后学。宜表而出之,以为矜式。"③赋题限定了述作对象,但若仅从字面生发,容易流入道家一脉,故而实际上必须于儒家义理之内阐发而不得堕入异端。黄溍此赋以画卦、系辞与作图这三个易学发展史上极其重要的标志性事件为线索,沿波讨源,脉络清晰,声韵谐畅。既避免了一般文华之作徒具锦藻而乏性理的弊病,也能在论述义理的同时讲求词章与声律轨辙,做到了经术与文章的完美结合。考官取之作为楷则,正体现了这一别择标准。

当然,由于是赋体,《太极赋》在文学层面,特别是考虑到科场这一特殊场景,属于精诣之作,但是从义理角度来看,也只能说其发明无多。而更能体现黄溍经学见解的,则

① 陈旅《次韵黄晋卿与张伯雨道士高丽式上人会于杭州开元宫》诗自注云"晋卿以《太极赋》领乡荐,学者传诵,时因称之为'黄太极'也",见《安雅堂集》卷二,四库本。

② 王祎:《跋太极赋》,《王忠文集》卷十七。

③ 《三场文选》庚集《古赋》卷一。

见于其所作的经疑与经义答卷。

黄溍乡试会试的经义答卷现亦存世。他以《诗》应选，故两道经义都与《诗经》有关。乡试的题目是“天生烝民，有物有则。民之秉彝，好是懿德”，出自《大雅·烝民》。周宣王命仲山甫东行筑城，尹吉甫为其送行，遂作此诗以称颂仲山甫的贤能与美德。黄溍根据自己体会，将之归结于“理”，并加以阐释：

天之所赋于人与夫人之宗其天者，一理而已。盖天之生人，非徒具形以与人，而人之好善，由其本心之有善也。苟其不然，则夫人之性也伪，而为善也矫矣。惟夫生人之初，有气则有理，既莫不与生而俱生。是以本心之正，有理而无欲，亦莫不好善，而恶曰则曰彝曰德？一理而已。

昔者孔子尝读是诗，而以知道赞之矣；孟子又尝引是诗，而以证其性善之说矣。道者何？即此理也；善者何？亦此理也。诗人惟能烛乎是理，故其推之的；圣贤惟有契乎是理，故其取之也深。先儒紬绎而中，言之尽矣。且夫所谓物者，何物乎？自吾身之百骸、九窍、五脏，达之父子、君臣、夫妇、朋友、长幼，无非物也。其视之明、听之聪、貌之恭、言之顺，推而至于父子之亲、君臣之义、夫妇之别、长幼之序、朋友之信，莫不各有当然之法焉，所谓则也。譬如天之所以高、地之所以厚、日月之所以明，有莫知其然而然者，岂假乎矫揉而增益之哉？自其气以成形，而理亦赋之矣。是乃斯民所执之常性，物、则之外，宁复有所谓彝与懿德者乎？惟其执此以为常也，是以悦此以为美也。润下，水之常，故同归于湿；炎上，火之常，故同趋于燥；性善，人之常，故其情之所同好者，美德而已。今夫小人之为不善，好德之心或几乎熄矣。及其见君子也，未尝不欲揜其恶而著其善。于此又足以见人之恒性，有理而无欲，所秉之常有不可得变者，得非良知、良能与生俱生而然哉？

愚故因先儒之绪论，推圣贤之遗言，而发诗人之本旨，以为天之所赋于人，与夫人之共乐其天者，一理而已。抑尝考之，《烝民》一诗，仲山甫徂齐，而尹吉甫送之之辞云尔。章首未遑它及，而亟以性命之理为言者，岂不以得于固有而执其常性者，虽众人之所同；钟乎秀气而全其美德者，乃贤人之所独。人之所以好是懿德者，其亦出于好贤之情也欤？①

自诗句本身而言，大意即天生万物，人、事皆可归入万物之中，而万物具有常性，也

① 《三场文选·诗义》卷一。

就是一定不移的准则；人们于美德无不知而好之，也是出于常性。这两句属于整篇纲领，以下文字则着力于描写仲山甫能全物则的各种美德。孔子、孟子对此诗的引述见于《孟子·告子》，孔子读之，曰"为此诗者，其知道乎"，大概是赞赏作者的好德之心；而孟子引诗完全是为了说明人性本善，故向善其实是出于人之本性。黄溍对诗义的解释则更进一步，他直接接受了宋儒的理气学说，认为关于世界的本原，气以成形，理亦赋焉，理因而具有了本体意义。万物各种常性，自然都是由理而生，在肯定天理而摒弃人欲的基础上，秉彝、好德云云无非是天理本性的表现，其行为实际上是出于理之必然。黄溍肯定了孟子的性善说，但更将性善归结于理之恒常，这自然是在理学盛行之后的阐释理路。而元廷规定，科举考试时"《诗》以朱氏为主"[①]，突出了朱熹学说的地位，这在程文中也有体现。此诗主旨，小序以为"尹吉甫美宣王也，任贤使能，周室中兴焉"，认为周宣王任用贤能的仲山甫，这应该没有什么问题，但是诗句多是在称颂仲山甫，却说成意在"美宣王"，虽经历代诸儒释解，也难免牵合之弊；故而朱熹《诗集传》不取此说，直言"宣王命樊侯仲山甫筑城于齐，而尹吉甫作诗以送之"。黄溍显然采用了朱熹之说，其文字也多敷衍《诗集传》而成。[②]至于经义末尾，解释既然好德属于人之常性，为什么人们还倾慕仲山甫时，黄溍以为常性虽同，但个人所得理气之厚薄有异，而仲山甫能得理气之全，这仍然是《诗集传》的表述。

延祐二年(1315)的会试，经义题为"思文后稷，克配彼天。立我烝民，莫匪尔极"，出自《周颂·思文》。诗篇为祭祀兴设农事、作育万民的后稷而作。黄溍的程文如下：

古之能于天合德者，必能为民立命者也。盖天之生斯民也，能生之而不能有以全其生，此上古圣神所以出而继天立极，参之使遂其情，教之使充其性，而斯人之类赖之以为命者也。天能生之，而我能全之，则是与天合其德也矣。推以配天，不亦宜乎？

昔者周人郊祀后稷以配天，而且乐歌有曰云云。为此诗者，其亦可谓善于美盛德之形容矣。高高在上者，其天也邪？吾见其形穹然而止尔，其色苍然而止尔。夫所以能合乎彼者，孰从而合之？盖天道之远，虽若难知，所以为天者，生物之心而

① 《元史》卷八十一《选举志一·科目》。

② 黄溍《送徐彦礼赴冀州尹序》称："仲山甫徂齐而尹吉甫送以《烝民》之诗，序诗者不曰'送仲山甫'而曰'美宣王'，且以其诗入于《大雅》。盖宣王之任贤使能，致周室中兴，乃王者之大政。尹吉甫之诗，非独以慰仲山甫之永怀而已。"这实际上是采用了通行的《正义》的阐释。

已。故其生是民也，非徒任其林林焉、总总焉，必使聪明睿知者出乎其间，以厚其生，而正其德。斯人之有是情也，吾则遂其饥食渴饮之须；斯人之有是性也，吾则全其天理民彝之懿。《易》所谓财成辅相，以左右民，《书》所谓建其有极者，皆是道也。

若夫后稷，则不有天下，而未尝任夫继天立极之责。今也推以配天，而首以立民极颂之，何哉？窃意后稷之为尧农师也，不过教民凿井而饮，耕田而食。及其至也，垂髫之童，戴白之叟，莫不相与顺帝之，则于不识不知之境，康衢立极之谣，虽曰诵尧之德，其所以致此者，抑亦后稷之力欤？是即所谓左右民而建其有极者也。盛德至是，蔑以加矣。且后稷之生也，则有震夙之祥；其树艺也，则有颖栗之美；诗人固未尝不形之咏歌。而其所以配天者，则不在彼，而在此也。

夫尊其祖以配天，非与天合德不可也。与天合德者，必能为民立命者也。有盛德，斯有成功。其功不至于继天立极，安足以告神明也哉？抑先儒有言："立我烝民"之"立"，犹"烝民乃粒"之"粒"，言后稷之教民稼穑也。盖因是而考之，《思文》一诗有曰：贻我来牟，帝命率育。又曰：无此疆尔界，陈常于时夏。夫贻牟者，即烝民乃粒之谓；而陈常者，即为民立命之说也。先儒之旨，有自来矣，敢并发之。[①]

根据《诗序》的解释，"《思文》，后稷配天也"，黄溍的释读也以后稷具有文德，可以上配于天为中心，这也是朱子《诗集传》的阐释方式。值得注意的是，黄溍将后稷的遍养下民、教民稼穑的盛德归结为顺应上天的本心，正因为上天的"生物之心"，后稷方应运而生并以谷存养天下，所以才能够以德上配于天。比照南宋杨简的看法："后稷德配天，故周郊后稷以配天。天人本一，人心动而昏始异，是故克配为贵。克配非有他也，不失其本心而已矣"[②]，可见此处两人看法暗合，皆具有心性说的意味。而黄溍文中又以为此诗是"尊其祖以配天"，这涉及对诗篇题旨"德配说"之外的解读，如苏辙即以为周人推后稷为始封之祖，《思文》一诗"谓郊稷，禘其祖之所自出，而以其祖配之者也"[③]。至于文中认为"立""粒"相通，则是采纳了郑笺的看法。从此文似可看出，黄溍的经学立场虽遵照科场规定，以朱子为主，但也略及他说而不显单一。元制允许《诗》《书》《易》三经"兼用古注疏"[④]，但从此文来看，却反映出黄溍经学见解来源的复杂性。

① 《三场文选·诗义》卷一。
② 杨简：《慈湖诗传》卷十八《思文》，四库本。
③ 苏辙：《诗集传》卷十八《思文》，四库本。
④ 《元史》卷八十一《选举志一·科目》。

总的来看，黄溍经学修养纯熟，其主要观点皆秉承朱学而来，这自然出于元廷对科场文字要求导向的原因；在细部观点方面，也能看出黄溍自我生发的思想火花；在思想的来源方面更表现出兼综的倾向。不过这些只能说是科举时代精英士人所必须具备的经学素质，儒学思想上的创造性尚难谈起。

二、《日损斋笔记》：根据分明，不同臆断

黄溍存世著述除诗文集外，尚有《日损斋笔记》一卷，为辨析经史疑误之作，篇帙短小，只有三十五则。其主要内容在于考订，“凡经史奥旨，昧者显之，讹者订之。辞虽优柔不迫，而难决之疑、久蔽之惑，皆涣然而冰释”①。四库馆臣对此书评价甚高，称“书中皆考证经史子集异同得失，其辨史十六则尤精”，还称引数例，许以“引据尤极明确，非束书不观而空谈臆断者也”②。由于此书较为集中地展现了黄溍的学术思考，虽然容量不大，但不失为探究其儒学思想的重要材料。

笔记的成书情况，据书首宋濂至正甲午（1354）春所作之序，属于黄溍的晚年之作，“金华侍讲黄公溍以文辞冠于一代，藏诸金匮，勒于乐石，既以播厥中外。晚又出其绪余，随笔志之，号曰《日损斋笔记》”。这些未经整理的文稿后赠予宋濂，“濂从公游者最久，既受此编以归，乃私序卷端，置诸箧衍而择善学者授焉”。这一行为可能与黄溍晚年理董文稿有关，次年其文集就交予路经兰溪的闽海廉访使贡师泰，由其授于三山学官刊刻。据刘刚所作后序，宋濂获得文稿之后，将之授予门人刘刚：“刚也不敏，获受经于宋太史先生之门。研穷义理之余，先生出一编书示刚曰：此黄文献公之所著笔记也”。刘刚遂将文稿进行整理，“以类相从，分而为三，曰辩经、曰辩史、曰杂辩。既已缮书成卷，又以读其书者不可不详知公之为人，遂以中书参议危公太朴所撰神道碑及太常博士傅公子通定谥等文以附其后，共为一书”。此书由刘刚命工刊梓，后序称“公之所著，有诗文三十三卷、《义乌志》七卷，并已刻梓，流布于士林间”。考《义乌志》有黄溍至正十三年（1353）所作序，而诗文集则是“先生薨后之五年”③由义乌县令胡惟信梓传。故而《笔记》的初版当在至正二十二年（1362）之后，而刘刚称宋濂为“宋太史”，则其时尚

---

① 宋濂：《日损斋笔记序》，《日损斋笔记》卷首，四库本。

② 《日损斋笔记》提要，《四库全书总目》卷一百十九。

③ 宋濂：《金华先生黄文献公集序》，《黄文献公集》卷首，元刻二十三卷本。按刘刚所云“三十三卷”当为“二十三卷”之误。而贡师泰所刻之四十三卷本，因当时兵燹之故，黄溍等似未及亲见其书。

末入明。①

《笔记》文辞简约，按断审慎。首列辨经六则，论及《周易》、《尚书》、《礼记》及《左传》。第一则集矢于河图洛书说，文字较其他五则为详，宋濂许之为“超然自得之见”②，当为此书中第一等文字：

鹤山魏氏曰：“朱文公以十为河图、九为洛书，引邵子之说为据。而邵子不过曰：‘圆者河图之数，方者洛书之文。’戴九履一之图其象圆，五行生成之图其象方。是九圆而十方也。安知邵子不以九为图、十为书乎？朱子虽力攻刘氏，而犹曰：‘《易》、《范》之数诚相表里。’又曰：‘安知图之不为书，书之不为图？’则朱子尚有疑于此也。朱子发、张文饶精通邵学，皆以九为图、十为书。朱以列子为证，张以邵子为主。尝以《乾凿度》及张平子传所载太一下行九宫法考之，即所谓戴九履一者。则是图相传已久，安知非河图也？”鹤山素尊信文公之学，独于此图书之辨不能无异论。然而又曰：“靖士蒋得之云：‘当以先天图为河图，生成数为洛书。’亦是一说。”又若有取焉。往年闽人吴蟾者来京师，自言从谢叠山得异人所授河图，朝野诸公多传之，而秘不轻出。其详虽莫得闻，大抵亦是以八卦为河图，未必不与蒋说同所自出也。按孔安国《尚书·顾命·传》曰：“伏羲氏王天下，龙马出河，遂则其文以画八卦，谓之河图。”王肃曰：“河图，八卦也。”王充《论衡》亦曰：“伏羲王，河图从河水中出，易卦是也。”伏羲得之，非作之。则以八卦为河图自昔已然，鹤山之说似不可不考也。

河图洛书说是易学史上重要命题，历来众说纷纭、歧异互见，宋代易学象数之学至有图书一派，“舍图、书无以见《易》”③。考之载籍，最早则仅有文字提及。《尚书·顾命》云：“大玉，夷玉，天球，河图，在东序”，以河图为祥瑞之征。《系辞》有云：“河出图，洛出书，圣人则之。”《论语·子罕》则有：“子曰‘凤鸟不至，河不出图，吾已矣夫！’”所有这些记

---

① 刘刚刊本未见著录。此书明代尚有黄氏重刻本，四库提要称所据底本“卷首卷末原本均标云‘大明庚辰天顺四年(1460)十三世孙叔善重刊’”。明人梅纯正德二年(1507)所编之《艺海汇函》卷十“刊误类”收入此书，而托名冯可宾、刊于崇祯年间的《广百川学海》，也收有此书；但都晚于四库底本。清代则刻本纷夥，有张海鹏辑《墨海金壶》本，书中收录四库提要，知其底本当为四库本；有钱熙祚辑《守山阁丛书》本，系据《墨海金壶》本重刊；有《金华丛书》本，亦据四库本；《金华丛书》本还收有陈熙晋《考证》一卷，可与《笔记》对读。至于《丛书集成》本，则据《金华丛书》本收录。可知四库本实为精善之本。本文所据即此本，并参酌陈熙晋《考证》。

② 宋濂：《日损斋笔记序》，《日损斋笔记》卷首。

③ 胡渭：《易图明辨》卷一《河图洛书》，四库本。

载都未明言图、书究竟为何物。汉代刘歆、孔安国，则以河图为八卦、以洛书为洪范九畴。[①]到宋代的陈抟，始将象数与河图洛书相结合，为之提供了图式，宋代言《易》者多受其影响。刘牧发展陈抟的学说，将五行生成数图定为洛书，将九宫图定为河图。朱子阐释《周易》，亦非常重视图式，其《周易本义》首次在本经之前附以九图。他还以为“此乃易学纲领，开卷第一义。然古今未见有识之者，至康节先生始传先天之学而得其说”，[②]将邵雍先天说作为立论的基础。这引起了魏了翁的批驳，文中所述论断出自其《跋司马子巳先后天诸图》，认为朱熹的河图洛书说与刘牧正好相反，朱熹所凭借的邵雍理论，只是说河图为圆、洛书为方，而实际上九宫图之象为圆，十数图象方，朱熹的认识恐怕与邵雍的理解正好相反。程颐再传弟子朱震、学《易》于程颐弟子谯定的张行成，服膺邵雍之学，却都以九为图、十为书。黄溍征引了魏了翁的质疑，显然是觉得朱熹的学说有所未安。但是他的驳论方式更为彻底，凡是经所不言者，则不必强为曲解，故而对宋人附会的各类象数之说都不采信，而是取信于经传，并辅证以王肃、王充的观点。抛开观点本身不谈，对朱子学说的质疑，在当时即属不易。元代朱学成为官学，《周易本义》、《易学启蒙》得到推崇，科举程式明确规定“《周易》以程氏、朱氏为主”，[③]黄溍的质疑更能反映出他在学术上独立不倚的个性。另外笔记中开始列出河图、洛书之说，此后只对河图发表了看法，对洛书为九畴之说却不再语及，实际上也是深意存焉。其弟子王祎有《洛书辨》，明确指出“河图洛书者皆伏羲之所以作《易》，而洪范九畴则禹之所自叙，而非洛书也”[④]，应该即是出自师说。而王祎的《河图辨》主旨与此则笔记近似，更明言“余闻之师”[⑤]，当属一证。

---

① 《汉书》卷二十七《五行志》：“刘歆以为虙羲氏继天而王，受河图，则而画之，八卦是也。禹治洪水，赐雒书，法而陈之，洪范是也。”

② 朱熹：《答虞士朋》，《晦庵集》卷四十五，四库本。

③ 《元史》卷八十一《选举志一・科目》。元代朱学之盛行，正如黄溍《送慈溪沈教谕诗序》所叙：“国朝承平日久，治教休明。建学立师，设科取士，悉主于朱子之说。”黄溍本人对朱学内容自然也相当熟悉，宋末赵顺孙所编辑《四书》而行的《四书纂疏》，黄溍即“童而习之”。（《格庵先生阡表》）

④ 王祎：《洛书辨》，《王忠文集》卷四。

⑤ 王祎：《河图辨》，《王忠文集》卷四。宋濂亦有《河图洛书说》，以答客问形式对各种拟设的质疑加以驳斥，主旨与此则笔记类同，应该也是秉承了师说。也许应该指出，元人对朱子此说信守颇谨，如北方大儒刘因，其《河图辨》即明言：“河图之说朱子尽之矣，后人虽欲议之不可得而议之也”。黄溍对刘因的著述甚为熟稔，在《跋静修先生遗墨》中曾追忆往昔：“溍弱冠时尝手钞静修先生《丁亥集》，悉能成诵”，从他对刘因作品的爱好来看，了解刘因此说似乎也不意外。而宋濂《河图洛书说》中则征引了“容城刘梦吉”的相关论述。

《笔记》于史措意尤多,仅从条目多寡亦可看出其兴趣所在。就内容判断,有些属于黄溍研读《史记》、《汉书》、《资治通鉴纲目》等史籍时识疑之笔。亦有参照正史,而对《湘山野录》、《齐东野语》等笔记中舛误加以订正之例。如前书载真宗即位次年赐李继迁姓名并封其为西平王,李焘《长编》、陈均《编年备要》皆予信从,黄溍则据实录与《宋史》,斥为虚妄;同时质疑两书记宋太祖宾天之事,"舍正史而取《野录》,笔削之意,莫得而详也"。

但更集中的札记,则是黄溍针对新修成《宋史》的纠谬。至正三年(1343)元廷曾征召黄溍与修宋辽金三史,黄溍以丁母忧不赴。后《宋史》于五年(1345)成书,次年在江浙行省刊行。根据宋濂的叙述,"间尝侍函丈,共读新修《宋史》,无一传无讹者。非官制地里,即岁月事实,甚至连氏名亦或舛误"①,因而这些文字可能形成于黄溍至正七年(1347)入直翰林之前这一专门研史时期。

对《宋史》的高度关注,固然是由于其新近成书,可以先睹为快;但更重要的是,胜朝旧事的书写,对于接触过众多遗老与耆旧、早年甚至有不欲出仕想法的黄溍而言,自起始就具有深度的吸引力;本来也许会成为书写者中的一员,这种缺席也无疑加强了对阅读的期待。特别是《宋史》中有涉及黄溍先世的文字,如汪立信传中误黄梦炎为黄应炎,朱貔孙传中记其为太学博士,实当作武学博士,这些都可以根据家传文献进行补订。黄溍在札补之余,寄望"后之秉史笔者刊正焉",约略流露出读史的用意。②即使从他所纠谬的寥寥数条来看,也确实如宋濂所言,错漏在在皆是,信乎史事之难。

在制度、史实、人物甚至音训等方面,黄溍皆表现出个人的卓识。《齐东野语》卷一《孝宗圣政》条,就被他讥为"记一事而三失";卷六《二苏议礼》条也受到驳议:

> 周公谨《齐东野语》曰:"礼家如聚讼,虽兄弟不容苟同。其大者无如天地之祭,东坡主合祭,颍滨主分祭,朝廷迄从合祭之说,以至于今。"按《宋史》,郊议始于神宗元丰元年,至六年乃罢合祭,哲宗元祐七年诏复行合祭,以伸始见之礼,俟亲行北郊则修元丰六年之制,仍集官详议以闻。礼部尚书苏轼主合祭,从之者五人;枢密都承旨刘安世主分祭,从之者四十人;请以十月神州地祇之祭易夏至方丘之祭者三

① 刘刚:《日损斋笔记后序》,《日损斋笔记》卷末。

② 黄溍对历史的兴趣贯穿了一生,他早年所作的《柳立夫传》、《俞器之传》,晚年所撰《梅孝子传》、《黄节妇传》,都为湮没无闻的闾巷之人作传记,寄寓备史遗逸之意;而《陆君实传后叙》、《记徐仓部遗事序》等文则鲜明体现了"俟秉史笔者采择"的用意;至于文集中《跋右丞叶公上书副本》、《跋危公墓志铭》等多篇题跋文字,对史实订讹补阙,其性质实与《笔记》相类。

人;请上不亲祠而通爟火于禁中望拜者一人。遂再令详言,安世等复执前议,苏辙时为门下侍郎,请降旨罢议,而安世议状竟不得上。二苏之主合祭固未尝不同也。其后合祭罢于绍圣三年,而北郊亦未及行。至徽宗政和三年以后,凡四祭地。谓朝廷从合祭之说以至于今,尤非也。

礼制是儒家生活的重要组成部分,对政治更具有极强的象征意义。黄溍对礼极为重视,他在《堂试汉人南人策问》之三中曾专门发问,认为"三代而降,典籍残缺,言礼学者离为专门。夫礼莫重于祭,而诸儒或分五帝为六天,或合二祧为七庙。至于郊丘异同、袷禘大小、六宗之义、七祀之文、明堂屋室之数,论议角立,莫能相通"。周密所论显然属于黄溍关注的中心,从他对《宋史·礼志》的熟练利用来看,谓其史事纯熟诚然不虚。周密对二苏观点论列有误,对宋代实行合祭的大判断更是于史无稽。黄溍甚至根据《宋史》统计出分祭地祇的次数,这样周密的说法更成为不根之谈。有意思的是,陈熙晋在罗列《宋史》所记载的这四次祭地记录之后,又增添了一条:"高宗建炎二年十一月壬寅祀昊天上帝于圜丘。绍兴十三年庚申日南至,合祀天地于圜丘。如《本纪》言高宗建炎祀天尚用元丰之礼,绍兴始从合祭之礼,迄宋之世。文献所列尚遗其一也。"陈熙晋认为高宗在绍兴元年以后才行合祀,因而建炎二年那次属于分祀,这应该符合事实,《宋史·高宗本纪三》确实记载绍兴元年"初定岁祀天地社稷,如奏告之礼"。但是建炎二年明属祀天,并无祭地的记载,他所补充的一次实际上也就无从谈起。《高宗本纪二》载建炎二年十一月"壬寅冬至,祀昊天上帝于圜丘,以太祖配";《礼志二》则记载"高宗建炎二年车驾至扬州,筑坛于江都县之东南。是岁冬至,祀昊天上帝,以太祖配",两者完全相合,也与祭地无涉。陈熙晋补充了一次分祀的记录,却没有注意到黄溍限定的是"祭地",这更说明了黄溍在辨析方面的精审。

《笔记》中其他各则,或考名物,或辨训诂,或证文辞,皆有可观。从文中屡次出现的"姑存其阙文可也"、"姑阙其疑可也",不难看出黄溍的审慎态度。他在辨史第三则之后所述,"学者考信于六艺,而阙其所不知,可也",则明白透露了以经为本、据经辨史、阙疑慎言的原则。四库馆臣对《笔记》"根据分明,不同臆断"[①]的判定,是有充足的事理依据的。这表明黄溍对具体儒学问题有深入思考,重视史学的倾向更成为其思想进路的重要特征。这一表现正与元代浙东地域的儒学思想特点紧密关联。

---

① 《日损斋笔记》提要,《四库全书简明目录》卷十三,上海古籍出版社1985年版,第479页。

三、黄溍与宋元之际浙东儒学

南宋儒学高度发展，各学派互相争衡切磋，一时号为彬彬之盛，“乾淳之际异人辈出，正学大明。张之教行于荆，吕之教行于浙，朱之教行于闽，如笙簧之并奏，无非雅乐之正条”①，这在晚宋已然成为知识人的共识。如果考虑到与朱熹往复论难、连朱熹也许之“天资甚么高明”②的陆子静和当时盛行的陆学，则儒学兴盛的状况更可想见。在这样的文化氛围当中，婺州的地位得到凸显，“乾淳之际，婺学最盛。东莱兄弟以性命之学起，同甫以事功之学起，而说斋则为经制之学。考当时之为经制者，无若永嘉诸子，其于东莱、同甫皆互相讨论，臭味契合。东莱尤能并包一切”③。这一巨儒林立、思想活跃的时代，是后人无限歆慕的文化盛世。不过在黄溍生活的时期，文化巨匠早已一一凋零，程朱理学虽然在宋末被确立为官学并得到更多的士人信从，但易代之变仍不免给思想带来强烈冲击。理学再次被正式确立为官方意识形态的标志性事件，则是多年之后的延祐重兴科举了。

那么黄溍时代文化环境的具体样貌究竟如何，他对此又是怎样体认的呢？由于自然地理的限定和强势文化因素的作用，浙东儒学自然构成理解其思想的必要前提。早坂俊广在其富有启发性的文章中指明，“‘浙学’一词是南宋朱熹为批判当时活跃在永嘉、永康等地的所谓‘事功、功利学派’而提出来的。对‘浙东’人而言，‘浙学’是一个历史上打着被责难、被辱骂烙印的词汇。‘永嘉学’、‘婺学’同样如此。但是，大概自元明起，围绕‘浙学’的语言环境逐渐起了变化，至《宋元学案》时，其语调明显有了很大的转换”④。在朱学试图确立起思想界统领地位的过程中，永嘉、永康、婺州、浙中、浙东这些词对其无一不具有挑战性意味，是朱学时时刻刻需要认真应对方能驳难的学说代称。在构成挑战的这一层面上，这些词对朱学的意义是同样的，本书所采用的浙东儒学就是基于这一认识，因而浙东一词主要为文化意义上的浙东，就黄溍所处的后朱熹时代而言，它更多地指向以婺州与明州为代表的浙东区域文化。

---

① 《群书会元截江网》卷三十五《法祖嘉猷》，四库本。

② 《朱子语类》卷六十四，中华书局1986年版，第1586页。

③ 《宋元学案》卷六十《说斋学案》之全祖望按语，第1954页。

④ 早坂俊广：《关于〈宋元学案〉的“浙学”概念——作为话语表象的“永嘉”、“金华”和“四明”》，《浙江大学学报》2002年第1期。

黄溍认为,“今之道学,一出于濂洛,乾淳三数大儒,此学者之先师也”[①]。但风云聚散,学术发展的态势却并不令人乐观:“尝从乡先生闻乾淳师友之盛,未始不叹其人物之聚、学术之散也。盖婺之学,陈氏先事功,唐氏尚经制,吕氏善性理,三家者唯吕氏为得其宗而独传。至于人自为书,角立竞起,吕氏终莫能挈而合之也。其在温则王道甫之慷慨名义,尝合于陈氏矣,而其言无传焉。陈君举本薛士隆,上下古今而和齐斟酌之,以综世变,为说不皆与唐氏合,其廑存者亦莫之传也。叶正则推郑景望、周恭叔以达于程氏,若与吕氏同所自出。至其根柢六经,折衷诸子;剖析秦汉,讫于五季,凡所论述无一合于吕氏。其传之久且不废者,直文而已,学固弗与焉。三代之圣人远矣,于大道隳裂之余,而能必尊其所闻,必行其所知,岂非卓然独立而不惧者乎?是未可以专私蔽锢为其诟病也。冢钜沦没,晚后无所依,风承响接,第以世之所共传为信,遂使散者不可复合,不传者日就泯坠。[②]”据其论述,虽然乾淳之际大儒并起,但是此后陈亮、唐仲友两家学说皆不传,吕祖谦虽然规模阔大,却也不能涵化两家,而仅能自存;王自中为陈亮同气之交,却无学说留存;永嘉一脉中薛季宣、陈傅良亦主经制,而学乏传人;叶适虽可溯源于洛学,但言经典欠醇粹、言事功涉王霸,为世所重者却落于文章而非学术。[③]诸家能自行其说,挺立不移,其思想的独创性尤其值得褒扬。大儒零落之后,原本分散混存的学说再难融合,士人所向风影从的也只能是“世之所共传”者。这世所共传的学说当然就是朱学,不难看出,黄溍对于朱学一家独统儒林是颇持保留意见的。

此种儒学发展样态具体到婺州,就更呈极致,“近世言理学者,婺为最盛”。究其原因,则为“初紫阳朱子之门人高第曰勉斋黄氏,自黄氏四传曰北山何氏、鲁斋王氏、仁山金氏、白云许氏,皆婺人”[④],可见其时的婺州,朱熹原来甚以为忧的诸家学说已趋消歇,而朱学成为占据主流的思想。就后人看来,这种独重婺州的论断似乎于史不符,当时闽中、江右的朱学传播情况即无法忽视。不过婺州的重要性在于,其学统绵延最久、传人最为繁夥,即使是从可以溯及的师门源流来看,晚至明初婺州朱学仍可梳理出较为清晰的传播脉络,所以黄百家对此表示认同:“勉斋之学,既传北山,而广信饶双峰亦高弟也,

① 《送高节书院刘山长序》,第236页。

② 《送曹顺甫序》,第237页。

③ 四库馆臣于《永嘉八面锋》提要中指出:“永嘉之学倡自吕祖谦,和以叶适及傅良,遂于南宋诸儒别为一派。”这与黄溍论永嘉渊源而推及吕氏,机杼正同。

④ 《吴正传文集序》,第260页。

双峰之后，有吴中行、朱公迁亦铮铮一时，然再传即不振。而北山一派，鲁斋、仁山、白云既纯然得朱子之学髓，而柳道传、吴正传以逮戴叔能、宋潜溪一辈，又得朱子之文澜，蔚乎盛哉！是数紫阳之嫡子，端在金华也。[①]"比起江右的饶鲁，黄榦弟子在婺州的兴学活动显然要繁盛得多。而饶鲁晚年之论多与朱子不同，这从理学内部而言，更不免影响到后世对其朱学正传的评价。

婺州本为吕学大本营，而何以竟归于朱学？虽然吕学、朱学本来都同以圣人之道为己任、以濂洛文献之传为旨归，但毕竟分歧也不少，朱熹在授徒的私下场合甚至对吕祖谦学术有"疏略"、"不精"之类的评价。黄溍曾将之解释为吕祖谦享年不永，"初东莱吕成公倡道于婺，不幸天不假以年，故婺之言性理者，悉本于紫阳朱文公"[②]。这自然是很重要的一个原因，但实际情况远更复杂，吕学在婺州也并非完全遁入无形，"悉本于"只能是夸张的表述。

北山四先生中，何基曾亲从黄榦问学，有"受学勉斋，的传濂洛"之誉。黄榦"首教以为学须先办得真实心地、刻苦工夫，随事诱掖，始知伊洛之渊源。临别告之以但读熟四书，使胸次浃洽，道理自见。此先生所以终身服习不敢顷刻忘也"。黄榦的教益为何基终身服膺，其所著述则多羽翼朱熹而作，"先生平时不著述，惟研究考亭之遗书，兀兀穷年而不知老之已至。仅有《编类大学发挥》十四卷、《中庸发挥》八卷、《大传发挥》二卷、《启蒙发挥》二卷、《太极通书西铭发挥》三卷，有力者皆已板行。犹有《近思录发挥》未校正，《语孟发挥》未脱稿"[③]。从书名即可看出何基学问的渊源与主旨所在，不过信守朱学并不意味着盲从，"基淳固笃实，绝类汉儒。虽一本于熹，然就其言发明，则精义新意愈出不穷"[④]。因而婺学在这一阶段，自何基开始自学理发展上表现为信随朱学，在思想细部进行弥缝阐释，而体系创造方面则既非用意所在，也缺乏显著成绩。

至王柏，这一态势则更趋明显。王柏本具家学，学统上具有兼综之势，其祖王师愈为二程高弟杨时弟子，又从朱熹、张轼与吕祖谦游；而其父王瀚则为朱熹、吕祖谦弟子。王柏素秉卓荦雄肆之才，"年踰三十始知家学之原"[⑤]，后遂执贽为何基弟子。何基"文集

① 《宋元学案》卷八十二《北山四先生学案》，第 2727 页。
② 《张子长墓表》，第 726 页。
③ 王柏：《何北山先生行状》，《何北山先生遗集》卷四，《金华丛书》本。
④ 《宋史》卷四百三十八《何基列传》。
⑤ 《宋史》卷四百三十八《王柏列传》。

三十卷，而与柏问辨者十八卷”[①]，可见两人往复论学之频密。王柏治学多勇决之气，前贤经说与己不合之处，多不拘守，甚至有删改经典的举动，为宋代经学史上疑经风气典型人物。四库馆臣对此啧有烦言，认为“柏好妄逞私臆，窜乱古经。《诗三百篇》重为删定，《书》之周诰、殷盘，皆昌言排击无所忌惮，殊不可以为训”[②]。今人同样多以为这种删改经书的行为不符合文献整理规范，改变了经籍的原来面貌，因而并不可取。不过从另一角度来看，经典传存至宋代，早已各本具在，似乎并不会因为王柏的大胆行动而有失传之虞；倒是他的勇气提供了以别样方式解读经典的可能。他对待朱学的态度同样如此，“鲁斋之宗信紫阳可谓笃矣，而于《大学》则以为格致之传不亡，无待于补；于《中庸》则以为《汉志》有《中庸说》二篇，当分‘诚明’以下别为一篇；于《太极图》说则以为‘无极’一句当就图上说，不以无极为无形、太极为有理也；其于《诗》、《书》莫不有所更定。岂有心与紫阳异哉”[③]？应该说，对朱学真正的继承与发展，其态度不应固执地拘泥旧说，当以学理为准绳，承接朱学中合理的主体部分并发展其不够完善的细节。王柏或许有“家事亲切”、不觉遂然深入之弊，但他对朱学的认知，其实是符合学术本身发展规律的。

婺学这一独立的学术精神同样影响到金履祥。金履祥年十九，知向濂洛之学。因学侣王相之介，获见王相之兄鲁斋王文宪公柏，而受其业。王柏指示读书之目，要求他自四书始。后金履祥又通过王柏的引见而进于何基之门，所以在何基去世之后，金履祥有“来往师门十五年”[④]的忆旧感伤之作。三人同为婺产而秉承朱学，“二先生乡丈人行，皆目以为得之之晚，而深启密证，左引右掖，期底于道”[⑤]。在学术方面金履祥同样以规摹朱学为主，以修补附益、发挥旨趣为能事，至被许为“朱子之功臣”[⑥]。对待朱学的态度，金履祥在信从之余也不惮表述自己的异见，“自我言之则为忠臣，自他人言之则为谗贼，金先生有是言也”[⑦]。出于对完善朱学理论的热忱，也为了避免给论敌找到自身理论破绽，即使与朱熹观点有所不同，也宁从学理而非师说。故而黄百家认为这方才是学术

---

① 《宋史》卷四百三十八《何基列传》。

② 《鲁斋集》提要，《四库全书总目》卷一百六十五。

③ 《宋元学案》卷八十二《北山四先生学案》之黄百家案语，第2733页。

④ 金履祥：《二月丁亥与诸友奠何先生毕退游北山智者寺书二十八言》，《何北山先生遗集》卷四。

⑤ 柳贯：《故宋迪功部史馆编校仁山先生金公行状》，《柳待制文集》卷二十。

⑥ 《大学疏义》四库本书前提要，《四库全书总目》卷三十五之此书提要与书前提要不同且无此句。

⑦ 吴师道：《读四书丛说序》，《礼部集》卷十五。金履祥此语被同时多人转述，黄溍《白云许先生墓志铭》、张枢《读书丛说序》、王袆《元儒林传》皆曾称引，这实际上也代表了婺学的学术态度。

之道："仁山有《论孟考证》，发朱子之所未发，多所抵牾。其所以抵牾朱子者，非立异以为高，其明道之心，亦欲如朱子耳。朱子岂好同而恶异者哉！世为科举之学者，于朱子之言，未尝不锱铢以求合也。乃学术之传，在此而不在彼，可以憬然悟矣。①"不过金履祥的这一观点引起了四库馆臣的激烈抨击，认为此说法"殊不可训"，"夫经者古今之大常，理者天下之公义。论之得失，惟其言不惟其人。使所补正者果是，虽他人亦不失为忠臣；使所补正者或非，虽弟子门人亦不免为谗贼。何以履祥则可，他人则必不可？此宋元间门户之见，非笃论也"②。此说当然更为平允，不过金履祥所强调的在于，即使是朱学内部，也应该允许有不同意见存在的空间。而且为了学说内部的完善而自觉承认学说的不足并补苴罅漏，比起应对来自外部的压力与攻击，无疑更需要理论的勇气。

四先生中的许谦则与黄溍并世，两人有所交游，后黄溍为之撰写墓志铭，对其学术有深到的评述。许谦年三十一方就学于金履祥，"金先生尝告之曰：'吾儒之学，理一而分殊。理不患其不一，所难者分殊耳。'先生由是致其辨于分之殊，而要其归于理之一。又尝告之曰：'圣人之道，中而已矣。'先生由是事事求夫中者而用之"。许谦之学同样以朱学为旨归，不过"于先儒之说，有所未安，亦不敢苟同"。他认为："士之为学当以圣人为准的，至于进修利钝，则视己之力量何如。然必得圣人之心，而后可学圣人之事。舍其书，何以得其心乎？圣贤之心，尽在四书；而四书之义，备于朱子。"在许谦看来，朱学显然是进学的必然路径，也是得圣人之心的最佳凭借，因而求证圣人之道就必须推尊朱学。许谦承继何基、王柏与金履祥对朱学的扬弃精神，使朱学在局部修正的基础上得以发展，"程子之道得朱子而复明，朱子之道至先生而益尊"。在理学演进路途中，婺州之学从而得以彰显，"道学之传，天下为公。婺之儒先，独得其宗"③，从儒学群体的壮大与思想本身的拓展来看，婺学是可当此评的。

总的来看，北山四先生之学皆以朱学为圭臬，在崇信师说以定主旨的前提下，也不乏怀疑与补订的精神，从而为思想与学术的发展注入了新的活力。而对朱学的纠偏与补足，其借重的学术资源，则多带有地方学术的影响，其中吕学即为重要的一环。这一方面可以隐约从师承中得以发见，另外则表现为对史学的推扬，而独重史学实为吕学有

① 《宋元学案》卷八十二《北山四先生学案》之黄百家案语，第2738页。

② 《论孟集注考证》提要，《四库全书总目》卷三十五。

③ 黄溍：《白云许先生墓志铭》，第462页。

别于朱学的重要表现。[①]婺学在这一阶段，已经不再是朱熹所时刻警惕的儒学内部的异己学说，而成为以朱子四书学为研讨重点、积极翼护朱学、同时又适当吸纳涵化其他儒学思想作为补益的理学新阶。

当学说成为地域主流文化，即便不从师门授受，耳濡目染于其中，涵咏简编之余，也会不自觉受其浸染。这构成理解黄溍儒学的必要文化场域。在此可用黄溍学侣戚崇僧为例简单申述。戚崇僧家传吕学，而他本人则从许谦讲道八华山中。当他将得之于许谦的学说，与家庭所闻加以比对，则发现无不吻合，于是对之益发笃信。故而黄溍概括称，“戚之家学宗吕氏，百年遗响君克嗣。私淑诸人祖朱子，遡其承传归一揆”[②]。此说实际上就是当时学术混融之际婺学发展面貌的生动揭示，朱学以主流思想得以承传，而其他儒家学说以潜化形式融入其中。这与乾淳之际各学争鸣并存表现出异样特点，却又展现出异中求同、主辅相存的学术趋势。黄溍曾经感慨：“大道隳裂，九流百家之异趋久矣，是果不可同欤?”而他指明的路向，“由其通，舍其蔽，兹所以合异而为同也”，[③]不正是其时婺学的重要特征吗?

从当时浙东儒学的传布来看，婺州之外尚有明州，亦堪称学术重镇。黄溍在评定程端礼之学统时，曾对四明之学有一概述：“盖宋季之士，率务以记诵词章为资身取宠之具；而言道学者，亦莫盛于此时。四明之学祖陆氏而宗杨、袁，其言朱子之学者，自黄氏震、史氏蒙卿始。朱子之传则自炅氏渊、大阳先生某、小阳先生某，以至于史氏，而先生承之。黄氏主于躬行，而史氏务明体以达用。[④]”可见宋末陆学在甬上四先生之光大下，仍具有很大影响；而黄震与史蒙卿则成为在明州传播朱学的先行者。

不过此处黄溍略去了四明之学的另一位重要代表，即被后人称为宋代最渊博学者的王应麟，而史蒙卿实出于王应麟门下。[⑤]黄溍曾为王应麟之子王昌世作墓志铭，称王昌

---

① 如金履祥即曾用意史籍，鉴于司马光《通鉴》不及春秋以前，而刘恕《通鉴外纪》则不据经典而好奇贪多，于是作《通鉴前编》以矫其失，四库馆臣在此书提要中许以“援据颇博，其审定群说亦多与经训相发明，在讲学诸家中犹可谓究心史籍、不为游谈者矣”。许谦则有《治忽幾微》，仿史家年经国纬之法，而终卷以司马光之卒，实为效法《左传》书孔子卒之例，以为司马光之卒表征了宋代理乱。

② 《戚君墓志铭》，第585页。

③ 《上海县学田记》，第285页。

④ 《程先生墓志铭》，第481页。

⑤ 袁桷于史蒙卿属甥辈，其《师友渊源录》云史蒙卿“其学喜奇说，礼部尚书王公多传授之”，而袁桷《静清处士史君墓志铭》亦载：“其诗文多感愤自喻，礼部尚书王公应麟尝勉曰：‘思深辞悲，学陶靖节其得之。’”

世"于先贤名理之言、群公经制之说，至世变之推移、治道之体统、古今礼典之因革，殊闻异见，靡不究悉"①。足见王昌世学问以广博为宗，具有被黄溍许为"宋三百年文献所存"的深宁家学气象。不过四明朱学不同于婺州四先生之学与朱学的直接师承关系，更多是出于卓异学者对朱学的自家体认，在学统上也更趋复杂。全祖望就以为："四明之学多陆氏。深宁之父亦师史独善，以接陆学。而深宁绍其家训，又从王子文以接朱氏，从楼迂斋以接吕氏。又尝与汤东涧游，东涧亦兼治朱、吕、陆之学者也。和齐斟酌，不名一师。②"这就与婺学表现出了共通的发展样态。

黄震一族则与黄溍为世交，黄梦炎与黄震同仕于宋末，夙有雅故。黄震之子黄叔英与黄溍为挚友，而黄溍又与黄震之曾孙黄玠有文字之好。对于黄震的学术思想，黄溍应该是较为了解的，他曾赞誉黄震"以直道为时名臣，而其学一本于躬行，所著书不为空言以相高"③。黄震在陆学盛行的明州力阐朱学，但也绝不墨守，"盖震之学朱，一如朱之学程。反复发明，务求其是，非中无所得而徒假借声价者也"④。不为苟同，深造自得，这是硕儒大德必备的学术品格。在这方面，婺学与四明之学亦声气相通。正因为如此，浙学在宋元之际成为朱学中兴的标志："四明之专宗朱氏者，东发为最。《日钞》百卷，躬行自得之言也，渊源出于辅氏。晦翁生平不喜浙学，而端平以后，闽中、江右诸弟子，支离、舛戾、固陋无不有之，其能中振之者，北山师弟为一支，东发为一支，皆浙产也。其亦足以报先正惓惓浙学之意也夫！⑤"

朱学在宋季的发展特征，何俊将之概括为由思想向形态化的文化转型，而浙学这两支则明显表现出学术化的发展倾向。⑥将这一大判断延伸至元代，仍可提供富有启发性的阐释空间。以往学界多以元代为理学的衰落阶段，如果将注意力从思想的创造转而集中到元人在文化形态上的丰富多样性上，不再过于重视哲学观念的推演，那么价值判断也许会大有不同。对黄溍与儒学关系的考察，这样的思想史背景不应缺席。

首先，儒学发展的路向开始转变。乾淳之际大儒并起，诸家争鸣论道，竞以自家所主学术观念相叩击，儒学思想的创造性达到高峰；直至理宗淳祐年间朱学被初步确立为

---

① 《前承务郎王公墓志铭》，第 449 页。

② 《宋元学案》卷八十五《深宁学案·序录》，第 2856 页。

③ 《慈溪黄君墓志铭》，第 527 页。另参见黄溍《黄彦实墓志铭》。

④ 《黄氏日钞》提要，《四库全书总目》卷九十二。

⑤ 《宋元学案》卷八十六《东发学案·序录》，第 2884 页。

⑥ 参见何俊：《南宋儒学建构》，第五章《思想向文化转型》，上海人民出版社 2004 年版。

官学，思想的独创仍为儒学演进的首要动因，唯有新创才能保持思想的活力。不过这一进程因集大成式的朱学成熟而有所改变。当理论体系基本完善以后，再寻求创立新说与之对抗，就既不现实也无必要。而朱学在获取政治支持、取得了思想领域的话语权，特别是科举加强了对朱学的倚重之后，其扩展思想领地的行为就有了外力的护持；加之其他各家或因嗣响无人、或因政治打击而不振，都促使朱学由知转向行，从思想的创造向实地践履推进。正如王明荪所发见的那样，“就元代士人之学术思想而言，几乎也尽在下达之学，对于精微义理似不欲作太多的努力了”①。这一趋势表现在婺学诸儒身上，就是对“分殊”之学的强调，实际上也就是理学的学术化。

理一分殊本属程门旧话，用哲学话语来分析，即是一般与特殊、统一与差别的辩证关系，两者本应并举。突出分殊本是李侗对朱熹的诲示之言，《延平答问》中朱熹自己所录即有多处谈到分殊之学，如李侗称“然要见一视同仁气象却不难，须是理会分殊，虽毫发不可失，方是儒者气象”。赵师夏《延平答问跋》更明确记载了事情本末：“文公先生尝谓师夏曰：‘余之始学，亦务为侻侗宏阔之言，好同而恶异，喜大而耻于小。于延平之言，则以为何为多事若是，天下之理一而已，心疑而不服。同安官余，以延平之言反复思之，始知其不我欺矣。盖延平之言曰：‘吾儒之学所以异于异端者，理一分殊也。理不患其不一，所难者分殊耳。’此其要也。”可见李侗的提点，其实是针对朱熹当时的为学之弊而下针砭。而婺学推重分殊，也有其现实考虑：“当仁山、白云之时，浙、河皆慈湖一派，求为本体，便为究竟，更不理会事物，不知本体未尝离物以为本体也，故仁山重举斯言以救时弊，此五世之血脉也。后之学者，昧却本体，而求之一事一物间，零星补凑，是谓无本之学，因药生病，又未尝不在斯言也。②”黄宗羲的说法表明，婺学重分殊是出于救治当时陆学直指本源、忽略格物的流弊，明本体固然是根本，但是如果对事物全不留心，放弃格物致知这一体认方式，忽视道学的价值，本体也肯定流于空泛。实际上婺学这一趋向也有学理内在的因素，当思想走向成熟，体系得以形成，知与行的重要性就开始凸显了。毕竟思想体系的提出不等同于其在社会实践层面的展开。唯有经过实地践行，方能进一步完善与促进思想的进步。一旦需要面对纷繁的现实世界，那么分殊就成为首要应对的任务。

---

① 王明荪：《元代的士人与政治》，第五章《结论》，台湾学生书局1992年版，第322页。

② 《宋元学案》卷八十二《北山四先生学案》之黄宗羲案语，第2759页。

重分殊为北山学派一以贯之的学术宗旨。黄榦教诲何基要“随事诱掖”以从溯伊洛渊源，就已经揭示了从具体事物的规律，去把握天地之间最高的普遍原则的问学方法。王柏则更近一步，他以为致知格物是学者工夫的第一位任务：“苟未究其分之殊，又安能识其理之一？”因而必须对具体事物之理逐一讲求，“于此事事物物上各见得一个太极，然后体无不具，用无不周也。异时出而从政，决不误人之天下国家，决不自误此身而负此生矣。此分殊所以最切于学者。”①这反映到个人学问上即呈现出博综的倾向，如金履祥，“尤肆力于学，凡天文、地形、礼乐、刑法、田乘、兵谋、阴阳、律历，靡不研究其微，以充极于用”②。许谦对分殊之学的重视更有过之，“先生于天文地理、典章制度、食货刑法、字学音韵、医经数术，靡不该贯。一事一物可为博文多识之助者，必谨志之。至于释老之言，亦皆洞究其蕴。谓学者：‘孰不曰辟异端？苟不深探其隐而识其所以然，能辨其同异、别其是非也几希’”③。当学者的关注点转向对具体事物的探讨，那么在形而上层面的理论构建工作就显得不太突出了，容易给人留下重器而略道的印象。

不过婺学本来就具有学术化的倾向，自吕祖谦之时即是如此，北山四先生只是在朱学基础之上将婺学这一传统更为强化而已。婺学对史学的重视可视为这一倾向的重要表征。④朱熹对永康之学不表认同，根源在于“陈同父一生被史坏了”，吕祖谦自然也难逃讥评。⑤偏重史学容易驰于外王而忽视内省工夫，“婺州士友只流从祖宗故事与史传一边去”，⑥这样发展下去吕学与重事功的永康之学两家打成一片也就可以理解了。其实朱学并非轻视史学，朱熹本人对大量典籍的校订就显示了纯熟的史学功力，而《通鉴纲目》的编纂，更开创了“纲目体”的史书体裁。朱学中史学为经学附庸，对历史的推求从属于对义理的讲索。故而朱熹评吕祖谦，“伯恭于史分外子细，于经却不甚理会”；甚至对学生称吕祖谦“相承那江浙间一种史学”表示不满：“史甚么学，只是见得浅。”⑦北山一派虽向分殊上着力，力求渊博，但其史学仍是为经学服务的，无论是《通鉴前编》还是《治忽几

---

① 王柏：《理一分殊》，《金华王鲁斋先生正学编》上卷，率祖堂丛书本。

② 柳贯：《故宋迪功部史馆编校仁山先生金公行状》，《柳待制文集》卷二十。

③ 黄溍：《白云许先生墓志铭》，第461—462页。

④ 何炳松直接将婺学、永嘉之学称为浙东史学，四明之学则由吕祖俭传入。何氏认为程、朱学术不同，两人异派；他将浙东学术溯源于程颐一派，盖程氏学主无妄与怀疑，与史学精神相合。朱熹所抨击的浙东功利之学，实际上是程学由经入史的结果。详氏著《浙东学派溯源》，中华书局1989年版。

⑤ 《朱子语类》卷一百二十三，第2965页。

⑥ 《朱子语类》卷一百二十二，第2956页。

⑦ 《朱子语类》卷一百二十二，第2951页。

微》，都不忘对微言大义的申述。而黄溍对史学的重视却表现出不一样的面貌。他考订史实、辨章制度，都针对了具体的问题，无论是纠史之失，还是补史之阙，都不再悬义理为准的。也就是说，相较于以经衡史、史学经学化的朱学，在黄溍那里史学已经具有了独立性。因而如果要去寻绎黄溍儒学中的思想性因素，就显得较为困难。如果思想史仅仅是关注义理层次的理论演进过程，那么黄溍显然要被排斥在外。但是在元代，思想的学术化成为时代特征，套用哲学的标准去衡量元儒的成就，未免凿枘。作为博学而精约的士人，黄溍缺乏在本体层面推进儒学的业绩，他更多注力于将思想引入具体领域，在细部的补充上也许不乏卓见，但显然无法与乾淳诸儒并论。这并非黄溍的局限，而是思想文化的时代特点。全祖望敏锐地发现："婺中之学至白云，而所求于道者疑若稍浅。观其所著，渐流于章句训诂，未有深造自得之语，视仁山远逊之。婺中学统之一变也。[①]"他看到了自许谦开始，儒学在思想创造方面的减弱，但是却依旧沿用形而上的义理标准，对偏向分殊的学术化表现存有义理的偏见。如果摒弃这一顽固的思想评价标准，那么也许可以说，在儒学由思想转为学术的文化主潮中，黄溍作为士人代表，留下了鲜明的时代印记。

其次，思想的生活形态化。这主要表现为精英层面的思想理论转化为现实意义上的观念与实践，或者说思想的实地践履。分殊之学指向于知识领域，则表现为学术的进展；分殊之学落实到具体生活，则推动思想的生活化。任何儒家思想体系，必待付诸实践方可检验其周延与否。否则陷入理论的推演，成为纯粹的哲理思辨，而这难以避免不切事情的责难。当朱学话语权在握，思想渐渐定于一尊，理论的创造性必趋消退，士人所需应对的就主要是在实践中体认思想，并据践履所得而对之补益。明代大儒薛瑄曾说："自考亭以还，斯道已大明，无烦著作，直须躬行耳。[②]"虽或夸张，但也道出了实学的重要所在。

黄溍不满于俗学的高谈性命、驰骋空言，对躬行实践非常重视，他曾慨叹："朱子之道，天下后世所同尊而共由者也。世之诵其诗而读其书者，夫人皆是也，然能真知其道而实践之者，几何人哉？[③]"但如果能够知理而行，则圣贤可期："诚能即其耳目之所及，真

① 全祖望：《宋文宪公画像记》。
② 《明史》卷二百八十二《薛瑄列传》。
③ 《城南斋记》，第394页。

知而实践之，盈科而进，成章而达，虽入于圣贤之域可也。[①]"他甚至将此作为座右铭，在阅读刘汉仪的《止善集》之后，黄溍特笔记述道："先生书所述，皆其真知实践，不苟牵引取合乎师说。世之剽掇近似以资口耳者，不可少愧哉？表而出之，以自警也，亦以厉吾徒也。[②]"从黄溍持身自慎的操行来看，儒家思想对人性的道德自省与完善，在个人践履中得到了切实贯彻："在州县间，惟以清白为治，一钱不受于民，所至无圭田，月俸弗给，每鬻产以佐其费。及升朝行，挺立无所附，足不妄登巨公势家之门。君子称其清风高节如冰壶玉鉴，纤尘弗污。[③]"

而在任职州县期间，黄溍又表现出处理民政、盐务甚至律法等事务的实干能力，这又近乎中心有得而无施不可了。所学之道经由所行之事而彰显，黄溍处理具体政务的实践，成为知行合一的良好轨范。由于吏事实际上为儒家思想提供了验证场域，因而黄溍对之并不轻视："昔之大儒，盖有以习文法吏事见称于史氏者，然则文法吏事亦君子之所宜知也，安可忽乎？[④]"士林中高蹈义理、忽略实务的作风引起了他的强烈不满："夫何古道湮坠，士习日偷，群居则玩思空言，而指簿书钱谷为细务；从政则苟逭吏议，而视仁义礼乐为虚文。不几于所养非所用，而所用非所养欤？[⑤]"如果讲学之际所寻绎的义理和为政之际的实际行为完全脱离，那么真知与实践之间的联系不就完全被切断了么？朱熹教育学生："某此间讲说时少，践履时多。事事都用你自去理会，自去体察，自去涵养。书用你自去读，道理用你自去究索。某只是做得个引路底人，做得个证明底人，有疑难处同商量而已。[⑥]"由此足见躬行之重要。至于黄溍策问中的质疑，他所强调的也无非是躬行实践的着实工夫。若仅就黄溍本人所留下的文字论其儒学修为，也许会体察他在思想义理认识层面所达到的高度；但"论人之学，当观其行，不徒以其言"[⑦]，黄溍在践履之上的实际操守，为丰富对其认识提供了更生动的细节。

其三，思想的兼综倾向。朱学在取得思想界主导地位的进程中，对其时并行的各家学说即多有吸纳，浙学中永康、婺州、永嘉之学此后在组织形式上基本得到消解，而

① 《送邹生归临江序》，第 254 页。
② 《记止善集》，第 203 页。
③ 宋濂：《金华黄先生行状》，《宋学士全集》，第 916 页。
④ 《国学汉人策问》之十九，第 150 页。
⑤ 《国学蒙古色目人策问》之二，第 139 页。
⑥ 《朱子语类》卷十三，第 223 页。
⑦ 全祖望：《碧沚杨文元公书院记》，《鲒埼亭集外编》卷十六。

思想义理中合宜的成分则被朱学涵化;这样朱学在浙东则以新的面貌出现,这一浙学化的朱学正是思想发展中兼综互融的极好说明,而思想主体则仍以朱学为中心。具体到黄溍而言,自其师承渊源而论,已早具混融之势。就思想观念论,更突破了朱学内部整合的界限。前文已略及黄溍早期思想中的心学痕迹,而综观之下,则可发现黄溍对于陆学实深具同情。他曾对世人尊朱攘陆表示不满,以为两家本属同源而有相通的可能:"先生之学与考亭朱子同出于孔子,后之人往往各尊其所闻,交攘互斥,若不能相容者,何哉?①"究其会通朱陆的学理,则因"万古一心,万心一理","君子苟充其一念之良心,推吾有余,资彼不足,使得遂其生而发其油然亲爱之心,岂非礼之以义起者哉?是则生乎千载之下,犹为三代之民也"。②将良心推为道德伦理的起点,这已纯然是陆学的口吻了。而他在《白牛镇戴氏义塾记》中又论及惠养之道,以为"天之生人也,莫不赋以仁义礼智之性。圣贤与涂人本无以异,因其根于心者,使之亲师取友,朝益暮习,而日趋于善。逮夫深造而自得,皆其本然之固有,非损于此以益于彼"。与朱学强调天理的第一性相比,他所突出的却是发明各自具有的本心,其思想中陆学的印记已经很明显了。

不仅在朱学陆学的会通之上,黄溍持通达观念,即便对待释老之学,他也同样力主兼综,这与正统儒家相比,歧异已经很大。黄溍认为三教之差别只在于形式,内在学理则可相通:"盖世出世间,为法不同,为教亦异。而于此乎?于彼乎?受其教者,均是人也。万人一心,万心一理,则道岂有二哉?③"在《送养直师序》中他更明确认同"浮屠氏称其道爽然不与孔子异","传曰:大哉乾元,万物资始。此人之所以为性而道之所以为本也。其为本不二,故浮屠氏不能苟为异也,而吾且安取异哉?顾其蒙诟于世者,不可以无辨焉耳。"竟至引用儒家典籍为释氏辩护,和前此释子多牵合引经以求增重相比,适成对照。全祖望曾以为婺学至宋濂,渐流于佞佛者流;追溯起来,宋濂的老师黄溍身上这一倾向就已经非常明显。全祖望的评价立足于儒家本位,故而所下是为贬语。而从黄溍的立场来看,他恐怕很难接受。元代本来就三教并立,佛道的影响在政治领域甚至要远远胜过儒家,时代文化的主流样态即为三教兼融。即使从朱学内部来看,在宋元之际其本身也表现出兼综趋势。而黄溍的思想表现为以朱学为主导、重视分殊之学、突出学

① 《跋象山祠堂记》,第187页。
② 《沈氏义庄记》,第316页。
③ 《觉隐文集序》,第268页。

术因素、强调实地修为,及至兼综他说,会一归同,自哲学史层面来说,黄溍的意义无费多言;但从元代文化发展的实际样态来看,黄溍正代表了当时一般生活形态下多数士人的日常面相,他的思想史意义或许正在于此。

四、义理与文章的分合

全祖望在论述宋元之际儒学发展时,对浙东学统之变有一判断,以为婺学自许谦之后,得于义理者稍浅,"遂成文章之士"。而在评述水心之学时,又称:"乾、淳诸老既殁,学术之会,总为朱、陆二派,而水心断断其间,遂称鼎足。然水心工文,故弟子多流于辞章。①"可见在他看来,浙东学术的衰落,皆由于浙学传人耽于文而忽于理,导致文胜于道。黄百家同样以为:"金华之学,自白云一辈而下,多流而为文人。夫文与道不相离,文显而道薄耳。②"也就是说,自后人看来黄溍等浙学传人,只能算是在文学领域有所成就,而儒学的建树已显不及。在他们身上文与道呈现出分裂态势,本应具有的经术与文章平衡,或者经术涵盖文章的状况不复存在,文章的兴盛压倒了儒学的追求,他们的身份更应被定位为文苑中人。那么这一判断是否符合其时浙学后派的实际?文章与经术的关系究竟呈现出怎样的发展形态?

实际上,指出道术与文章分裂事实的并不自清人始,早在宋代,就有很多类似的说法。周必大就以为:"自元祐间苏文忠公有诋伊川程氏之语,门人怨怒,力排苏氏,由是学问、文章遂分洛、蜀,识者非之。③"这是以程颐为洛学代表与以苏轼为文章代表的分歧之始,周必大以为纷争来自于洛学门人的攻击。在儒学问题上苏轼作为蜀学代表本来是有发言权的,这时候却被洛学中人目为文章之士,从经学的立场而言,这无疑是一种贬低。因为程颐曾经说过:"古之学者一,今之学者三,异端不与焉。一曰文章之学,二曰训诂之学,三曰儒者之学。欲趋道,舍儒者之学不可。"这样文章之士肯定不属于明道之人。他还指出:"今之学者有三弊:一溺于文章,二牵于训诂,三惑于异端。苟无此三者,则将何归?必趋于道矣。④"更可见想要求证性理,就必须要克服陷溺于文章之学的弊病了。

① 《宋元学案》卷五十四《水心学案·序录》,第1738页。
② 《宋元学案》卷八十二《北山四先生学案》,第2801页。
③ 周必大:《程洵尊德性斋小集序》,《文忠集》卷五十四,四库本。
④ 《二程遗书》卷十八《伊川先生语》,四库本。

文章与性理的分裂是否与程苏二人的个人恩怨相关，这并不重要。实际上在宋代理学兴起的过程中，道学家为了争夺话语权，早已将除理道之外的追求降低了价值等级。周敦颐在《通书·文辞》中所提出的“文以载道”命题，成了理学家对待文章的代表性意见。周敦颐的倡言道德，是着眼于他所认为的积弊：“不知务道德而第以文辞为能者，艺焉而已。噫，弊也久矣！”在文与道的关系上，“文辞，艺也；道德，实也”，可见文辞只能成为道理的承载工具，只能起到附属的装饰性作用。这就正式宣告，韩愈所努力建构的道统与文统的合一脉络被打破，文统成为道统附庸。也许周敦颐的说法还算委婉，文章毕竟还有工具价值；到了程颐那里，写作文章就已经与追求性理构成了激烈的冲突了，弟子请教作文是否害道，他回答：“害也。凡为文不专意则不工；若专意则志局于此，又安能与天地同其大也？《书》云‘玩物丧志’，为文亦玩物也。①”依照这样的价值标准，随着理学势力的壮大及至最终成为官学，文章所遭受的压抑就可想而知了。以至于叶适有句极端的断语：“洛学兴而文字坏”②，将道学的兴起与文章的衰落直接联系到一起；叶适类似的表述还见于对熙宁元祐文学的评价：“程氏兄弟发明道学，从者十八九，文字遂复沦坏。③”看来他对经术与文章分合的论断并非兴到之言。而此后经学与文章的对立，基本成为一种常识性话语。如虞集在《庐陵刘桂隐存稿序》中称“宋之末年，说理者鄙薄文辞之丧志，而经学、文艺判为专门”；戴良在《夷白斋稿序》中言“未几欧志弗克遂伸，学者又习于当时之所谓经义者。分裂牵缀，气日以卑。而南渡之末，卒至经学、文艺，判为专门，士风颓弊于科举之业”。诸家所论对立状态所形成的时间容有不一之处，但是对于这种分裂局面的存在，却显然并无异议。而只要稍作溯源的努力，考虑到周敦颐在儒学谱系上的可疑之处，将道学的发展之功归结于二程，应无疑义；而作为其对立面的当代文章大家，自然也只能派苏轼为代表了。因而元祐之际，作为这种分裂开始明朗化的起点，似乎可以成立。④

那么宋元之际的浙东，义理与文章的关系是否分裂依旧呢？既然以能文著称的叶

① 《二程遗书》卷十八《伊川先生语》。

② 刘克庄《迂斋标注古文》引叶适语，《后村先生大全集》卷九十六，四部丛刊本。卷九十八《平湖集》一文同样引述该语。刘克庄本人见解亦相近，他在《黄孝迈长短句》中就提出“为洛学者，皆崇性理而抑艺文”，《林子显诗序》中又以为“近世理学兴而诗律坏”，都是对这一对立的形象描述。

③ 《习学记言》卷四十七《吕氏文鉴》，四库本。

④ 相关论述，可参见朱刚：《从“周程、欧苏之裂”说起——宋代思想史视野下的文学家研究》，《思想史研究》第四辑《欧阳修与宋代士大夫》，上海人民出版社2007年版。

适有明察之识，他对道、文的分合持何种态度呢？刘壎引述的观点，似乎值得关注："永嘉有言'洛学起而文字坏'，此语当有为而发。闻之云卧吴先生曰：'近时水心一家，欲合周程、欧苏之裂。'①"则永嘉一派有将义理、文章合归一辙的意图。而永嘉传人吴子良的说法就显得更为明晰，他在《篔窗续集序》中指出："自元祐后，谈理者祖程，论文者宗苏，而理与文分为二。吕公病其然，思会融之，故吕公之文早葩而晚实。逮至叶公，穷高极深，精妙卓特，备天地之奇变，而只字半简无虚设者。寿老一见亦奋跃，策而追之，几及焉。"从他清理的脉络来看，对文理融会的提倡来自于吕祖谦，并传及叶适、陈耆卿。这一看法非常关键，由于吕学与永嘉之学的渊源关系，而吴子良又点明了其间的承转，因而文理合辙的提法可以看作是浙东一派的主张。

这篇吴子良为表兄陈耆卿的文集所作的序言，可谓理解文、理分合的重要文献，对一系列问题作了回应。他首先提出了文有统绪、有气脉，并将六经作为文章极则。接下来推举汉、唐、宋三代作为文章盛世的典型，并确立了每个时代的代表作家：汉代以贾谊、司马迁为首，辅以刘向、扬雄、班固；唐以韩、柳为主，辅以李翱、皇甫湜；北宋以欧阳修、苏轼、曾巩为主，辅以晁补之、陈师道、张耒；南宋则以吕祖谦、叶适为主，而接以陈耆卿。这应该可以看作浙东一派所归纳出的文统。有意思的是，据吴子良的描述，叶适对于陈耆卿亦有传法之意："叶公晚见之，惊诧起立"，"至其独得于古圣贤者，中夜授，垂死嘱焉。而曰：'吾向以语吕公伯恭，今以语寿老。'"这已不啻为中夜传衣了。而陈耆卿文章后为世所宗，在他看来原因在于"盖其统绪正而气脉厚也"，实无异于宣扬他所树立起来的文统。与历史上那些热衷于建立统系脉络者相同，吴子良也不忘曲终奏雅，"余十

① 《合周程欧苏之裂》，《隐居通议》卷二，清嘉庆六年刊本。义理与文章的分裂有学理本身发展的原因，正如哲学与文学的分科，出于知识精细化的必然。由于士人的素养要求必须具备义理与文章才能，因而身兼二能自然属于最佳状态。不过才性不齐，有所偏重本也无可厚非。有意思的是，从文献中来看，持理学立场批判文章的占据了多数，而少有理势充沛地从文章角度来抨击理学者，这反映了当理学成为官学并掌握话语权之后，文章所处地位的变化。弥合义理与文章的分裂，不同于道统与文统的简单叠加。试图以道统来规范文统，或者以文统取代道统，都有不成功的例证。义理本具层级，有本体意义的指向，也具体化为文章中的事理，会融文、理的主张针对的是性理之学与文章之学的合辙，落实到文辞上表现为理畅辞达，细化到个体身份上，则是学者与文人的合一。在文以载道的阐释体系中，文与道分属不同，有二元论迹象。会融文、理消解了二元论色彩，但也不同于文理合一的观念。文理合一归向于一元论，文章即为性理，性理在本质上与文章无异。而会融文、理虽然强调会一归同，但实际上理居于优势地位，文则辅理而行，二者的关系类似于内容与形式，故而道沿圣以垂文，圣因文而明道。文章与义理为有机统一，离则两伤。吕学的弥合分裂主旨，大概即在于此。

六从篔窗，二十四从叶公，公亦以其嘱篔窗者嘱予也”[1]，将自己系为文统末席。

如果以上统系可以成立的话，那么自吕祖谦开始，至叶适、陈耆卿、吴子良，可以看作是倡导文、理合辙的代表。在宋元之际的永嘉，这一状况是否真如吴子良所述？嘉定六年(1213)陈耆卿自述文稿结集情况时，他的自白却是“择其粗可予怀者录藏之，今而后，当涵浸乎义理之学，词章之习不惟不敢，亦不暇。姑志吾过，以谂来者”[2]。这就明显表现出重理轻文的意味。而陈耆卿的弟子车若水，虽然对年长自己十三岁的同门吴子良有“江右文章今四叶，水心气脉近三台”[3]的评价，但内心却并不以义理许之。后来更转投克斋先生陈文蔚门下，留意于心性讲习。车若水不满吴子良专意于文辞，对自己当年与同门一起学习“新样古文”表示懊悔，“吾始思念六经不如此，韩文不如此，欧、苏不如此，始知其非”，此后自己则与文章之习决裂，“予后来少作文字，而旧习却都忘矣”。[4]从车若水的表述来看，吴子良的理、文会融论点不可能得到他的认可。

而受文法于吴子良的舒岳祥似乎又表现出另一种倾向。舒岳祥少年时期“国家方表章建安朱氏学”，但他作文章却能“会朱、陆深微之论”，可见其学术并不专主一家。他“弱冠识篔窗先生陈公，公以语荆溪先生吴公，见其文奇之”[5]。吴子良在高度评价舒岳祥文章之余，复有勖勉之语：“生既早猎群书，气豪骨老，不肯蹑举子后，方且磨砻浸灌于性命道德之说，骎骎焉，异秉灵识孰如生者，生其此之慎乎哉。[6]”这大概就是“加之以理”

---

① 吴子良：《篔窗续集序》，《赤城集》卷十七，四库本。关于叶适传衣陈耆卿一事，吴子良《荆溪林下偶谈》卷二《知文难》载：“往时水心先生汲引后进如饥渴，然自周南仲死，文字之传未有所属。晚得篔窗陈寿老，即倾倒付嘱之。”

② 陈耆卿：《自序》，《篔窗集》卷首，四库本。陈耆卿于次年中进士。文中陈耆卿有“予三十五窃末第”之语，显然为及第后口吻；因而与篇末的系年矛盾。或许是先有序言，此后复有更定，识此存疑。在及第之前，他曾谒见楼钥，其《上楼内翰书》提出“经以载道，文以饰经”，比之“文以载道”之说，似乎文章的地位更趋低下。在文中他自悔少作，“某少小读书，猥欲以文词自命，每一篇出，同流叹誉之，颇亦自以为不可及也。年来悔悟惩创，又自谓其可厌。返求之六经，又求之诸子，既久，爽然自失，知向之学乃时文之学而非六经诸子之学也。更以六经、诸子涵泳演绎，蚤夜不惫，既久，乃觉其胸中与曩者异”。可见其文道观实未超越理学家的认识。据《宋史·楼钥列传》，“侂胄诛，诏起钥为翰林学士”，故此文当作于韩侂胄被诛(1207年)后。在“晚窃末第”之后所作的《上蔡侍郎书》中，他自陈“耆卿少之时但知有举子业，既不利则弃之而学为古文。锻炼镌磨，不底于诘屈聱牙则不止。已而自厌，则又弃之。惟欲浸灌乎仁义之渊，菑畲于忠信之田，穷经汲古，以终天年”，论调与前述多同。因而吴子良所称誉的文道合辙之举，也许只能算作一厢情愿。

③ 陆心源：《宋史翼》卷二十九《吴子良列传》，潜园总集光绪丙午序刊本。

④ 车若水：《脚气集》卷下，四库本。

⑤ 刘庄孙：《舒阆风先生行状》，《阆风集》附录，嘉业堂丛书本。

⑥ 吴子良：《舒阆风文集序》，《阆风集》卷首。

的期待，体现了吴子良本人的一贯追求。不过情况似乎没有向他期望的那样发展，黄宗羲就以为“自水心传于筼窗，以至荆溪，文胜于学，阆风则但以文著矣”①，看来舒岳祥所承接的就只有文章一端了。总而言之，永嘉之学后人的表现未免从正反两个方面让吴子良的文道合辙愿望落空。

如此看来，以为永嘉弟子多流于文章的论断，虽概括出了一时趋向，但也并非笃论，相反在理论认同与行为选择方面，倒颇有弃文从道的例证。那么宋季浙东另一重要文化中心四明的情况又怎样呢？宋末多有四方遗老避乱至明州，舒岳祥即与胡三省、刘庄孙等皆避地庆元，而与戴表元多有唱和。戴表元奉化人，《宋元学案》将之列入深宁学案，“时四明王应麟、天台舒岳祥并以文学师表一代，表元皆从而受业焉”②。不过戴表元虽称学博而肆，但自己却主要以文学自命，“先生眉目炯耸，慷慨自奋，欲以言语笔札为己任”。对于宋季的文章弊病，戴表元慨乎言之：“后宋百五十余年，理学兴而文艺绝。永嘉之学，志非不勤也，挈之而不至，其失也萎。江西诸贤力肆于辞，断章近语，杂然陈列，体益新而变日多，故言浩漫者荡而倨，极援证者广而颣。俳谐之词，获绝于近世，而一切直致，弃坏绳墨，棼烂不可举。文不在兹，其何以垂后？”③他所愤然的“理学兴而文艺绝”一语，俨然与叶适同出一辙。从他对永嘉之学与江西之文的批评来看，显然两者都未能餍足人意，所谓过犹不及。“一切直致”即放弃对文辞的修饰，这属于讲学家的通病，他们往往认定从道流出者即为文，故多纵笔直书，文章类同语录；而江西文辞似指由杨万里、刘辰翁等导源的割裂细碎文风，其文则多故作拗折，难于句读，毁弃既有文章轨范。戴表元所不满的都是着眼于文，他矢意于此，濯然自异，“至元、大德间，东南文章大家皆归之先生无异辞”④。其最终归宿则是以文章名重一时。

论及此际庆元学人，当然不能忽略有“一代文章之钜公”⑤之誉的袁桷。袁桷“长从尚书王公应麟讲求典故制度之学，又从天台舒岳祥习词章，既又接见中原文献之渊懿，故其学问核实而精深”⑥，因而被列入深宁学案。不过袁桷“家世文学”⑦，其自叙史蒙卿

---

① 《宋元学案》卷五十五《水心学案》，第1825页。
② 《元史》卷一百九十《戴表元列传》。
③ 袁桷：《戴先生墓志铭》，《清容居士集》卷二十八。
④ 宋濂：《剡源集序》，《宋学士文集》卷六，四部丛刊本。
⑤ 《清容居士集》提要，《四库全书总目》卷一百六十七。
⑥ 苏天爵：《袁文清公墓志铭》，《滋溪文稿》卷九，适园丛书本。
⑦ 魏源：《元史新编》卷四十六《袁桷列传》，清光绪三十一年邵阳魏氏慎微堂刻本。

对他的诲勉，更可见家族寄望与心志所向："先生于外家为舅氏，犹记拜先生于独善坊，论宦族缅属，文词显著独缺。自吴丞相开新河，有相者曰：'迩后当踵有之。'甥宜自重。"①就成绩而言，他"日与虞公集、马公祖常、王公士熙作为古文论议，迭相师友。间为歌诗倡酬。遂以文章名海内，士咸以为师法，文体为之一变"②，显示了引领文坛风尚的影响力。四库馆臣将他许作虞杨范揭的先声，良有以也。

四明之学实受吕学影响，全祖望甚至以王应麟为吕学大宗，因而如果单纯从学脉上推溯，戴表元、袁桷等，都可以称作吕学传人。吴师道就认为袁桷"得之于吕子者多矣"③。不过自吕祖谦倡源的文、理会融观念，在庆元却似乎并无嗣响，"但以文著"其实是颇为符合此时的四明情状的。而婺州作为吕氏侨居传学之地，却又表现出另一番景象，这主要体现在北山一派当中。

何基对于文辞的看法基本不出理学家的认识，他曾借阐释朱熹诗歌发表对于艺文的看法："今讲学求道，是欲善其身心，修其德业，此是本原也。而乃荣华其言语，巧好其文章，则是盛其枝叶，失其本根，于学焉得有功？惟发愤而痛加刊落，则是绝其二三之利而一其本原，故奇功可收也。④"这属于典型的重道轻文观念。至王柏则顿有变本加厉之势，他以性理的标准来衡量文学，竟至提出要删去《诗经》中的三十二篇"淫诗"："若淫奔之诗，不待智者而能知其为恶行也。虽闾阎小夫亦莫不丑之，但欲动情胜，自不能制尔。非有疑似难明、必待存其迹而后知。今夫童子淳质未漓，情欲未开，或于诵习讲说之中，反有以导其邪思，非所以为训。且学者吟哦其丑恶于唇齿间，尤非雅尚。读书而不读淫诗，未为缺典。⑤"其内心实以为这些诗作不合于道。他还撰有《可言集》二十卷，是"专以评诗"的诗话之属，在内容上前集七卷多以朱熹曾论列的诗人诗作为主，"后集十三卷各专一类而论其诗者二十三人，曰濂溪、曰横渠、龟山、罗豫章、李延平、徐逸平、胡文定、致堂、五峰、诸韦斋、刘屏山、潘默成、吕紫微、曾文清、文公、宣公、成公、黄毅成、黄勉斋、程蒙斋、徐毅斋、刘篁嵲、刘漫塘，附见者五人，曰刘静春、曾景建、赵章泉、方伯谟、李果州。其第十五卷本是续集，一卷专取汉唐山夫人房中乐"⑥。可见王柏所选论的基本为理学

① 袁桷：《静清处士史君墓志铭》，《清容居士集》卷二十八。
② 苏天爵：《袁文清公墓志铭》。
③ 吴师道：《上袁伯长学士书》，《礼部集》卷十一，四库本。
④ 《解释朱子斋居感兴诗二十首》，《何北山先生遗集》卷三。
⑤ 王柏：《诗疑》卷一，通志堂经解本。
⑥ 方回：《可言集考》，《桐江集》卷七，宛委别藏本。

家而非诗人，既然诗话本应论述的诗人已被理学家取代，那么此书自然也可以看作是王柏根据自己对于道统的认识，将宋代诗歌重新筛选，符合性理标准的诗人诗作方有入选资格，实即道统对文统的涵盖。[①]这无疑是借重道统的话语权威而忽略文学本身艺术价值高下、对文学进行的粗暴评论，所以方回也只好感慨“然则其立论可谓严矣”。金履祥同样也依此标准而操选政，其所编《濂洛风雅》“选录周子、程子以至王柏、王偘等四十八人之诗”，无非以为凡是濂洛中人，其诗作亦应属风雅之什。这遭到了四库馆臣的严词斥责：“自履祥是编出，而道学之诗与诗人之诗千秋楚越矣。夫德行、文章，孔门即分为二科；儒林、道学、文苑，《宋史》且别为三传。言岂一端，各有当也。以濂洛之理责李杜，李杜不能争，天下亦不敢代为李杜争。然而天下学为诗者，终宗李杜不宗濂洛也。此其故，可深长思矣。[②]”以道学标准取代文学准则，在文学作品中仅去寻绎性理价值，于理、文而言，都逸出了本位，凿枘自属难免。依此来看，在北山一脉，文、理会融的主张显然也不会得到贯彻，他们更多地沿袭了朱学卑视艺文的论调。

浙学三个重要区域永嘉、四明与婺州的情况似乎说明，宋元之际的浙学后人，或流于文，或偏于理，吕学这一主张几乎无人响应。故而学界论述浙东此际文学发展，也多以由理入文来概括。不过他们似乎忽略了黄溍、宋濂、王袆这一系的主张与实践。清人王梓材将这三人都归入吕学当中：“东莱学派，二支最盛，一自徐文清再传而至黄文献、王忠文，一自王文宪再传而至柳文肃、宋文宪，皆兼朱学，为有明开一代学绪之盛。[③]”从学术发展的实际情况来说，这一认识略有不确，因为元代显然已是朱学天下，三人所接受的自以朱学为主。不过看到他们所受的吕学影响则是颇具见地。黄溍对吕学的汲引前已略及，宋濂则刻意于光大吕学，王袆曾述及宋濂这一追求：“初，宋南渡后，新安朱文公、东莱吕成公并时而作，皆以斯道为己任。婺实吕氏倡道之邦，而其学不大传。朱氏一、再传为何基氏、王柏氏，又传之金履祥氏、许谦氏，皆婺人，而其传遂为朱学之世适。景濂既间因许氏门人而究其说，独念吕氏之传且坠，奋然思继其绝学，每与人言而深慨之。[④]”这也许有地域文化的自觉在其中，不过吕学兼蓄并包的特点在他们身上都有鲜明

---

① 关于理学家这种重新审定文学的倾向，详参见祝尚书：《论宋代理学家的“新文统”》，《文学遗产》2006年第4期。

② 《濂洛风雅》提要，《四库全书总目》卷一百九十一。

③ 《宋元学案》卷七十三《丽泽诸儒学案·序录》之王梓材案语，第2434页。

④ 王袆：《宋太史传》，《王忠文集》卷二十一。

体现，而在理、文关系的认识上，他们更表现出与吕学的高度一致。

黄溍的文章观念多散见于文集中，而宋濂《文原》与王袆《文训》为专门论文之作，师门渊源具在，不妨直接参用。宋濂在《文原》开篇就大言“余讳人以文生相命”，因为他所说的文，有至道在其中，“乃尧、舜、文王、孔子之文，非流俗之文也”。而文章的准则，“大抵为文者，欲其辞达而道明耳，吾道既明，何问其余哉”，辞达属于对文辞的要求，道明属于对内容的规定，两者结合即是理、文会融。《文训》借助黄溍与王袆的问对来阐释文章观念，认为文有大体，文有要理，需要“一本于道”。最后黄溍告诫王袆：“经者载道之文，文之至者也。后圣复作，其蔑以加之矣。今子知及乎此，则于文也，其进孰御焉？特在加之意而已矣。”“加之意”的主张，就是在文辞之余更需注重义理，与文、理合辙之说实为同义。这一主张与婺学的传统相关，王袆对乡学渊源和文道分合进行梳理后声言：

> 尚论吾婺学术之懿，宋南渡以还，东莱吕成公、龙川陈文毅公、说斋大著唐公同时并兴。吕公以圣贤之学自任，上继道统之重；唐公之学盖深究帝王经世之大谊，而陈公复明乎皇帝王霸之略而有志于事功者也。即其所自立者观之，虽不能苟同，然其为道皆著于文也，其文皆所以载道也。文义、道学，曷有异乎哉？有元以来，仁山金文安公以其传于北山何文定公、鲁斋王文宪公者，传之白云许文懿公，实以道学名其家。而司丞永康胡公、待制浦阳柳公、侍讲乌伤黄公以及礼部兰溪吴公、翰林东阳张公，则以文章家知名。虽若门户异趋，而本其立言之要，道皆著于文，文皆载乎道，固未始有不同焉者。渊乎粹哉，皆可谓圣贤之为学者矣。以故八十年间，踵武相望，悉为世大儒，海内咸所宗师。夫何后生晚进，顾乃因其所不同，而疑其所为同？言道学者以穷研训诂为极致，言文章者以修饬辞语为能事。各立标榜，互相排抵，而不究夫统宗会元之归。于是诸公之志日微，而学术之弊遂有不可胜言者矣。①

在他的话语系统中，吕祖谦、陈亮与唐仲友，作为婺州学术兴盛的代表人物，虽然在儒学主张上各有侧重，但都能文与道合。北山四先生以学问知名，胡长孺、柳贯、黄溍、吴师道、张枢则长于文章，但是立言与讲道，在根本追求上两者未始不同。而末学以文章与道学歧为两途，互相攻击，完全不在会极归同之上着力，遂导致弊端丛生。叙述当中对乡域学术的回护之辞未能尽免，比如对北山之学轻视文辞就不置一词，但是其重点在

① 王袆：《送胡先生序》，《王忠文集》卷七。

于，王祎突出地强调了将性理与文章融会的意图，两者之间并无轩轾，这倒类似于当今所提倡的内容与形式的完美结合，自然也是吕学的传统。

由此不难发现，在黄溍一系士人群中，义理与文章的会合，得到集中的标举并成为其黾勉推行的轨则。从他们各自在道学与文章领域所达到的高度而言，也庶几乎心手合一。黄溍学识渊博，文章谨严，在元季诚为大家。王祎文辞横厉，最后以死节彰显其忠义，可谓不愧斯文；宋濂被誉为明朝开国文臣之首，四库馆臣比较他与刘基、方孝孺，断言“基讲经世之略，所学不及濂之醇；孝孺自命太高，意气太盛，所养不及濂之粹矣”，足见宋濂“学问亦具有根柢”，①于理、文两端，能并行而不偏废。

黄溍一系“取韩柳之辞、程张之理合而为一”②的追求，是对“尚其文者不能畅于理，据于理者不能推之文”③这一流弊的反拨。在理学盛行、文辞衰弊的境况之下，体现了根本于道、因文明道的旨趣。吕祖谦所向往会谈理与论文于一辙的境界，通过黄溍一系的践行得以初步呈现。在此要特别提出，《元史》在体例别择方面合儒林、文苑为一，从而通过正史将黄溍一系的主张推至新的高度：“前代史传皆以儒学之士分而为二：以经艺颛门者为儒林，以文章名家者为文苑。然儒之为学一也，六经者斯道之所在，而文则所以载夫道者也。故经非文则无以发明其旨趣，而文不本于六艺又乌足谓之文哉？由是而言，经艺、文章，不可分而为二也明矣。元兴百年，上自朝廷内外名宦之臣，下及山林布衣之士，以通经能文、显著当世者彬彬焉众矣，今皆不复为之分别，而采取其尤卓然成名、可以辅教传后者，合而录之，为儒学传。④”考虑到《元史》的总裁官就是宋濂与王祎，《元史》这种特殊体例，无疑就是对黄溍一系所承续吕学观念的正式标举与实践。

现在不妨再回转到全祖望《宋文宪公画像记》中所提出的婺中学统三变问题，特别是“义乌诸公”遂成文章之士这一论断。应该说在现象描述方面，全祖望抓住了最关键的节点。不过，他从经学立场出发，对文章充满了道学上的俯视心态，因而不免在价值判断上对文章怀有固执的偏见。另外，他更重视学者自形而上层面发扬义理，体现了儒学思想中的精英立场，对于思想在形而下层面的形态化发展与实践活动，却未能持有了解之同情，因而难以从宋元之际思想发展的新变与文化的实际场域出发，对这一转机作

---

① 《宋学士全集》提要，《四库全书总目》卷一百六十九。
② 刘祁：《归潜志》卷三，中华书局 1983 年版，第 24 页。
③ 刘将孙：《赵青山先生墓表》，《养吾斋集》卷二十九，四库本。
④ 《元史》卷一百八十九《儒学传序》。

出合宜的解释。更重要的是，他仅仅留意于黄溍等人以文章驰誉的表象，对于婺中黄溍一系会合理、文于一途的蕲向认识不足，因而所论不确。考虑到义理与文章在黄溍一系所取得的短暂平衡，至明初即因政治环境变迁而嗣响无人，其努力更应得到重视。这种主张如果具体到个人身份认同之上，黄溍他们是不会甘以文章之士自居吧。史纂将文苑与儒林合辙，其典型正不妨自纂史的宋濂、王袆一系中去寻找。

第六章　佛学与学佛：黄溍的佛家思想及信仰

元室起于漠北，本即信奉萨满教，敬事天地，以为万物有灵，这一泛神信仰使得元代君主对汉地其他宗教持宽容态度。受到游牧文化的影响，统治者更倾向于吐蕃佛教，忽必烈甚至接受了后来被奉为帝师的八思巴的喜金刚灌顶，皈依萨迦派佛教。为了便于统治，元代还设立了职在“掌释教僧徒及吐蕃之境”①的宣政院，可以说“从行政措施来看，元廷对于佛教的尊重与维护是在道教之上的”②。在这一形势之下，汉地佛教也取得了极大的发展，并获得了逾越道教的势力。③

由于统治者的大力显扬，佛教深入影响了元代社会各个层面，儒家士人与佛教人物广泛交往甚或身体力行、笃嗜宗风，表现出与中原正统王朝不同的信仰趋势。唐宋时期文人为确立儒家思想的独尊地位，建立道统，对佛老采取了严厉排斥的态度，韩愈甚至有“人其人、火其书、庐其居”的极端主张。若以此准则来衡量文人与佛教人士的交往，黄溍恐怕是难辞其咎的。明人虞守愚及张俭重刻黄溍文集，就不免心存芥蒂，“凡涉异教者削去，谓公为知道者，宜不为此”④。不过这在当时就引起了不满，因为这些文字“虽多释氏语，乃时之所崇，间有受君命作者”⑤，体现出“了解之同情”。其实本来即不必以此为讳，杨维桢在具有盖棺论定性质的《金华先生墓志铭》中就指出，黄溍“晚年喜为浮屠，亦研极其闲荡之说，请者盈门”。儒士而好浮屠，恰正体现了元代多元文化影响下的思想特色。

一、早岁学佛：聿熏旃檀妙

元代江南佛教基本延续了宋代的发展状况，禅、律、教三分而禅宗势力尤大。由于

---

① 《元史》卷八十七《百官志三》。

② 札奇斯钦：《十三世纪蒙古君长与汉地佛道两教》，见氏著《蒙古史论丛》（下），学海出版社 1980 年版，第 973 页。另参见收入此书的《蒙古可汗们何以信仰了吐蕃的佛教》一文。

③ 《元史》卷二百二《释老传》即言：“元兴，崇尚释氏，而帝师之盛尤不可与古昔同语。维道家方士之流，假祷祠之说，乘时以起，曾不及其什一焉”，可见其概况。

④ 张大轮：《书黄文献公集别刻后》，《黄文献公集》卷十二，第 579 页。

⑤ 叶观：《文献黄公别录跋》，《黄文献公集》卷十二，第 579 页。

统治者对佛教的偏好，当政局稳定、经济恢复之后，佛学顿有兴起之势。其实宗教场所在军事活动中所受到的破坏本来就远较世俗社会为轻，如义乌黄檗山之净居寺，黄溍就曾经“儿时避兵山旁民家，屡往憩焉”①，足见寺庙在战争中颇可豁免于难。故而一逢机缘遂丛林大兴，“佛灭度后，像教东传，至我朝而益盛。自王公戚里、百执事之臣，下逮黎庶，靡不稽首向风，奔走附集，以致其力。灵宫秘宇，巍煌中天。宏耀崇严，古所未有。四方禅林法窟，缁锡所聚，往往蒙其余休，仆者以起，缺者以完”②。义乌虽仅为浙东一县而已，却是佛教昌隆之地，“浮屠氏之居，在吾乌伤者四十有八”，县衙附近的满心寺据有湖山之胜，“岁时祝釐，与凡禬禳之事，咸集焉。县大夫率僚属备服就位，称万寿已，必声钟伐鼓，合诸名山大比丘之上首，而推其警敏辩慧无碍者，俾举扬乎师说，以启天人龙鬼之听。学徒得持所闻，用相叩击，环而观者动百千人”。③这种佛教氛围，自然为接触宗教活动与教义理论提供了较大的便利。

而且义乌在佛教史上本来即占据有重要一页，南朝萧梁时期高僧智者大师慧约与傅大士就都是义乌人。④傅大士（497—569）名翕字玄风，义乌稽亭里人。二十四岁捕鱼之时因胡僧嵩头陀点化悟道，遂于松山双梼树下结庵修道，自号“双林树下当来解脱善慧大士”。苦行多年，善迹颇显，亦多灵异，于是敷衍佛法，广济徒众，以弥勒应世为说。中大通六年（534）致书武帝，条说上中下三善，希望武帝能够受持。年末应诏入金陵，与武帝相见之后谈说甚契，颇受殊礼，次年复归松山。此后又两次入都，但大部分时间皆居于松山双林寺，弘传教义。⑤傅大士对佛教发展影响很大，他与同时的达摩与宝志被称

① 《义乌县净居寺记》，第318页。

② 《衢州路大中祥符寺记》，第330页。

③ 《义乌县满心寺法堂记》，第319页。

④ 慧约（452—535）俗姓楼氏，名灵璨，字德素。乌伤县竹山里人。居金陵草堂寺，广弘佛法，深得梁武帝崇信，并从其受戒，时有国师之称。其事迹可参《善慧大士语录》卷四《智者大师》，《续藏经》第六十九册。民间盛称其身入澡瓶之异迹，即《语录》所载“皇帝方欲受戒，先顶礼于法师，而请曰：弟子顶礼法师，法师勿使外人知之。于是法师遂合掌入澡瓶中，少选化成五色云台而出。法师在瓶中结加趺坐，须臾之间，便即复身如初”，当据《阿育王传》所云“沙弥入澡瓶”敷衍而成。后于金华故庵建智者寺，《方舆胜览》卷七称其“在州西北五十里，智者禅师道场。后倚石岩，乃金华第一刹也”。吴师道《金华北山游记》称芙蓉峰之下为智者寺，“梁灵璨师澡瓶在，今实名刹”。黄溍至大三年（1310）春曾游智者寺，并赋诗“芙蓉峰下南朝寺，水秀山明雨绝奇。更向水穷山尽处，一庵高贮碧云师”，此后曾多次游宿其中，详下一章。

⑤ 傅大士生平详见徐陵：《东阳双林寺傅大士碑》，《徐孝穆集笺注》卷五，四库本。傅大士事迹在僧传与灯录系统中不断增益，其宗教形象具有层累构成的特点，而其史实上的本生经历在信仰层面则得到选择性的取舍。学界关于傅大士的全面考察，可参见张勇：《傅大士研究》，巴蜀书社2000年版。

为梁代三大士；在后世僧众的阐释系统中，又因为他或曾宣讲《金刚经》，而被奉为禅宗的先导人物。

傅大士在义乌民间深受崇信，据说他在陈天嘉二年（561）“于松山顶绕连理树行道，感七佛相随，释迦引前，维摩接后。唯释尊数顾共语，为我补处也。其山忽起黄云，盘旋若盖，因号云黄山”①，故而云黄山及双林寺作为其应迹之所，就成为佛教胜地，后更列入禅院十刹。黄溍早年游学时期，就曾经登山礼佛，其《宿云黄山作》云：

> 束发弄文史，挂席去瀛壖。解后乖良会，摈落迨兹年。息景念生理，洗心宾象筵。恭惟上皇代，异人秘灵诠。宗师既逾海，兹山亦栖贤。金棺灭双树，宝箧缄红莲。仰窥摄诱功，信知愿力坚。内愧实菲薄，冥通未精专。褰裳碧峰雨，焚香石林烟。彩翠何纷纠，苔涧窅洄沿。寻幽匪外适，蕴真冀重宣。二边离有无，五浊空腥膻。岂伊俄顷用？庶谢平生缘。

诗中首先写到天竺高僧达摩渡海来到震旦，本来想传法中土却际遇不谐，直到遇见傅大士，于是点拨他证悟前因，此后云黄山遂成为傅大士修证的道场。②黄溍在登山览景的同时，也不少焚香礼佛的行动，但他强调自己并非追求外在感官的娱悦，而是突出对内适的向往，当了悟大乘“非有非非有”的中观思想后，庶几可以度脱五浊末世。不过这并非权宜之想，而是应当终身秉持的信念。从诗中可以看出，黄溍此时在宗教信仰上已经明显倾向于佛教了。

黄溍又有《重登云黄山》之作，同样作于未第之时：

> 兹山实灵奇，吐纳变舒惨。太常阙弗录，名号何黤黮。重华秩山川，盛典轶封磩。搜遗多纶綍，蠲洁罗醯醓。腐儒世所贷，薄艺守铅椠。无能旅骏奔，徒取肆游览。霖潦时始收，天地余霮暗。岚光乍璘瑞，石状终黤黪。行行恣芒屩，往往得蛙坎。冒进诚近贪，自画将岂敢？久之氛埃豁，秀色坐可揽。青荧插锋锷，翕艴披菡萏。崖奔马骈骈，石踞虎耽耽。高寻指天路，幽瞩极玄窞。前行几台背，后或两髦髧。缘冈既踸踔，登岭仍轗轗。举头塔庙涌，地平忽如毯。天人所食息，璚玖化余糂。林辉宝灯烧，风语金铎撼。败壁诗者谁？渍墨乱浓淡。险尽乃复佳，疲极复何

① 《景德传灯录》卷二十《婺州善慧大士》，《大正新修大藏经》第51册，第430页。

② 黄溍可能将点化傅大士悟道的异僧嵩头陀当作是东土禅宗初祖的菩提达摩了，故而有渡海传道、邂逅乖互之说。这或许是民间传布时有此说法，实际上尽管这位嵩头陀亦名“达摩”，但天竺僧人以此为名者本来就很多；而从《善慧大士语录》卷四《嵩头陀法师》记载的行迹来看，两者显然并非同一人。

憾。是节蕤宾初，野荐首昌歜。煮瀑茶可啜，剖石蜜堪啖。名谈析毫发，苦语沥肝胆。理冥心自珍，机凑首屡頷。阳乌砉西翥，众色齐惨淡。崔嵬识楩楠，苍莽辨葭菼。莫投僧所寰，钟镗鼓紞紞。群居肃不哭，共饭声有喷。回眎夸夺场，抚事丛百感。趋名蛾赴烛，逐利鱼投椮。何时脱火宅，霍若髭去颔。绮言息諵諵，妙供分醃醃。于焉寄相羊，庶以忘坎壈。谁云入道苦，余味需橄榄。

云黄山虽然含奇蕴秀，但在元代声名黯淡，不入官方祀典。然而考求上古典礼，像舜那样望祭山川盛典空前，自出王言搜罗遗逸，敬事神祇备极明洁，则是举凡天下山川都在祭祀之列的。黄溍这次重游正当端午节，在久雨初歇之后力行深入。历经险阻之后，登临绝顶，佛塔与寺庙赫然显现于前，顿有心灵畅适之感。在诗篇奇字险语的表面掩映之下，黄溍要突出的却是对佛学名理的契悟。能够机缘凑泊、名理心契，对俗世当中的无厌争夺自然会皆作空观了。黄溍在寄宿寺庙中真切体会到佛法的庄严与佛理的深细，遂不免有欣慕入道、绝俗徜徉的愿望了。

应该看到，黄溍早年对佛学已具有真切的体味，并在信仰层面对佛教有了亲近之感，这也体现在他与僧衲的交往当中。黄溍两游双林寺，当与寺僧有问道求益之举，其集中有《悼双林栗上人》："飞锡遍诸方，栖身复故乡。年随双树老，人与一琴亡。暗草迷春塔，凝尘锁夜堂。潇萧今日雨，谁炷影前香？"这位晚年返居义乌的栗上人，自然当属黄溍其时的参法对象。另外可以考知的，至大三年(1310)春黄溍寓游杭州，曾与西域僧人儒公鲁山有酬酢，两人同游龙翔上方寺。①这种交往对于接触佛法、体悟教义自然是颇为有益的，在往还文字当中，黄溍渐次展现了对佛学的理解。

其《书金刚经后》当为应释子所请而作，文中有云："昔大雄氏有般若波罗密法，名之曰'金刚'。世之揣量摸拟以得其说者，不为不近。而虚白老子直于见处指以示人，不即章句亦不离章句。盖其目中有全象久矣，顾有待予共订其同异，岂以予为善观画者耶？虽然，予知画象而已，苟欲识真象，当求其非石非绳、非床非瓮、非臼非箕、非杵非芦菔根者可也，而予尚何言哉？"这其实正是对大乘般若学说的领会与细绎，佛经虽然重要，但是如果一味拘守经文，则必然堕入文字障中而死于句下，因而必须破除此执，正所谓不即不离，恰为中道之义。而《送养直师序》则体现了黄溍儒释通融的观念，文章开始即提

① 参见黄溍《同儒上人谒黄尊师于龙翔上方修撰邓公适至辄成小诗用纪盛集》与《次韵答儒公上人》两诗，及儒鲁山诗《还金华黄晋卿诗集》。

出“始吾闻浮屠氏称其道爽然不与孔子异,而世儒恒讥其去尊卑、略贵贱、无君臣礼,其果然哉”?并对元代因特殊的教阶与僧官制度而导致的僧衲热衷于利禄的现象颇有怨词,以为“古之生人必有君也,而一人不能以独理也,必将敛其贤者、能者,而授以事。则夫贤者、能者,宜为世之所不舍矣。浮屠氏宁于是而复与人异情耶”?故而他以为在道的层面,儒与释并无本质区别:“《传》曰:‘大哉乾元,万物资始。’此人之所以为性而道之所以为本也。其为本不二,故浮屠氏不能苟为异也。而吾且安取异哉?顾其蒙诟于世者,不可以无辨焉耳。”可见即使在早年求学时期,黄溍对佛理已多有理会,在情感认同方面对之有明显偏向,与正统儒士所表现出的排佛倾向有很大不同,而这也成为此后他皈依佛教的心理基础。

值得注意的是,黄溍早年还有偈颂之作,即文集中所收录的《偈二首》,可以视为他参礼佛法的心得体会:

> 久谓声闻难作佛,今知龙女解成男。分明信有旁人分,五十三身第一参。
>
> 息心无想成无记,有见还同有相存。不尽普贤殊胜行,随方愿启一城门。

偈语表现了黄溍对于学佛的理解,并带有自明心志的意味。声闻即三乘中的声闻乘,闻如来声教而悟四谛理,但只能证阿罗汉果,因而属于小乘。同样早期佛教还以为女身垢秽,非是法器,不能成佛。但《法华经》卷四《提婆达多品》则记载八岁龙女受持佛说,“忽然之间变成男子,具菩萨行,即往南方无垢世界,坐宝莲华,成等正觉”,这表明了大乘在佛教理论方面的发展,也是一阐提皆有佛性的绝好体现。因而黄溍在知悉此说之后,遂有立志参法之愿。“五十三身”云云应本于《华严经·入法界品》,谓善财童子受文殊菩萨点化,南行遍参五十三位善知识,终成正果。“第一参”则表明黄溍信仰上皈依佛法于此肇端。第二偈以中观思想发端,提倡不著有相,同时发愿如普贤菩萨那样修十大行愿,证喻妙法。

应该指出的是,尽管黄溍早年已颇有佛教因缘,但从他儒户的出身、所受儒学教育以及自身的追求而言,佛学在其思想领域所占的地位不宜夸大。黄溍游学杭州时,为士人所推重,“始予留钱唐,辱与予游者厘十数人,欲相率推予为之师,予谢不可”①,而其凭藉仍是儒学养持与造诣。因而佛学此时对于黄溍而言,其重要性在于熏习。正像他游

① 《送徐生归吴中序》,第252页。

赏敬亭山时所感慨的那样,"聿熏旃檀妙,岂爱岑鋆媚"①,佛学的影响正在潜移默化中渐次体现。

二、晚年喜为浮屠

作为士林后进,诸暨杨维桢与黄溍交往颇为密切。当黄溍任职诸暨之时,两人即有往还。泰定三年(1326)杨维桢获荐乡试,黄溍赋诗壮行;次年杨维桢进士及第授官天台县尹,黄溍同样赠诗。天历二年(1329)黄溍校文江浙,杨维桢同任考官。在黄溍提举江浙儒学期间,杨维桢游居钱塘,更多次为黄溍代名撰文。至于杨维桢甚为属意也颇为自许的《三史正统辩》,也是由黄溍呈递禁林。②因而杨维桢对黄溍所作的"晚年喜为浮屠"一论就不容轻视。不过结合黄溍本人仕履经历,在及第后十五年中他沉沦于下层吏职当中,事务繁剧之间恐乏余闲;而后期黄溍更以儒林耆宿身份入讲经筵,溺于释氏之说似于身份不谐。故而需要考察,所谓的"晚年"大概是何一时段?"喜为浮屠"又表现出何种面相?

通览黄溍文集,即可发现一个颇为突出的现象,集中所录关于佛教的序记塔铭等文章数量甚丰。不仅远远超过与道教相关的文字,其比重在元人别集中也显得跳脱。先不妨对这些文章进行统计与辨析:

篇　　名	所涉宗派	写作时间
与四窗大法师书	天台宗	至正二年(1342)或三年(1343)
请如公住宝林疏	禅　宗	至元四年(1338)后,至正四年(1344)前
请钦公住圆觉疏	禅　宗	至正二年(1342)后

① 《敬亭山》,第9页。

② 参看黄溍《送胡允文杨廉夫应荐北上》、《送杨廉夫天台县尹》两诗及杨维桢《金华先生墓志铭》中相应记述。又杨维桢《金华先生避党辩》称述黄溍荐举一事,言"有大生辱在采取,所著文凡若干言,握手与之别曰:'吾平生未有所举,所举自某始。'明年,大生以他言者调官。先生赐告归,邂逅次所,曰:'江广士往往以党败,吾浙幸无虞。吾老矣,吾归死首丘幸矣,弗暇效江广引党为吾大生计也。'"据宋濂《杨君墓志铭》,此前欧阳玄读此文亦大为叹赏,"将荐之,又有沮之者"。杨维桢《上宴相公书》则云:"仆所著《三史统论》,禁林已韪余言,而司选曹者顾以流言弃余。"则黄溍荐举一事最终无果。可参孙小力《杨维祯年谱》(复旦大学出版社1997年版)至正十年之相应考述。杨维桢以才具自许,而十年蹭蹬,援引乏人,故《避党辩》语涉讥切,对黄溍避嫌不举乡人深致不满。不过这也能看出元末时局渐乱之际,黄溍对仕途险恶的清醒认识及全身远祸的处世态度。

(续表)

篇　　名	所涉宗派	写作时间
建千佛阁疏	禅　宗	至正元年(1341)
书金刚经后		及第前
跋清凉国师所书栖霞碑(宋濂代作)	华严宗	至正七年(1347)
跋仰山寺碑	禅　宗	至治二年(1322)后
题温上人墨戏二首	禅　宗	
送养直师序		至大元年(1308)后,及第前
云门集后序	天台宗	至正十年(1350)
教苑清规后序	天台宗	至正七年(1347)
珪上人诗集序		
会上人诗集序	禅　宗	
觉隐文集序	禅宗(临济)	至元四年(1338)后
无见睹禅师语录序	禅宗(临济)	至正十七年(1357)
义乌县净居寺记	禅　宗	至顺三年(1332)
义乌县满心寺法堂记		至顺三年(1332)
杭州路凤凰山禅宗大报国寺记	禅　宗	至正五年(1345)
杭州路上天竺寺观音殿记	天台宗	至正四年(1344)
杭州路天竺山灵山教寺大殿记	天台宗	至正三年(1343)
(奉化州)岳林寺经藏记	禅　宗	元统元年(1333)
杭州路崇寿院西方三圣铜像记	净土宗	至正三年(1343)
庆元路延庆寺观堂后记	净土宗	元统元年(1333)
平江路北禅寺观堂记	天台宗	
余姚州松山普明寺记	禅　宗	
湖州路菁山普明寺记	禅　宗	至正五年(1345)
湖州路普明寺藏殿记	禅　宗	至正五年(1345)后
杭州路龙山净明寺记	律　宗	泰定四年(1327)

(续表)

篇　　名	所涉宗派	写作时间
衢州路大中祥符寺记	禅　宗	至顺二年(1331)
武康县达观院兴造记	禅　宗	泰定三年(1326)后
龙兴路百丈山大智寿圣寺天下师表阁记	禅　宗	至元二年(1336)
集庆路蒋山宝公塔院记	禅　宗	至正六年(1346)
绍兴路宝林寺华严教寺记	华严宗	至元四年(1338)
杭州路龙兴祥符戒坛寺记	律　宗	至元四年(1338)
平江路报恩万岁教寺兴造记	华严宗	至正二年(1342)后
平江路虎丘云岩禅寺兴造记	禅　宗	至正六年(1346)
平江路承天能仁寺记	禅　宗	至正九年(1349)
湖州路思溪圆觉法宝寺舍利塔记	禅　宗	至正二年(1342)
武昌路大洪山崇宁万寿寺记	禅　宗	至正年间
金华县潜岳法喜院记	禅　宗	至顺元年(1330)
杭州路明庆寺记	律　宗	至正五年(1345)
杭州路南天竺崇恩演福寺记	天台宗	至正三年(1343)
浦江县化城院记		至正四年(1344)
义乌县圣寿院记	禅　宗	至正五年(1345)
义乌县上清资圣院复田记		至正三年(1343)
上元县半山报宁寺记	禅　宗	至正十年(1350)
婺州路净胜院庄田记		约泰定元年(1324)—致和元年(1328)
金华县福春院记		泰定二年(1325)
兰溪州经藏广福院记	禅　宗	
婺州路密印院记		至治三年(1323)
嘉兴路天宁万寿禅寺记	禅　宗	至正十二年(1352)
杭州路弥陀兴福教院重建大殿记	天台宗	至正四年(1344)
奉元路寿光寺记	华严宗、密宗	至正七年(1347)—至正十年(1350)

（续表）

篇　　名	所涉宗派	写作时间
嘉兴路景德寺记	禅　宗	至正十一年(1351)
杭州路净慈寺无尽灯后记	禅　宗	至正元年(1341)
义乌县真如院钟楼记	禅　宗	至正二年(1342)
平江路报恩万岁贤首教寺长生田记	华严宗	至顺三年(1332)
平江路大昭庆寺旃檀阁记	天台宗、密宗	至正十一年(1351)
上海县修学释氏舍田记		至正十一年(1351)
上都大龙光华严寺碑铭	华严宗	至正八年(1348)
阿育王山广利禅寺承恩阁碑铭	禅　宗	至正十年(1350)
昆山州荐严寺碑	禅　宗	至正八年(1348)
北溪延公塔铭	禅宗(临济)	至正八年(1348)
鲁云兴公舍利塔铭	禅宗(临济)	至正八年(1348)
上天竺湛堂法师塔铭	天台宗	至正二年(1342)
灵隐悦堂禅师塔铭	禅　宗	至正四年(1344)
下天竺玉冈师塔铭	天台宗	至正三年(1343)
径山元叟禅师塔铭	禅　宗	至正元年(1341)
天童坦禅师塔铭	禅　宗	
智者勤禅师塔铭	禅　宗	至顺二年(1331)
龙翔集庆寺笑隐禅师塔铭	禅　宗	至正四年(1344)
昆山荐严寺竺元禅师塔铭	禅　宗	至正五年(1345)
筠岩律师塔铭	律　宗	
四明乾符寺观主容公塔铭	天台宗	
真如观主寿公塔铭	天台宗	至正六年(1346)
大庆寿禅寺住持秋亭禅师亨公道行碑	禅宗(临济)	至正十年(1350)

通过对这些文字作年的大致考察，即可发现一个明显的现象，至正年间是黄溍与佛教产生密切交涉的重要时期，绝大部分与佛学相关的文字均作于此时，所谓的“晚年喜为浮屠”，应该就是这一人生阶段。结合黄溍本人的经历来看，至元六年(1340)十月黄溍赴任江浙儒学提举，这一自请补外的行为实际上反映出他在多年京畿蹉跎之后的内心警醒。考虑到元代南人在仕进一途的坎壈现实，再加上年岁渐高、壮心消磨，黄溍在此后的至正年间寻访丛林、遍谒祖庭、广交大德，这与他宦情渐消、心期丘壑的意绪密不可分。他未及引年而告退隐与此心态相关；在元帝亲召之下，居京未久又径行归里，也可从这一层面进行解读。不过这一信仰皈依并非突兀而来，除去黄溍早年对佛教的兴趣与接触之外，至顺年间应是一个值得关注的节点。

黄溍为佛门所作文字，至顺年间呈现出初步集中的态势，而此前则多为零散结撰，这并非时间上的单纯巧合。至顺二年(1331)春黄溍方入官京畿，应奉翰林，而此年八月其父病卒，于是他在十二月获悉凶问之后冰雪兼行，匍匐南归。在哀伤震悼之余，黄溍于丁忧之际对死生性命有了更深彻的思考，佛学中的空假观对他产生了很大影响，故而《追荐先父疏意》中提出“匪仗觉乘，曷侥冥福”，并希冀“爽灵昭彻，速归极乐国之居。成无上之正真，作来生之依怙”，表现出以佛国为精神依归的倾向，带有明显的净土特征。黄溍这一信仰因丁忧的特殊经历而不断强化，终于在元统元年(1333)冬出现了专行拜谒补怛洛伽山的礼佛之举。①

补怛洛伽山一名普陀山，补怛洛伽出自梵语，为汉语“小白花”之意。此山位于昌国州，四面环海，地处幽绝，“孤悬海外，洪波巨浸，荡浴日星，吐纳烟霞。岩洞之灵现采，莲竹之华喷香。贡舸贾舶，万里络绎。信宇宙间绝大奇观矣”②。由于海天阻隔，此山本来少有人知；但因为唐代西域僧人的发现，而逐渐显名。据新译《华严经》卷六十八记载，居士鞞瑟胝罗点化善财童子，告诉他“于此南方有山，名补怛洛迦；彼有菩萨，名观自在。汝诣彼问：菩萨云何学菩萨行、修菩萨道”，于是善财遂入山参访观自在菩萨，得闻法要。这就是善财五十三参中的第二十八参，而补怛洛伽山遂由此被称为观音菩萨道场。入

① 黄溍《岳林寺经藏记》称元统元年冬，岳林寺藏经殿建成，“会予谒补怛洛伽山，还过岳林”。黄溍另有五古《游宝陀寺》即咏此行，首句云“十年望沧海，临流不能渡”，盖追忆其至治元年(1321)任石堰盐场监运官一事。石堰场位于余姚，虽与洛迦山隔海相望却无从拜谒，赴任石堰距元统此行恰好十年。黄溍另有《雪窦纪游八首》，为冬游奉化雪窦山而作。其行程应是先谒洛迦山，后还过奉化，游岳林寺，复游雪窦。

② 许琰编：《普陀山志》卷一《形胜·普陀洛迦山》，清乾隆刻本。

宋以来灵迹大显,皇家赐赉颇不乏书。在元代此山更俨然成为佛教名山①,帝王降香赐币,饭僧徼福,崇信尤加。山南之梅岑山建有寺院,宋元丰三年赐额宝陀观音,此后遂崇尚不废。元代尊崇佛法,多次命使代祠,并赐币修缮庙宇,下玺书护持。黄溍《游宝陀寺》对此行抒写颇详:

十年望沧海,临流不能度。苍茫岁华晚,邂逅舟楫具。拂衣乘天风,挂席随烟雾。旦从蛟门发,暝投翁洲住。前瞻积水深,岛屿青无数。梅岑特孤绝,遥见日出处。寄身人境外,矫首禅关路。粲粲金砂石,离离白花树。高期惬幽抱,历览增遐慕。俯伏苔磴间,庶与真灵遇。二边非可取,三观何时悟？嗒然坐忘言,目送寒潮去。

不难看出这一游历对黄溍而言,并非单纯出于欣赏海天孤绝的奇景,更多是对多年夙愿的补偿,具有稍慰平生的意味。普陀之行就是一次心灵的净化与皈依旅程,他向慕的是不中不边的禅境,推重的是圆融无碍的三观法门。忘言中体现的自然是对佛学的默悟,佛门义理正日益成为黄溍的精神慰藉。

自补怛洛伽山返回后,黄溍还至奉化,又经访岳林寺。岳林寺自南朝即已建院,后梁时期布袋和尚流寓于此,多有异迹,圆寂时颂偈"弥勒真弥勒,化身千百亿。时时示时人,时人自不识",后此寺遂被称为弥勒应化之地而声名尤著,宋真宗、仁宗、徽宗曾赐额或书札。岳林寺在至元十九年(1282)崩毁,至黄溍来访时住持僧为水南景湘禅师,殿阁楼宇已多有兴复,而且摹刻藏经、专门建造了藏经楼,于是他遂请黄溍撰文为记:"吾书中言观音、弥勒各有五百化身。弥勒在震旦淛河之东,于双林则为傅大士、于岳林则为布袋和尚,其应迹尤暴著。大士以创物之智,肇制经藏,撮十方于一尘,卷大海于一滴,使夫人一举手而种种佛法皆悉现前。兹大圣人以方便利益群品,而吾徒之所取法也。子大士里人,藏成而子适来,宜为之记。②"这一求请巧妙地以弥勒信仰为绾结点,道出义乌与奉化作为弥勒应化道场,地域、化身不同而佛法无异,对于来自深受乡域佛教文化

① 如元人刘赓《昌国州宝陀寺记》即言此山"与五台岩道场实类,而旱潦风涛之祷,响答尤捷。其在东南,故是佛法一大海会。亡论遐迩卑尊,靡不皈依瞻仰",见《延祐四明志》卷十六"宝陀寺"条,宋元方志丛刊本。元冯福京等所撰(大德)《昌国州图志》卷七"寺院"条亦称之"与五台之文殊、峨眉之普贤为天下之大道场",咸丰四年宋元四明六志本。而元人盛熙明则以为"傥欲南询,亦必问津于此",并专门撰写《补陀洛迦山传》,足见此山在其时的宗教影响力。

② 《岳林寺经藏记》,第323—324页。

熏染的黄溍而言，是很具说服力的。

在作记的同时，黄溍还留下了一首七律《题幻住经堂》："碧溶寺左老僧庵，幻住深藏慧远龛。经有天龙来护法，锡为野鹤舞飞骖。生公惊点千头石，优钵能铺满座昙。梦绕堂中花木胜，禅关未许俗尘参。①"诗中描述经堂周遭环境，和时人所称大致相符："堂处寺左而偏，萦流依薄屋数十间，中置佛菩萨像。旁布几筵，列床帘，灯明炉，熏坐具。每月大合众流习，岁终修水陆斋事以善其成，尤靖邃则虚之以待。②"在诗歌中黄溍不吝对经藏的称颂与对佛法的赞美，并于尾联中流露出对禅理的向往。

至于雅负"一郡胜概"之名的雪窦山，自然也是黄溍此行的必经之所。雪窦山又名乳峰，位于奉化州"西北五十里、四明山之南。有千丈岩、瀑布泉、锦镜、妙高峰、含珠林"③。此山据传为宋仁宗应梦名山，有宋一代御书多达四十一道，地位煊赫。而此山之资圣禅寺高僧硕德尤众，智觉延寿、明觉重显皆深孚丛林众望，在南宋时资圣寺即已列名禅院十刹之中。黄溍《雪窦纪游八首》历述行踪，对乳峰、瀑布、锦镜池、妙高台等胜景都有生动描摹：

移舟泊泉口，我行已信宿。天寒洲渚生，峰回川途曲。烟霞兰若高，别墅在林麓。

揽衣待明发，石路何幽阻。日出不见人，林深但多虎。乳峰稍已近，恐惧那复数。

高人欣相迎，山门带流水。风生珠树间，月窥镜池里。触景遂成迷，应接殊未已。

幽寻指山椒，崖倾忽如泻。俯身视木末，悬水在足下。冥冥岩岫中，宴坐奚为者？

亭亭妙高台，迥出千峰上。怪松多十围，巨石非一状。心赏孰与同？昔贤有余唱。

萧然上方境，人稀知地僻。中峰路难辨，丹山云仍积。徒闻古仙人，石上余

① 戴明琮编：《明州岳林寺志》卷五，康熙二十六年刻本，影印收入《中国佛寺史志汇刊》第1辑第15册，明文书局1980年版。此诗全集失收。此书卷一"幻住经堂"条言"本寺之左，水南湘禅师所建"，与记中所言相合。水南景湘生平、法系等见此书卷三"水南湘禅师"条。

② 释昙噩：《敕赐岳林禅寺幻住经堂记》，《明州岳林寺志》卷四。此文作于至正三年(1343)。

③ 《延祐四明志》卷七，奉化州"雪窦山"条。

足迹。

诘旦逾西冈，草木益深秀。梯苔下绝巘，坐石看飞溜。阴灵多窟宅，欲往不敢又。

兴移初出山，系缆长汀树。夜来雪已深，溪风水难度。犹疑钟磬音，遥遥白云处。

组诗首尾回环，一写入山，伽蓝在望，林麓森然；一述出山，雪深水冷，余想牵萦。中间六咏则摹画主峰、珠林、镜池、千丈岩瀑布、妙高台、徐凫岩、西峰、石洞等名胜，闲笔点染，清峭中复显散朗。作为一山最胜之处的妙高台景致尤殊，岩石突起，宽平如台，下俯浚谷，深不可测，是游赏绝佳之所，黄溍于此着笔尤多。其《题雪窦妙高台》极力描绘峰高路迴、禅境清幽："偶为清游宿梵宫，凌晨试上最高峰。水翻雪色寒犹落，云掩丹光远更重。旧有一僧能跨虎，近闻三洞尽藏龙。下方车马应难到，烟际惟听日暮钟。①"

黄溍这一专程礼佛之行时间跨度颇久，行访之处皆为佛教胜地，考虑到路途迂远，甚至有海天之阻，因而舟车困顿、逆旅劳乏自应不免，而其外的精神追求更值得关注。当年黄溍监运盐场，仅与补怛洛伽山隔海而望，却终未成行，这其中也许有盐务烦劳的因素；但此时兼程跋涉、远道而来，则不免有信仰的力量在。宦途中本来就不浓重的进取之意，在居丧时间的延宕之后，更趋淡漠。黄溍此后的宦海选择，一步步印证了这一心理转变。他至正年间广交大德、遍谒丛林、参禅礼佛，正是晚岁溺于浮屠的具体表现，从至顺年间的信仰深化来观察，这其中的内在理路痕迹宛然。

三、会一趋同的佛教观念

黄溍早年研读佛典，至晚岁转为虔诚佛教信徒，这一由"佛学"而至"学佛"的转变，在至顺年间展露端倪。其间原因自然较为复杂，而乡域贤达的影响似乎也颇值得重视。黄溍曾有一段游寓佛寺的特殊经历，据称"公于佛典横襟考究。天历初，诏天下善书僧儒会杭州净慈寺，泥金书大藏尊经，公与焉。公每食必与僧共，若别为治具，则愀然不

---

① 黄溍《送觉上人游金华山》有句云"忆同夜上妙高台，坐听泉声响怒雷"，正是对此诗所述情形的回想。这位与之同上妙高台的"觉上人"，也许就是组诗中"欣相迎"的"高人"吧。黄溍另有《登妙高峰》，以绘景见长："饭罢无聊倚瘦筇，搴衣吟上最高峰。数声钟磬烟霞外，一簇楼台夕照中。飞瀑溅空常作雪，长松挂壑自生风。无边好景难描画，欲写新诗愧不工。"此诗全集失收，见《雪窦寺志略・文》，明弘光刻本，影印收入《雪窦寺志两种》，上海古籍出版社1987年版。

乐,有时怒骂不食而去”①。其行为逗漏出黄溍似以佛家居士自居,这与他称颂的“襟度尤为洒落”②的乡先贤潘良贵甚为相似。潘良贵“奉祠十载,往来山中,恒自称养空居士。日与丛林衲子同起居饮食,没,因治地以葬,遗钵迄今存焉”③。以儒者而奉佛,在宋元时期理学盛行的婺州,似乎并不鲜见,这除了个体有得乎中、无累乎外的个人修养,也与婺州学术兼容并蓄的传统有关。而元代崇佛的特殊文化氛围,使得黄溍在深备直观佛教体验的同时,又形成了颇具自身特色的佛教观念。

(一)禅教并举

元代诸帝崇重佛教,广予赐赉、增饰庙宇、泥金写经,种种护教举措不一而足,更有保证僧侣利益的特殊僧官制度,故而赵翼曾慨叹“古来佛事之盛,未有如元朝者”④。其时影响最巨者自然应属藏传佛教,而汉地传统佛教也获得了大力支持,正像黄溍所述,“我朝尊尚教乘,大江以南,佛僧所庐,悉惟其承传之旧”⑤。在各宗派中,由于禅宗强调自证自悟、即心传心,与重视教义、强调律仪的教、律区别明显,也较难获得元代统治者在信仰方面的认同。特别是出于控制江南地区的考虑,为避免禅宗势力过度发展,自忽必烈时期开始,就已实行有差别的宗教政策,即所谓“上于释崇教抑禅”⑥。甚而江南禅宗丛林,多有易禅为教者。教门势力的兴起与扩大,意味着禅宗地位的相对下降。

然而禅宗实力的弱化,也与其自身宗门流弊渐显的情况有关。或以为不即文字,即是弃绝文字,于是忽视宗教义理的参解,一味追求妙悟直寻;其棒喝提撕,则流于怪异,自家尚难言证道,闻者更如堕烟雾;甚者毁弃仪轨,破戒坏律,威仪荡然,却自以为无妨于真乘。基于此禅林硕德多以身先之,身体力行,通过兼修兼学来救治其弊。黄溍对禅、教、律各宗的并重,就是这一思潮的体现。

① 释大壑编:《南屏净慈寺志》卷六《檀护·宰官》之“黄溍”条,明万历刻清康熙增修本。相应记述亦见吴之鲸《武林梵志》卷八,文字略异。按《元史》卷三十四《文宗本纪》记载,天历三年(1330)正月丁丑,“遣使赍金千五百两、银五百两,诣杭州书佛经”,黄溍寓南屏写经当即此时。惟“天历初”不确,又天历三年五月改元至顺。黄溍《题云山图》言“近留南屏积雨弥月”,又称“天锡作此卷时,盖与予俱寓南屏”,似指写经一事。郭畀天锡为元时著名书画家,参与写经当属不诬;而据此则可知黄溍善书。

② 《跋默成潘公帖》,第203页。

③ 《金华县潜岳法喜院记》,第343—344页。

④ 《陔余丛考》卷十八《元时崇奉释教之滥》,商务印书馆1957年版,第351页。

⑤ 《杭州路南天竺崇恩演福寺记》,第345页。这也就是《绍兴路宝林华严教寺记》所说的“江南之版图归于职方,金轮御宇,表章教乘”。

⑥ 姚燧:《牧庵集》卷十五《董文忠神道碑》,武英殿聚珍版丛书本。

出于对直悟本心的重视，禅宗多强调不立文字，末学则惟饰空言，经藏弃置，出现"谓佛法不在文字，而务驰骋于空言"[①]的现象，流弊无穷。故而禅林宗匠多有重视经藏者，汲汲于此，以求兼重。黄溍于此深表认同："如来灭后，传于今者，像教而已。《开元》所录五千四十八卷与后人之增译，即其所谓教也。自菩提达磨承摩诃迦叶教外之别传，而不立文字，学者几于废经不谈。而禅林所在，无安置经藏，尊奉惟谨。窃意世尊从始成佛乃至涅槃，于其中间不说一字，藏固无所收；云台宝网，尽演妙音，毛孔光明，皆能说法，藏亦不可摄。凡其所教、所传，有以开示悟入乎？[②]"教门重视文字知解，强调会通教义；而禅宗则主张顿悟本心，即心是佛，因而对教义相对忽视。不过黄溍以为，无论是何种途径，终究只是开示的方便法门而已，登岸自可舍筏。经藏所录固然未必皆是世尊说法精义，而真谛圆满具在，遍布诸方，也未必是经藏所能够涵摄的。但既然经藏是佛陀用于利益群品的，可以通过阅经藏而知津渡，则即使是禅宗，又怎么可以废经不观？

黄溍这一观念可以说是对禅宗与教门思想的混融，他不落两边，正是看出了两者可以互为补益而并行不悖。在应玉林妙聪禅师之请为藏殿作记时，他再次指出禅宗之于经藏并不相碍："昔达摩指《楞伽》可以印心，六祖听谈《金刚般若》而知一切万法不离自性，岂不以摩诃迦叶之所传与阿难陀之所结集，同出于一佛，并行而不相留碍欤？四十二章肇见于汉，六百五十七部大备于唐，通谓之三藏者其多至五千四十有八卷，犹日增月益而未已。博览在乎专精，妙悟存乎冥契。特患夫利钝殊器，胜劣异机，愚者不及而惮其大繁，贤者过之而视为可略，不然，则外缘弗具或挠之也。今之高人上士俱会一处，幸无过不及之失，名师宿德为之负荷，又有以资之，使息诸缘务而游心圣教，必有发信生解，涣然冰释于一句一偈之间者矣。[③]"自禅宗法系传续而言，达摩付二祖慧可《楞伽经》以印证心法，六祖慧能却听客诵《金刚经》而有所悟入，所重经典并不相同，而见性证悟实无二致。这与禅宗的西土传承颇有类似：迦叶见世尊拈花而破颜微笑，自然是以心证心；阿难陀在佛陀灭度之后结集经典，所弘扬的亦是无上正道。经藏卷帙繁夥，证入之机存乎其人，在纵观博览的同时亦要重视契悟，这样方能由经藏而生解悟，教义与心证相得益彰。

黄溍禅教并举，反映出他对佛家宗派观念的超脱，也是其融通综汇思想的体现。通

① 《兰溪州经藏广福院记》，第 352 页。
② 《岳林寺经藏记》，第 323 页。
③ 《湖州路普明寺藏殿记》，第 329 页。

过对教义的强调,可以补济其时禅宗流于提唱的蹈虚习气;通过突出证心的意义,则可防遏教门人士陷入文字障中而乏自家证解。在元代崇教抑禅的背景之下,这也是禅宗在势力范围受到限制之时,通过对其他宗派的吸纳而自我更新的一种尝试。而黄溍对于律学的重视,也反映出其时禅宗的会通特点。

佛教素重戒律,以之为止恶防非、清净护善的重要手段,"故虽佛以一切种智摄三界,必先用戒;菩萨以六波罗蜜化四生,不能舍律"①。但禅宗强调自性清净,因而自净其心即是根本,对戒律仪轨的强调反而显得落入系缚染著,是故禅宗多有弃绝外在束缚、发见自觉本心的特点。当然这发展到极端也会使得禅林出现威仪扫地、龙蛇混杂的局面,以致郑思肖在目睹元时丛林"背古悦新、竞舞魔怪、叛于正法","致使十方衲子,东驰西走,竟无可放包参请之地"的凋零之状后,"我欲痛说,不忍笔之"。②是以元代诸宗派都重申了对仪轨戒律的重视,律宗有省悟编订的《律苑事规》,禅宗有德辉与大䜣重订的《百丈清规》,教门则有云外自庆编定的《教苑清规》,体现出重律学而纠丛弊的用意。黄溍则以律学为佛教根基,并有调和诸家的用意。他不仅与德辉、大䜣交往颇密,更为"参考乎禅、律之异同"的《教苑清规》作序。在他看来,"佛之为教,必先戒律。诸部之义,小大毕陈。种种开遮,唯以一事。去圣逾远,局为颛门。名数滋多,道日斯隐。是故达摩不阶方便,直示心原。律相宛然,无能留碍。世降俗末,诞胜真离。驰骋外缘,成邪慢想。是故百丈弘敷轨范,辅律而行。调护摄持,在事皆理。盖佛之道以达摩而明,佛之事以百丈而备。通变之妙,存乎其人"③。实则明确指出了清规意在匡持护教,所凸显的是外在规范意义;而禅宗则重在内心证悟,强调个人自修。但既然佛道不离行住坐卧,则清规节文自然可以辅道而行。所谓"内外交相养之功"④,其本质正在于内修外持的融通。

(二) 解行兼全

知解与修行是佛教为达到悟境而作的两大法门,两者互相依辅,在通过见闻而获得对教理领解的同时,必须通过实践躬行,以达到行解相应。心解与实修两者不可偏废,真知与实践递相印证,从而真正证成佛果圣道。黄溍对解行具足这一佛教修行度门冥然心契,他曾通过梳理天台宗法系指出:"昔北齐尊者由文字中入不二门,以授南岳尊

①④ 《教苑清规后序》,第266页。

② 《十方禅刹僧堂记》,见《郑所南先生文集》,四部丛刊本。

③ 《龙兴路百丈山大智寿圣寺天下师表阁记》,第332页。

者，而天台大师得之。惟其闻而能思，思而能修，是以极谈辩于九旬，正位阶于五品，启诸佛之秘藏，创一家之宗途。或者不究其源流本末，第见初机之人方博综于言诠，未深涉于观境，遂谓此章句之学云尔。不有名德屹立其间，解行兼全，以身任道，曷能使人信其说而尊其教乎？"①显然如果佛教只能停留在语言层面，依循教理，那是难逃章句之学的讥讽的；故而实地践行对于佛教保持其生命力而言，更具有现实意义。而结合元代佛教的发展面貌，则可知黄溍对行持的强调，实际上反映了当时净土信仰对佛教其他宗派的广泛渗透。

通过释读黄溍为其时佛教人士所作的叙事性文字，即会发现这些高僧硕德多有兼修净土者。如杭州上天竺寺本为天台宗五山之一，其观音教寺住持湛堂为佛门龙象，曾主持教院十刹中的南天竺演福寺，并被旨校正三藏，而他"晚年笃志净业，晨朝系念，虽病不废。尝屏绝左右，修一心不乱观门者七昼夜，屡感瑞应"②。嗣法天台的玉冈蒙润，同样修持净业，"至于自行之精进，修常坐三昧以九十日为期者七，法华、光明、大悲、净土诸忏法不可期数"，甚至临化之际"骤称阿弥陀佛数百声，泊然而逝"③。大节筠岩承传律宗，亦"兼修念佛三昧，效古人作怀净土诗数十篇"，坐化时"称佛名不辍，俄默坐而瞑"。④又如普容太虚传宗天台，并修净业⑤；真如正寿为天台高僧，寂灭之前却要求僧众"为我建净土忏七昼夜，以助西归"⑥。这些僧人中颇有与黄溍有直接交往、甚至过从甚密的，对于他们在信仰层面总持万法、合异为同，黄溍将之归结为"解行兼全"，既是对当时宗教信仰现状的如实描述，也体现了黄溍本人对净土的态度。

净土信仰来自于印度佛教，随着魏晋之后译经事业的发展而在中国得以流布，东晋的慧远就是有名的念佛修持的提倡者。不过很长时间之内，净土只是作为一种修习法门而得到佛教各派别的接受，以持名念佛为主要修行方式、通过弥陀他力达到往生西方极乐净土的净土宗的成立，则要归功于晚至唐代的道绰与善导的大力弘扬。由于净土宗修持简捷平易，以平常行而收殊胜益，因而在接引众生方面表现出极强的活力，拥有广泛的民众基础。净土宗在教理层面不够深入，其法脉传衍也颇显松散，因而曾长期受

①③ 《下天竺玉冈法师塔铭》，第 614 页。
② 《上天竺湛堂法师塔铭》，第 610—611 页。
④ 《筠岩律师塔铭》，第 623 页。
⑤ 《四明乾符寺观主容公塔铭》，第 624—625 页。
⑥ 《真如观主寿公塔铭》，第 625 页。

义学诸宗及倡导唯心顿悟的禅宗的批判。但其操持简易而带来的强大号召力，亦促使其他佛教派别对之改造吸纳。特别是永明延寿所主“唯心净土”一说，使得禅净合流成为趋势。在宋元时期天台宗兼修净土非常普遍，而“禅净四料拣”更成为禅林常谈。[①]这实际上既是对义学梏于章句、“有教无行”的反拨，也是对禅定修行的一种补充。

总的来说，黄溍提倡解行合一是元代佛教诸宗互融的表现，净土有别于他宗的无非就是修持法门，而悟道证果的终极追求并无差别。黄溍曾借净土宗观像念佛的躬行方式表达对念佛三昧的理解：“原夫婆娑化主称赞乐邦，务引众生出离五浊，教以观彼佛六十万亿那由它恒河沙由旬之法身，而先之以华上宝像者，开示方便，使观粗见妙也。继之以一丈六像者，随顺下凡，使观小见大也。盖粗妙异想，悉由性而起修；小大殊形，咸自本而垂迹。能观之性，初无差别。所观之本，宁可度量？是故圆顿之谈，一音普被。开示其次第而非渐，随顺其根器而非偏。并启观门，全彰实相。像教之源，不在兹乎？”[②]净土修持强调观粗见妙，是引导众生发愿往生的实地践行。虽然因根器不同而接引方式有别，但净土法门三昧圆具，借方便力而成为度门，终能直达悟境。如此则行解俱圆，又何必他求呢？

（三）理事不二

佛教将宇宙间千差万别的现象称为事，认为事属于因缘而生的有为法；而佛家所追求的理，则是泯灭了差别、无生无灭的真如。理与事虽具有为与无为的差别，却也相互依存。在依他而起的无穷诸事当中，所蕴含的理则常住不变；而寂静无为的理，又必须通过世间现象得以表现。因而这两者的关系非即非离，这就是黄溍所强调的理事不二。

黄溍对理事无碍的重视，在很大程度上与元代丛林积弊有关。他与佛教相关的文字中，很大部分都是为寺院兴造而作。除了僧众请托的因素，也与他对释僧有志于道、不惮勤劳、兴废起坠、清苦自持的欣赏有关。殿阁经幢的修建重兴，从佛教的视角而言当然属于有为法，而真如妙境则非成非坏、不生不灭。既然世间之法难以久恃，又何必汲汲于扶衰兴复呢？通达真理、体悟实谛，才是应该尽心力之处。梁武帝与达摩之间的

① 关于净土宗在此期的发展情况，可参见陈扬炯《中国净土宗通史》（凤凰出版社2008年版）的相应论述。

② 《杭州路崇寿院西方三圣铜像记》，第325页。上引诸文在元末明初四明沙门妙叶所辑录的《宝王三昧念佛直指》卷上《正明心佛观慧第四》中，被直接套用，作为对净宗“教人先修像观”的回应。《直指》是智旭蕅益编录的《净土十要》中的第八要，并收入《大正藏》第47册，为净宗要籍。此书对黄溍言论的袭用，可以看作其净宗思想得到认可。

对话为佛家有名的公案,似乎颇能反映这一理解。据说梁武帝曾向达摩请教佛理,"帝问曰:'朕即位已来,造寺写经,度僧不可胜纪,有何功德?'祖曰:'并无功德。'帝曰:'何以无功德?'祖曰:'此但人天小果,有漏之因,如影随形,虽有非实。'[①]"达摩强调的其实是妙觉圆明之性的重要性,相形之下造寺写经自然只能是低层次的宗教实践了。对这一认识的片面理解,则会导致忽视有为诸法,惟以悟道见性为旨归,"今之为佛学者,方务饰空言以相高,凡塔庙之奉,类指为非道之所存而不以屑其意"[②],这显然是黄溍难以认同的。

为破此执,黄溍从辨析公案入手,认为达摩此说实际是方便说法之需:"教外之传初至中土,斥造寺功德为人天小善有漏之因者,盖以其执着于有为,计所施而求获,从贪起妄,滋长无明,故用是导之出于迷途云尔。积土聚沙皆已成佛,讵可忽哉?苟能信财施法施,非有差别。于二施中,知施实相、起慈悲心、发愿、回向、具足方便,成就无上菩提佛果,是则名为事究竟、到彼岸、度无极,以佛之福慧而自庄严,奚止局于人天小善有漏之因而已?[③]"世俗信众从实用观念出发,以造寺等财物施舍作为个人追求的交换筹码,以此而生贪妄之心,妨碍了对真谛的把握,自然可谓并无功德。但若能明了事理不离,则一切所为无非佛事,以清净心而行财施,也会成就菩提正果。

而从日用行常来考虑,木石兴作也具有现实意义,如果缺乏必要的基础设施,事既无存,则理也难现,正所谓"法藉人宣,人必依处。欲因处而知其人,故不坏外缘。能因人而知其法,故悉成妙境。即事皆理,无处非真"[④]。黄溍曾专门对佛家兴造行为进行解释,认为"自佛学行于中土,法幢所建必天下之名山,莫不侈为宝构华居,以宅夫形胜。盖以表灵山之未散,作大众之依怙,俾来者睹相而生信也。丹青土木之事,虽若涉于有为,而事之与理不相留碍。推理而适于事,清净觉地即大伽蓝。混事而归于理,积土聚沙皆已成佛。一切世间成住坏空之相,固未有出于心境之外者"[⑤]。此说在承认物质重要性的同时,也揭示了事法实空的本性。亦即假方便力、示现有为,而最终仍实现对第一义的把握。应该说黄溍对于理与事关系的认识,是颇为辩证的。

---

① 《五灯会元》卷一《初祖菩提达摩大师》,中华书局 1984 年版,第 43 页。

② 《义乌县净居寺记》,第 318 页。黄溍此说盖有为而发,相似观点在《湖州路菁山普明寺记》中得到申述:"窃观今之丛林宿衲,多以激扬斯道自任,而于事为之末,或不以屑其意",也表现出对高谈空寂、务为虚幻的不满。

③ 《杭州路天竺灵山教寺大殿记》,第 322 页。

④ 《平江路报恩万岁教寺兴造记》,第 337 页。

⑤ 《平江路虎丘云岩禅寺兴造记》,第 338 页。

总的看来,黄溍在具备自身佛教体验的同时,对教理也具有较深彻的把握。他各宗并举,重视实地修行与义理解悟的结合,并能依事证理,即理解事,反映了元代佛教思想混融综汇的特点。其思想中最明显的等无差异、非别非同观念,则体现了黄溍对中观思想的深刻领悟。在元代三教合一的大背景之下,他虽然屡屡凸显儒家角色,或称自己"未能于宗门中嗅薝蔔之香,尝醍醐之味"①,或言"臣溍游乎方内,于禅师之道未能有闻,奉诏属辞,姑述其感缘应迹之万一云尔"②,却也只能看作是公众空间中的应景话语。毕竟在佛教被奉为国教的时代,以强调非佛教徒的儒者身份,来博取话语权力似缺乏必要。黄溍对元廷的宗教策略认识深刻,深知自忽必烈以来倡扬佛教,其目的无非"以神道设教,使含生之类莫不泳游于觉海之中,而安养休息于天日覆照之下",借重于佛教的信仰控制力量,"乘法力以畅皇威,宣天休以隆国势"。③在为家乡寺院所作文章中,黄溍不无感情地表示:"溍它日归休故庐,望鹓鹭行邈在天上,幸获从里父老拜舞,退而升斯堂,庶几睹优昙钵华之一现。而于其为法,或与有闻焉。④"也许此中所流露的倾向,才是黄溍内心信仰的真正体现吧。

① 《径山元叟禅师塔铭》,第616页。

② 《北溪延公塔铭》,第607页。

③ 《杭州路凤凰山禅宗大报国寺记》,第320页。

④ 《义乌县满心寺法堂记》,第319页。

第七章　地域、交游、出处选择：道家思想与黄溍的人生思考

根据《元史》黄溍本传的记载，黄溍“所著书，有《日损斋稿》三十三卷、《义乌志》七卷、《笔记》一卷”。这一记述应当本于危素所撰《神道碑》，不过却与现存黄溍著述不尽相合。①传世的黄溍别集并无三十三卷本，刊刻最早收录最全的是四十三卷本《金华黄先生文集》，为贡师泰刊于福州路儒学。此书卷三末附危素跋语，云“右《日损斋初稿》，金华黄晋卿先生少时作。举进士后，则有《续稿》”。可知黄溍文集原名实为《日损斋稿》。其笔记今题《日损斋笔记》，宋濂撰序指出，“金华侍讲黄公溍，以文辞冠于一时，藏诸金匮，勒于乐石，既已播厥中外；晚又出其绪余，随笔志之，号曰《日损斋笔记》”，其名当为黄溍所自定。由此可以判知，“日损斋”实即黄溍斋名，而斋名往往能够显示个人的志向与好尚，这其中蕴含的深厚道家意味值得关注。

“日损”一语出自《老子》第四十八章：“为学日益，为道日损。损之又损，以至于无为，无为而无不为。故取天下常以无事，及其有事，不足以取天下。”这段话常被视作老子“无为而治”政治观念的反映，不过黄溍择取的“日损”一语，显然更多地指向对“道”的绎求。为学以博闻多识为上，故需日广见闻，以求增益；而对道的追求则强调直探本根、执要返本，以简要为高，与为学恰好相反。闻见日多，物累亦甚，反而束缚了对道的把握，因而损之又损，妄念尽消，直至达到无为状态，方可谓闻道。“日损”所表现的，正是黄溍清净去欲、复性返初的道家体认。

---

① 宋濂《金华黄先生行状》未言及黄溍著述；而杨维桢《金华先生墓志铭》则云“其为文，表笺、书序、传记、赞说、志铭，凡若干篇，《日损斋稿》若干卷，《义乌志》若干卷，赋若干首”，表述模糊；危素《黄公神道碑》称“所著文集三十三卷、《义乌志》七卷、《笔记》一卷”，当即《元史》所据。而宋濂《文献集序》则称“先生薨后之五年，家藏《日损斋稿》共二十五卷，县大夫胡君惟信恐其湮没，亟取锲梓以传”，所言当为元刻二十三卷本《黄文献公集》，“二十五卷”云云或误。

一、婺州地域与道家文化

婺州为道教胜地，境内不乏灵踪仙迹，羽化登仙的修道高士也概不少见，皇初平牧羊的传说更是脍炙人口："皇初平者，丹溪人也。年十五而家使牧羊，有道士见其良谨，使将至金华山石室中，四十余年忽然，不复念家。其兄初起入山索初平，历年不能得见。后在市中有道士善卜，乃问之曰：'吾有弟名初平，因令牧羊失之，今四十余年，不知死生所在。愿道君为占之。'道士曰：'金华山中有一牧羊儿，姓皇名初平，是卿弟非耶？'初起闻之惊喜，即随道士去寻求，果得相见。兄弟悲喜，因问弟曰：'羊皆何在？'初平曰：'羊近在山东。'初起往视，了不见羊，但见白石无数。还谓初平曰：'山东无羊也。'初平曰：'羊在耳，但兄自不见之。'初平便乃俱往看之，乃叱曰：'羊起！'于是白石皆变为羊数万头。初起曰：'弟独得神通如此，吾可学否？'初平曰：'唯好道便得耳。'初起便弃妻子，留就初平，共服松脂、茯苓，至五千日，能坐在立亡，行于日中无影，而有童子之色。后乃俱还乡里，诸亲死亡略尽，乃复还去。临去，以方授南伯逢，易姓为赤。初平改字为赤松子，初起改字为鲁班。其后传服此药而得仙者数十人焉。"①这一仙人灵迹在后世文人的不断题咏与民间传播中得到强化，并内化为婺州地域文化中的独特景观，叱石成羊的典故即由此而来。其中无论是对神仙道术的夸饰，还是对尘世的离弃态度，都明白映现出神仙世界的美好。而婺州境内不少山川风物，亦因此具有了道家色彩。如赤松山，又名卧羊山，"即皇初平叱石处，其山往往白石错落如群羊散牧。初平号赤松子，故山以是名。后人为之立祠，名赤松宫"。这显然是附会了皇初平牧羊的神异故事。由此演绎，便有了仙人炼丹之所的炼丹山，"赤松山北皇初平炼丹处，因名山。甚峻拔崎岖，五里至绝顶，夷旷可居，有丹灶、丹井、二仙祠"②。炼丹山下还有仙田，"相传以为二皇君植灵苗胡麻之地"；"二皇君三元八节邀集群仙校籍之所"则被称为"小桃源"③；为了谒告仙灵，则专门修建有二皇君祠。民间传说中，甚至演绎出一系列关于皇初平的得道、弘道故事；而历代文人如李白、曹唐、贯休、韩元吉等题咏不绝，则集中于对自然与文化景观的欣慕。黄溍在诗中多次以"牧羊客"自称，足见他对这一道教人物的熟悉与神往。④

① 葛洪：《神仙传》卷二《皇初平》，四库本。

② 《金华府志》卷三《山川》之赤松山、炼丹山，明万历六年刻本。

③ 倪守约：《赤松山志》，山类炼丹山条、水类小桃源条，明正统道藏本。

④ 如《采芝曲赠永嘉林道士》末句云"何日青牛驾尔还，肯念金华牧羊客"，《题周炼师云崖图》自许"我本山中牧羊客，偶然失脚红尘陌"，《牧溪图》称"我亦金华牧羊客"，都能看出对这一传说的认同且颇具道家意味。皇初平在后世文献中多被写作"黄初平"，不过黄溍并非以皇、黄为一姓而用同姓之典，详见《日损斋笔记·杂辨》之五的辨析。

至于二皇君得道成仙的金华山，到唐代更成为道家三十六小洞天之一，司马承祯推按天下名山中“上仙所统治之处”，“第三十六金华山洞，周回五十里，名曰金华洞元天，在婺州金华县，属戴真人治之”。①宋代的道士李思聪还特意注明，“即黄初平真人遇赤松子叱石为羊得道处”②。可见洞天之说与著名仙道人物实有密切关联。金华山与赤松山一脉相连，皆位于婺州北部，今称北山；而其南方山势断续，一峰突起，则为芙蓉峰，是郡治内的主要山脉。金华洞天环境幽邃，林石苍然，山水相得，为婺州名胜，其主要景点即金华山，位于“府城北二十里，一名长山。自天台赤城发脉，至东阳之大盆山，迤逦至此，横亘金华、兰溪、义乌、浦江之境。周三百六十里，山巅双峦对矗，曰玉壶、曰金盆。壶中有湖，名徐公湖。水分两派而下，其泻乎山之阳者，由山桥而达于溪；其注乎山之阴者，由鹿田而入于洞。盆中飞瀑泻出，若玉虹下饮，注为赤松涧，即皇初平兄弟登仙处。山之前为山桥，两厓对峙，高数百仞。溪流折旋其中，为瀑为湍，有石桥横跨其上，故山以桥名。自此过脉至芙蓉峰，郡治之主山也”③。金华洞天又以三洞著称，“分上中下三洞，上曰朝真、中曰冰壶、下曰双龙。奇伟峻拔，岩穴奋踞。风云凝互，气势磅礴。上逼斗牛之辉，下接罗浮之脉”④。道家重视洞天福地，以之为神仙求仙得道之所，而其地往往幽绝清夐，“然以真仙所舍，学道之士，虽未能至，心恒向往之。而其岩奇穴怪，光景之变化，尤骚人墨客所共叹羡而不已也”⑤。在地域文化的浸润中，不管是出于对自然美景的欣赏，还是对绝世逍遥精神状态的追慕，金华洞天带着深刻的地域印记，成为黄溍笔下屡屡出现的文化景观。

黄溍曾三游北山，时间跨度近四十年，分别跨越了他未仕游学、入仕京畿以及纳禄归里三个人生阶段，这一长时段的追游历览，伴随着诗歌的记叙与回味，其间流露出的心态足以反映他的生命思考。至大三年(1310)春，黄溍与叶审言、张枢等同游北山。⑥他们出城西门北行，经芙蓉峰，宿鹿田西寺，观第一轩；次日天明凭吊鹿田的宋玉女墓，然

① 张君房编：《云笈七签》卷二十七《洞天福地·三十六小洞天》，中华书局2003年版，第618页。

② 李思聪：《洞渊集》卷二，明正统道藏本。

③ 万历《金华府志》卷三《山川·金华山》。

④ 《赤松山志》洞穴类之洞元洞天。此书指出金华洞天“与赤松山相接”，“金华山”条又称“周回数十里，即赤松山是也”，可知作为洞天的金华山在宽泛意义上实际上包括了赤松山。

⑤ 《温州路容成太玉道院记》，第400页。

⑥ 黄溍有诗，题云“予与子长以庚戌(1310)之春、癸酉(1333)之夏两至赤松”；而其癸酉年复有诗云“昔共张公子，翩翩访赤松。重来经两纪，独去宿孤峰”，两次游历恰好相隔两纪(二十四年)。吴师道《北山后游记》则称“因念至大中，与晋卿约游弗果”，则黄溍首游北山本与吴师道有约。

后入观双龙、冰壶、朝真三洞，又在上洞旁边的观音洞稽首大士像，最后下山入宿智者寺草堂。此行山路嵚崎，景色幽明奇绝。中洞飞瀑垂天，银河倒悬；上下两洞艰险峻隘，攀援为难，而其中溶洞地貌奇幻万状，龙虎动植，形态如生。在心仪于洞天绝景的同时，又目睹仙人灵迹、隐士遗踪，黄溍不禁神往心驰。在《金华山赠同游者三十韵》中，他倾注笔墨、移步换景，对游踪娓娓叙来，更不忘曲终寄慨："怡然携手尽文士，颇觉笔下来源源。名山石室如可托，幸子岁晏来无谖。"黄溍早年对仕进本无汲汲之意，诗中对寄迹名山的向往，可以说与其素志正相吻合。出金华山之后，黄溍一行又来到赤松山，并作绝句十首，其诗题颇能揭示行踪："叶审言、张子长同游北山智者寺，既归，复与子长至赤松。由小桃源登炼丹山，谒二皇君祠，回宿宝积观。①"这十首绝句借景生发，对山中各处胜迹略笔点染，兴味悠然。其第一首直言："天风吹我度峥嵘，春著千峦蓊蓊青。紫陌红尘宁有此？十年空负北山灵。"从红尘奔走中忽睹绝世之踪，大有相见恨晚之叹。末首借与张枢分别，直抒胸臆："一宿山中竟莫留，可能长伴赤松游？殷勤好去张公子，休爱人间万户侯。"从对赤松胜境的眷恋与对功名富贵的鄙弃，不难看出黄溍未入仕时的心境。②

二十四年之后的至顺四年(1333)夏，黄溍复游北山，此时他正因父丧，从翰林应奉任上南归守制。黄溍先与张枢同游赤松山，而后张枢离去，黄溍独宿于智者寺草堂。其后张枢与吴师道同至，遂共游金华洞天。黄溍有五古二十四韵记游，诗题对游踪有很好的揭示："癸酉四月，同子长至赤松。子长先去，遂独宿智者之草堂。已而子长与正传俱来，同一上人宿鹿田。游三洞，还过山桥，至潜岳，谒故中书舍人潘公祠堂，复回智者而别。"中书舍人潘公即潘良贵(1094—1150)，字子贱，号默成居士，婺州金华人，为宋南渡时名士，清苦贫约，正色立朝。以直言进谏，不依阿取容，乡居十余年，徜徉北山之间，卒葬于潜岳。缅怀故迹，联想到自己白首尚奔走于京畿，黄溍提笔写道："零落螭头墨，荒凉马鬣封。不才持薄禄，终古望遗风。"对襟度洒落、出处澹然的潘良贵，其神往之意溢于言表。除此长句外，黄溍意犹未了，复作《金华北山纪游八首》，对灵源、草堂、三洞、鹿田、宝峰、潜岳、山桥、宝石各处景致加以吟咏。

---

① 宝积观即赤松宫，观额为宋真宗大中祥符元年(1008)所赐，见《赤松山志》宫宇类宝积观条。

② 此组绝句，吴师道有和作，题为"次韵黄晋卿清明游北山十首"，可知黄溍首游北山正当清明。据吴师道《金华北山游记》，吴氏于至治二年(1322)三月方才与张枢同游北山，共历七日，"明日寒食，有怀松楸，遂由东关入城以归"。而组诗之三有云"归来寒食清明夜，犹梦松风涧水声"，故当作于此时，于黄溍组诗实为追和。

这次游览，吴师道有详细的记叙："既而子长以书抵予曰：黄君晋卿旦夕来，来则约偕至山中。予喜甚，日伫讯。至四月丙子，会于草堂。琳师出所藏书画，有张公诩《清溪图》及宋人墨迹甚多。观已，出坐大池上，亭景清旷，即上方境界也。丁丑，道前冈之鹿田。林径翳深，松石间植，有高数尺者。西寺第一轩已毁于火，惟岩壁故在。登其半以立，仰见有字，隐隐曰潘紫微字，即默成公。别一行曰喻子才云云。东寺门径更新，余缔构有加。暮所宿房，即向时坐云雾中者也。戊寅，早经宋仙女墓。前一径可趋朝真洞，予以昔所未窥，奋欲往，黄君极言其险绝乃止。历冰壶洞，次双龙洞，命未至者入游。憩岩下，阅所立碑，有云元祐中郡守张公制三洞名。按郡志，其人名寿是也。旁多镌名，惟清献赵公最古。扣金华观出，循故道还鹿田。前趋山桥，道旁药草罗生，众木异状，多不知名，非特仙墓上然也。近桥岩，吊王端明野书堂故基。仰穹崖，俯奔涧，穿行老树怪石间，幽绝特甚。有小径，云由此登岩巅，可极目数百里云。金华绵亘虽远，绝顶有湖曰徐公湖，处正当鹿田之背者为三洞，南为桥岩。连数十里间，雄峭奇丽之观萃此矣。既绝山桥，缘涧左行，势渐趋下。度五盘岭，稍平夷。前出孤锐者，芙蓉峰也。下为法喜院，旧名潜岳。潜岳者，芙蓉别名。默成公尝随僧饭于寺，今髹钵藏焉。直寺门数十步为公墓，则榛芜矣。主僧延酌池上，夜宿，堂宇整洁甚安。己卯，登芙蓉峰岭，未半入宝峰寺。竹深涧鸣，古屋阒寥。登芙蓉阁，殊壮伟，玉润师若珍所建者。师画山水甚简，画必题诗，悉有思致。既逾岭，下险径，返草堂休焉。山行凡四日，一公周旋弗置。侍而从者，黄、刘二生也。明日庚辰雨，遂归。"①山水清音之中，黄溍更经历了心灵的洗礼。尽管此期他已经摆脱早年沉沦下僚的境遇，入仕京畿，仕途渐趋显达，但物累牵萦，已非黄溍宿愿，正像他在游历归途中所说的那样："幸有潘郎遗事在，何时一钵去如归"②，像潘良贵那样放浪山水、盘桓洞山，寄情物外，已然成为黄溍的潜在追求。

等到黄溍至正六年(1346)秋第三次来游北山，吴师道已于两年前病卒，叶审言、张枢也年暮倦游，而黄溍自己亦年逾七旬，皤然一叟了。抚今追昔，黄溍作诗寄赠张枢，以题见意："予与子长以庚戌之春、癸酉之夏两至赤松。今年秋复来，则子长已倦游，而予亦老矣。同游者汪生元明、许生存仁，既又得龙丘余子方与俱行。由小桃源登炼丹山，谒二皇君祠，回宿宝积观。感岁时之代谢，念交朋之离合。辄成短句，奉简子长。"在这

---

① 吴师道：《北山后游记》，《礼部集》卷十二。

② 《北山归路呈古心师兼简方外诸友》，第67页。

首律诗中，黄溍感慨于世事迁流，交朋云散，而又庆幸得从初衷，一依丘壑："来往仙家数十秋，未能长共赤松游。暮年幸已成初志，吾土何妨为少留。历览旧山如梦境，喜逢新士总名流。桃源迹在人间世，谁解相从老一丘？"不消说，林下归老已是黄溍所欣慰的归宿了。在与同游的后辈俊彦酬唱中，黄溍同样感慨由之，"丙戌(1346)七月十七日，同辉公登紫微岩。汪生元明、许生存仁来会，遂宿鹿田。明日，乃由山桥回至芙蓉峰而别。追念数十年间，并游之士往者已不可作，在者又莫之与同。两生顾能不惮其勤，相从蹑屩行风雨中，诚一时清事也。第未知后游为何日，同游为何人。抚事述情，成二十韵，邀两生同赋，奉呈审言、子长"。在诗中，黄溍充满了自官场抽身后的欣悦："吾年未及谢，倦飞已知还。乃复婴近务，无由纵清欢。幸与方外士，相从岩壑间"；而山行数日，涤濯尘缨，更让黄溍憧憬后游："览物多所欣，赏心殊未阑。后期孰与同，良会当何年？"

从黄溍诗歌的多次吟咏中，不难发见金华洞天在其内心的地位。虽然亲近自然，恣意山水，总为文人雅士的好尚；而屡书不一书，则明显强化了书写的文化意味。他三游洞天，出处不同而心境略似，从歆慕胜境到慨叹羁缚再到欣然解脱，重本性求自然的心态始终未变。早年黄溍即"端居有多感，求志无余营。夙违金门路，缅爱丹丘名"①，体现出道家隐逸绝俗的倾向；当他暮年被诏入京，仍不忘持盈止足，"宣尼讥患失，伯阳贵止足。时暮复何言，终期返初服"②。可以说，道家去蔽返初的思想贯穿了黄溍的一生。洞天遨游的经历，既是这一思想倾向的表现，又不断深化其对内心的影响。各次游历虽朋从不定，但游必有诗，酬酢相应，"其间儒墨之异归、出处之殊致、佚劳欣戚之不齐，可感者何限"③，而其间损之又损、去积返虚的思致，却是同一的。

二、与道教人士的交往

元代是道教发展的重要阶段，形成了北方全真、南方正一的兴盛格局，并逐渐趋向于合流。陈垣先生编纂的道教碑刻资料集《道家金石略》中，金元时期文献即占据了大量篇幅。从中可以看出，元代著名士人几乎都与道教人士有所交往。就此书所录而言，赵孟頫有5篇、程钜夫12篇、王恽23篇、姚燧9篇、虞集35篇、吴澄21篇、揭傒斯8篇、柳贯4篇、欧阳玄3篇、危素7篇、杨维桢3篇，而黄溍有15篇，足见黄溍与道教人物交

① 《述怀》，第5页。
② 《丁亥春二月起自休致入直翰林夏四月抵京师六月赴上京述怀》之六，第26页。
③ 吴师道：《北山游卷跋》，《礼部集》卷十六。

往的频繁。①

黄溍同道教人士的接触反映了他的人生感悟，在早年游学时期，黄溍即以为"经营乖道要，迫窄余物累"②，体现出不滞于物、自然无为的追求。因而脱去羁绊、任运天真的陶渊明获得了他的认同，他感慨"贤哉五柳翁，偃卧草不惊。生死莫我累，岂复外慕婴？经营彼奚为，欲与元气争。终岁卒自苦，嗟哉独何成"③，颇有齐死生、忘物我的意味。在他未第之前，就已经与道士有所交游，其《采芝曲赠永嘉林道士》写道："碧峰矗起三十六，老芝千年琢红玉。帝遣仙人下采芝，迷花失石憺忘归。忘归几载无消息，蟠桃积核高数尺。何日青牛驾尔还，肯念金华牧羊客？"林道士"采芝"一事是否可以坐实似乎并不重要，"采芝"本身即带有鲜明的道家求仙养生色彩，诗篇中的表述也都是围绕这一主题展开。不过这首诗仍然只能算是日常的酬酢，并不能看出黄溍本人的道家信仰，而且这位林道士在黄溍此后的作品中似乎再未出现。当黄溍正式步入仕途特别是为官京畿之后，他与仙客羽士的交往方才真正开始频繁起来。

随着交游脉络的扩大，黄溍入仕之后文集中关于道教活动的记载以及与道教人士的文字酬酢都开始增多。不仅宫观祠宇有记、饯送相关人员祷祀海岳名山大川有诗，甚至还在《天目山祷雨记》中对至正二年(1342)四月江浙行省所主持的祈雨仪式进行直笔记述。文集中出现的王炼师、周炼师、道士熊君、祝炼师、唐真人、陈法师、张法师、王法师诸人，即明显地反映出黄溍与道教人士交往的密切。而且伴随黄溍生活阅历的拓展，他与高层道教人士的联系也越发切近。

黄溍与南方正一道天师曾有交往。《送张法师召嗣天师于龙虎山》中写道："甘泉久矣候神仙，何日灵风响佩环。洞府楼居云雾里，星槎使节斗牛间。潜虬有待将为雨，跨鹤相从早出山。归及皇州春色好，一时紫气满函关。"所写应该是皇帝以祈禳之事，命张法师前往正一道祖庭龙虎山，亲召天师至大都。根据《汉天师世家》记载，三十八代天师张与材"至元三十一年(1294)嗣教"，延祐三年(1316)正月有一日，"口占遗颂而化"。④因而诗中所指应是三十九代天师张嗣成。张嗣成字次望，号太玄子，延祐三年丙辰张与材

① 所列多择取与黄溍声名、地位相近者，以期较有可比性。另外宋濂有20篇，但多作于明代，金元时期仅有6篇。

② 《敬亭山》，第9页。

③ 《杂兴三首》之二，第28页。

④ 《汉天师世家》卷三《三十八代天师》，明万历续道藏本。

"仙逝，以印剑授之命袭教"。曾多次应召入京，"至元再召入，见上于明仁殿。时京畿旱，诏祷雨崇真宫，大应。秋苦雨，祷而霁。冬不雪，祈即应。上大悦，赐以上尊，且语近臣曰：'朕烦天师多矣，可录前后勋绩，备载制词。'三年（1337）三月，颁制，加知集贤院事"。[①]据此，召天师于龙虎山应该是至元二年（1336）的事情。黄溍另有《嗣天师祷雪有应诸公咸为作诗邀予同赋》："万人举首望蓬莱，诏使函香出上台。秘殿绿章方夜奏，层城银阙已天开。新晴更觉西山好，和气应先北斗回。下土儒臣惊伟观，仍闻凤沼有诗来。"当即为是年冬祷雪而作，此时黄溍为国子博士。

黄溍与玄教高道的联系更为密切。其集中有《寿吴宗师》："非烟瑞气郁嵯峨，帝遣仙官下大罗。坐看层云三界小，行周花甲十年多。词臣洒翰题真赞，诏使传觞荐雅歌。少驻壶中闲日月，长安铜狄要摩挲。"吴宗师即玄教第二代宗师吴全节（1269—1346），字成季，号闲闲，"年十三学道于龙虎山。至元二十四年（1287）至京师，从留孙见世祖。三十一年（1294）成宗至自朔方，召见，赐古雕玉蟠螭环一，敕每岁侍从行幸，所司给庐帐车马衣服廪饩，著为令。大德十一年（1307），授玄教嗣师"；"至治元年（1321），留孙卒。二年（1322），制授特进上卿、玄教大宗师、崇文弘道玄德真人，总摄江淮荆襄等处道教，知集贤院道教事"。[②]黄溍此诗当为吴全节七十寿辰所作，此时黄溍任职国学。黄溍还写有《闲闲赞》，对"闲"即"无为"有一番精妙的解释。本来吴全节广泛参与宗教和政治活动，泛应百端，似乎无闲可言，但实际上仕与隐对其而言皆非系累，"谓之仕也，而委廊庙于泥涂；谓之隐也，而等山林于蘧庐"。正因为他能够"与道为俱"，故而其道其心为"轩裳所不能系，丘壑所不能拘"。

黄溍亦与吴全节弟子夏文泳交好。夏文泳（1277—1349）字明适，玄教第三代大宗师。年十六学道于龙虎山，大德四年（1300）始至京师，与吴全节同侍玄教首任掌教张留孙左右。至大四年（1311）仁宗召见，皇庆元年（1312）特授元成文正中和真人，江淮荆襄等处道教都提点。至正六年嗣吴全节领教事，总摄江淮荆襄等处道教，知集贤院道教事。[③]黄溍与夏文泳同岁而生辰早一日，其《寿夏真人》为贺夏文泳六十寿诞之作："两人一百二十岁，愧我先成秃发翁。苜蓿盘深差可恋，蓬莱路近若为通？纵令地位仙凡隔，未害生年甲子同。大斗斟霞方介寿，衰颜可许借春红？"其时黄溍正蹉跎于国子博士任上。

① 《汉天师世家》卷三《三十九代天师》。
② 《元史》卷二百二《吴全节列传》。
③ 夏文泳生平详参黄溍《夏公神道碑》。

黄溍与玄教第四任掌教张德隆交谊尤笃。张德隆字元杰，号环溪，为张留孙从子。延祐七年（1320）主常州路宜兴州通真观，兴废起旧，天历二年（1329）新观成，授冲真明远玄静法师。数被旨祀名山岳镇。至正九年（1349）二月夏文泳卒，张德隆袭掌教事，其制词即为黄溍所草。黄溍与张德隆交往密切，曾应其求请作夏文泳神道碑，另外《题象山环溪图》、《题张真人玄静庵》、《跋象山祠堂记》、《信州路龙虎山仙源观记》、《玄静庵记》等，都是应属之作，可见两人联系之密切。

黄溍与薛玄曦亦曾酬酢。薛玄曦（1289—1345）字玄卿，信州贵溪人。年十二入龙虎山，师事张留孙及吴全节。仁宗时得召见，延祐四年（1317）制授大都崇真万寿宫提举，后升提点上都崇真万寿宫。泰定元年（1324）奉诏征嗣天师。三年（1326）八月辞归。至正三年（1343）制授弘文裕德崇仁真人、佑圣观住持，兼领杭州诸宫观。至元六年（1340）黄溍迁江浙儒学提举，薛玄卿作《庆黄晋卿任江浙儒学提举》："忆昨追随到上台，鳌头先夺锦标回。道人独宝笼鹅帖，天子曾惊倚马才。礼以三仪宗太极，名因三赋重蓬莱。只今教雨司吴越，绝胜文翁化蜀来。①"如诗所言，两人在黄溍入试京师时即已熟稔，当时黄溍以《太极赋》驰名，而薛玄卿则推重其书法造诣。黄溍在《次韵答薛玄卿真人》中回应："都门一别向天台，二十余年独此来。衰朽尚惭沾禄食，凡庸安得借仙才？幸逢休运临奎壁，宜有英髦出草莱。容我脱身岩壑里，笼鹅时复泛舟回。"可以看出在此时，黄溍已有退隐之意了。至正五年二月，薛玄卿卒，黄溍为之作《薛公碑铭》，对其萧散气度多有彰扬。

黄溍所交好的高道尚有王寿衍。王寿衍（1273—1353）字眉叟，号玄览。师事张留孙弟子陈义高。至元二十五年（1288）任杭州开元宫提举宫事，元贞元年（1295）提点住持杭州佑圣观，大德五年（1301）任玉隆万寿宫住持提点，延祐元年（1314）授弘文辅道粹德真人，领杭州路道教诸宫观事，住持开元宫事。②黄溍曾与之唱和，有《次韵王眉叟真人》二首。又为其德清别业作《茅斋记》，在欣赏茅斋制度朴古、规模简略的同时，复称道王寿衍能够涤除世虑，襟抱洒落，更深入一层，以为"凡居处之道大率有二：近乎高明则志广而不滞，安乎淡泊则神全而不亏。苟欲事于内外交相养者，未之偏废也。公何独去彼而取此欤？德人天游，不累于物，太虚以为家，无何有以为乡。一席之庐，直其迹之寓耳"，

① 董斯张：《吴兴艺文补》卷五十四，明崇祯六年刻本。

② 王寿衍生平情况见王祎《王忠文公集》卷十六《元故弘文辅道粹德真人王公碑并序》。

强调在刻意追求简朴、摒弃纷华的行为背后，实际上仍有未能勘破之处，即此追求淡泊一念，就是其达到逍遥境界的障碍。这一绝对化的无待与齐物观念，反映了黄溍观照世界的本质思维方式。

至于“诗、人、字、画皆为本朝道品第一”[①]的元代著名道人张雨，更算得上黄溍的文字知交了。张雨(1283—1350)字伯雨，号贞居子、句曲外史，钱塘人。年三十入茅山，受大洞经箓。复师事王眉叟，并随之入觐京师，声名大振，范梈、杨载、袁桷、虞集等皆与之交友。辞归钱塘，住持西湖福真观。延祐庚申(1320)辞去福真观住持之职，居开元宫。后主领崇寿观，提举元符宫。至正二年(1342)以修《道德经注》成，加教门修撰、西太一宫高士，仍提点开元宫。遂辞宫事，不与世事相接，后八年卒于宫之斋居。[②]黄溍与张雨唱和文字甚多，《次韵答陈君采兼简一二同志》中最后一首是赠与张雨的：“亦有贞居子，难忘太古情。诗筒来绝响，茗椀出新烹。磊落单传意，萧条异代名。无为念离别，惆怅不能平。”这组诗作于黄溍及第后初任职台州之际，可见两人很早就有诗歌酬赠了。至元六年(1340)末黄溍提学江浙之后，两人过从尤为频数。黄溍有诗，题序称“至元辛巳(1341)正月二十三日，过伯雨尊师之贞居，无外试公、刘君衍卿不期而集”，不失为常态化的游从唱和写照。集中又有《次韵伯雨腊月八日雪中同登来鹤亭》，也属雅集之作。他还为张雨辑录“所得名公赠言及倡酬之作”的《师友集》写序，盛称其高风雅致。两人笃于私谊，至正元年(1341)黄溍奉母来游杭州，张雨曾备板舆迎至开元宫。张雨集中亦多两人唱和文字，如《黄晋卿提举徐明初主簿偕游南屏以白头想见江南分韵得想字》，黄溍所吟《南屏丛玉轩》就是这次倡酬之作。张雨还有多篇诗歌依黄溍《雪窦纪游》诗韵敷写，可见对其诗作的熟悉与欣赏。至正五年(1345)冬，黄溍重游杭州，张雨作有《明静院夕佳楼晋卿秘监、绝宗法师同赋》，当属游历之作。逢其归里，张雨又亲与饯送，并作《送黄先生归乌伤序》以示惜别。[③]

---

① 倪瓒：《题张贞居》，《清閟阁遗稿》卷十一，明万历刻本。

② 张雨生平详朱存理《珊瑚木难》卷五所载刘基《句曲外史张伯雨墓志铭》，适园丛书本。此文不载刘基本集，而《句曲外史集》书末所附者则为节本，且多舛误，不足据以考定张雨生平。详参张光宾：《元仙儒句曲外史张雨生平考述》，收入氏著《元朝书画史研究论集》，故宫博物院 1979 年版。另参见程杰：《刘基〈张雨墓志铭〉及相关问题》，《浙江社会科学》2005 年第 2 期。

③ 《赵氏铁网珊瑚》卷六收有张雨《桂花下约黄秘监饮》，当亦作于黄溍挂冠退隐后重游杭州之际；《句曲外史贞居先生诗集》(台湾学生书局 1971 年影印计光炘藏清抄本)卷五有两诗，其一题序云“晋卿黄公以秘书少监四品治政，继以三品学士召，入朝未几升侍讲二品，丐身而归，足为近代希有之盛”，其二云“黄公既归，予以诗赠，公既有作。未几使者乘传趣召，予复用韵以饯别”，则作于至正九年(1349)。

从黄溍与道教人士特别是高层道流的交往来看，可以发现一些有意思的现象，而这恰可从侧面映现黄溍的思想倾向。首先，这些道士多属南方道教系统特别是正一道。文集中《温州路容成太玉道院记》提及"道士为全真之学者"；而道士吕虚夷作大瀛海道院及澄碧堂，其名称源于上清派的陶弘景与司马承祯，吕虚夷表而出之以示承传，尚能得到黄溍激赏，但也仅能算是个例；正一道在黄溍的道教人物交际圈中显然占据了绝对优势。这一情况当与黄溍的南人背景有关，也和其时正一道发展状况相适应。全真教在元初达到鼎盛，但蒙哥及忽必烈时期即受到打压，而且其势力范围主要在于北地。大德八年(1304)南方的正一道在第三十八代天师张与材主领三山符箓后，象征性地完成了对南方诸符箓道派的统合。特别是张留孙在至元二十五年(1288)预议集贤院，元贞元年(1295)同知集贤院道教事，至大元年(1308)知集贤院事①，实际上获得了掌管南北道教事务权力。其后吴全节于至治二年(1322)袭掌玄教，总摄江淮荆襄等处道教、知集贤院道教事。第三十九代天师张嗣成于泰定二年(1325)知集贤院道教事。夏文泳、张德隆嗣教后，都制授知集贤院道教事。可以说在这一时期南方的正一道以其政治领域的广泛影响力，其发展势头大有越过全真等教派之势。②故而黄溍在历数道家源流之后，感慨"昔刘歆叙《七略》，神仙、数术与道家为三，而其后一归之老氏。老氏之徒，以经箓相授受者复分为三，而其后一出于张氏。张氏之传，子孙世守之，而其术长于执不祥、劾鬼物，人见其驱飙走霆、变化翕忽，无不敬异师尊焉。而又有穹官峻爵，为世所歆艳，宜乎星冠羽服之士，慕而趍之。虽华阳之弟子，未有不为其学也"③。因而黄溍与正一道羽士交游为多，实际上是其时正一道贵盛之势的反映。此外江南道教深受理学影响，注重

---

① 袁桷：《有元开府仪同三司上卿辅成赞化保运玄教大宗师张公家传》，《清容居士集》卷三十四，四部丛刊本。

② 玄教由正一道分出，实际上发挥了正一道常驻京师代言人的作用，由于其领袖人物积极广泛地参与了元廷政治事务，因而在当时影响很大，在道团组织与教务管理方面都具有较大的独立性。卿希泰主编《中国道教史》(第三卷)指出："玄教虽出于龙虎宗，但其师承自有，即自有其传授源流，故它能在元室扶植下，形成一个自成体系的独立派别。只是由于该派的首领和骨干大都出身龙虎宗，历代天师又是江南道教的首领，故它又不能不受其管辖。特别是玄教首领在处理本教与江南其他道派相关的问题时，更不能不征得天师的同意。这反映了玄教与龙虎宗既相关联又相区别的特点。"(四川人民出版社 1996 年版，第 296 页。)曾召南《元代道教龙虎宗支派玄教纪略》亦指出，玄教为龙虎宗分衍支派，"该派首领受元室的宠信超过其他道派，以政治上的显贵，思想上的儒化程度深，宗教上的杂采兼收为基本特征。该派虽在道教理论上没有创新，但在壮大龙虎宗力量，协调道教诸派关系，促成正一派的形成等方面，发挥过重要作用"。文见《世界宗教研究》1988 年第 1 期。

③ 《澄碧堂记》，第 375—376 页。

以理学观念敷衍教义,“元代江南道教诸派皆倡三教同源一致,以融合三教尤融摄和会理学为教义的共同特色,明显表现出向理学靠拢的倾向”①。道教高士皆有深湛的儒学修养,特别是玄教思想,具有浓厚的儒家色彩,这应该也是他们吸引黄溍的一个重要原因。

其次,黄溍在与道教人士的交往中,很少涉及道教理论精义。也许《体仁守正弘道法师金君碑》可以算是个例外,文章引述了金善信的道学观念:“心神至虚,无所汨没。气定光出,诸阴销尽,诸阳自集。盖有形者阴,无形者阳。阳益胜阴,气益调精。我得清净,去道无难矣。知之不亲,见之不明,枯槁于山林,何益乎?”所论以清净虚旷为宗,并不刻意断绝外缘,但是此文亦见于宋濂文集,明确标明“代黄侍讲”,足证为代笔之作。其实正一教本来就重视符箓,以祈禳斋醮为事,在教义方面并无重要建树。即使是汲取了内丹学说,并旁参儒释之学,但无论在深度或系统方面,其理论亦无以逾越儒释两家,这从天师及其弟子在专门道教撰述方面的匮乏即可见一斑。更重要的是,在黄溍与道流的交往中,他并未构建起以道教作为自家信仰的内心需求,道教在更多意义上是作为知识或思想而进入其思维领域的。因而他其实是以一种客观而非尊崇信守的心态来看待道教理论,对于天师道所重的神异道术,也表现出不溺不惑的清醒意识。②他所重的是这些仙客羽士清净无为、嗜欲寡淡、无累于物的个性追求。特别是这些高道的风流雅致,更为黄溍所欣赏。在交游酬酢当中,诗性愉悦要远胜于教义探寻。正像黄溍所说的那样,“夜久松龛同拥毳,绝胜儤直有青绫”③,在谈玄与仕宦的选择中,他的价值天平毫无疑义地偏向于前者。但是“三神那易近,失喜听新吟”④,道教精义既然难以寻绎,那就在诗歌唱和中得到更多的慰藉吧,也许这才是黄溍乐与道流交往的更直接原因。

三、出处思考与道家观念

对出(仕进)与处(退隐)的权衡与思考,最能反映封建士人政治追求与人生价值之间的张力。这一抉择大致可以分为几种类型:兼济型,强调汲汲有为,特别是明知其不可为而为之的坚毅弘忍,以儒家为典型;独善型,重视个性自由,以性灵洒脱、罢去羁束为理想,以道家为典型;折衷型,强调出处之间的调和,追求自然任运,亦有虚与委蛇的

① 陈兵:《元代江南道教》,《世界宗教研究》1986年第2期。
② 如《玄静庵记》即明言“至于变换出入于灵仙飞化之术,直其余事耳”。
③ 《次韵伯雨腊月八日雪中同登来鹤亭》,第88页。
④ 《次韵王眉叟真人》之二,第52页。

成分，诸如以仕为隐之类。无论士人采取何种姿态，当其面临具体的政治与文化生态时，必然要做出自身选择，从而体现出个人的价值倾向。在黄溍身上，出处之间的徘徊似乎更为突出。

黄溍早年本怀徜徉林下之志，颇有"渔樵共昏旦"①的理想，但在好友叶审言的极力推举之下，于大德五年(1301)出任教官；在大德七年(1303)又举宪吏，在《上宪使书》中自称"凡圣贤精神心术之妙、古今废兴治忽之由，固尝窃窥之"，于自信之中似乎不失汲汲之意。但是黄溍却又在此之后不久即弃职退隐于家。当延祐首科中举之后，黄溍宦海沉浮多年，在历经地方磨砺与京城清华之后，出任江浙儒学提举，但他却又在到任未久、未及致仕之年即纳禄归里。至正七年(1347)黄溍以顺帝特诏入直翰林，侍讲经筵，可谓备极恩宠，却又在九年(1349)上章求归，并且不俟报而行；在使者于武林驿追还之后，复于次年坚请南归。他的多次退归行为，似乎难以用全身避乱来简单诠释。而且他在退隐行为的背后，并不讳言自己曾经的仕进选择，表现出无可无不可的随意任运态度，这就提示我们，更应从其思想角度去把握他的出处心态。

其实不管是仕进还是退隐，只要不以牺牲个人心性自由为代价，都是可以接受的。庄子早就说过，"刻意尚行，离世异俗，高论怨诽，为亢而已矣。此山谷之士，非世之人，枯槁赴渊者之所好也"②。无论是高谈世事，还是避世远俗，只要有刻意的成分在，就表明尚未全然恬淡平易，其刻励矫俗的举止只应是未能达道的表现。黄溍的仕宦选择，体现了他对道家这一思想的深刻领悟。

一味沉溺于富贵世俗之中，与刻意寄情于丘壑之外，实际上都还未能摆脱"有待"的状态，自然不能达到"逍遥"的境界，黄溍对此两者都持否定的态度。他指出，"夫天壤间事物有万不齐，是非之相倾、利害之相乘、妍媸之相形、强弱之相陵，莫知其所终极。而人以眇然之一身，与之周旋而左右，酬酢乎无穷之变，孰能于胶胶扰扰中求其止乎？山林枯槁之士，弃事绝物而寓情于风月寂寥之乡，仰云岚而俯泉濑，若可以止矣，是犹为有所待而未能无累于外也。惟放于自得之场，物任其性，事称其能，而吾方且遗其所寄，不知城邑之为山林、山林之为城邑者，斯可以无往而不得其所止。此非庄生之所谓逍遥，而渊明取以为言者乎"？在黄溍看来，刻意避俗，退处山林，似乎与红尘奔走迥然有异，

① 《晓行湖上》，第4页。
② 《庄子·刻意》，见《庄子集释》卷六，中华书局1982年版，第535页。

但是都有待于外物，未臻庄子“逍遥游”的境界。陶渊明《止酒》中所说的“居止次城邑，逍遥自闲止。坐止高荫下，步止荜门里。好味止园葵，大欢止稚子”，其用意显然并非是简单的“止酒”。“坐止于高荫，而不知孰为轮奂之美；步止于荜门，而不知孰为康庄之远；味止于园葵，而不知孰为食前之方丈；欢止于稚子，而不知孰为侍妾之数百。非去彼而取此也，闲放不拘、逍遥自适耳。又安知孰为庄生之游，孰为渊明之止乎”？也就是说，陶渊明的固穷守道、安于丘园实际是出于情势的自然，而非矫情做作，“予闻孔子可以止则止，苟未可以止而止，与可以止而不止，盖胥失之。当其可仕，则如渊明以弦歌为三径之资；当其可止，则如渊明之不为五斗米折腰，解绶而去。无累于物，而异方同得，何适而非逍遥？是乃善学渊明，而得其真止者也”。①可见士人对于出与处的抉择，其实没有必要在心中横亘一种执意之见，当仕则仕，当隐则隐，任情自适，洒脱逍遥，这才是合适的心态。

以此看来，有些人摒除俗氛，刻意疏离人世，看似高夐脱尘，其实却与溷迹红尘无异：“山林肥遁之士，遗世而绝俗。声色狗马、金珠服玩之美，举无足动其意。而其意之所乐，犹有寓乎草木禽鱼、烟云荒忽、风月寂寥之间。是虽若与世俗异嗜而不相入，其不能无待于外，则一而已。自夫外物者言之，金珠草木均之无知也，狗马禽鱼均之无识也，果奚取奚舍焉？苟无累于取舍，则稊稗也、蝼蚁也、瓦甓也，万物之职职，未有不可寓其乐也，独烟云风月乎哉？仁者乐山，而未始资夫山以为仁；知者乐水，而未始资乎水以为知。君子之乐，固无待于外也。”②他们对山林草木、寂寞虚旷之境的偏好，无疑也是一种偏执，未能摆脱对外物的依傍，从“齐物论”的视角而言，万物又何尝有本质之分。既然如此，又何必刻意追求泉石烟霞之乐，须知这也是“有所待”。唯有无待于物，脱去物累，方能与物齐谐。黄溍所向往的是，“德人天游，不累于物。太虚以为家，无何有以为乡。一席之庐，直其迹之寓耳。若夫彼此不形，异方同得，固非拘儒曲士所得而窥也”③，当达到不萦系于物的境界时，也就实现了“逍遥游”的精神状态，“夫苟无累乎物，斯异方而同得也”④。

明乎此，也就可以看出，黄溍在经过内心的彷徨之后，终于通过对道家思想的吸纳，

① 《闲止斋记》，第387页。
② 《自怡斋记》，第381页。
③ 《茅斋记》，第376页。
④ 《石台纪游诗序》，第226页。

获得了对出处的旷达见解。仕与隐都只是一种人生状态，原无所谓高下尊卑，只要不沉溺其中，刻意尚行，惊世异俗，就都可以获得心灵的自适与恬淡："市朝之人，入而不出；山林之士，往而不返。之二者皆过也。[①]"黄溍自身的选择，应该就是这一虚盈自持、无待逍遥思想的表现。

在儒学成为官学、佛教被尊为国教的元代，考察士人思想中的道家因素，似乎有点微妙。然而通过对元代大儒黄溍的分析，我们不难发现，道家的影响充盈于士人的人生思考当中。道教胜地的地域渊源，成为黄溍接近道家的方便法门，他一生中三次专程谒访金华洞天，正好对应于未仕游学、入仕京畿以及纳禄归里三个人生阶段，也反映了他人生思考不断深化的进程。在黄溍与道教人士的深层接触中，羽客高士们清净无为、无累于物的个性追求，与其人生感悟构成强烈共鸣。在内北人而外南人的政治环境刺激下，黄溍最终形成了随遇旷达的仕宦意识，而这也正是道家思想在其人生思考中的突出映现。

① 《延福太监张公墓志铭》，第503页。

第八章　自成一家：黄溍的艺术论与书画

黄溍本不以书法绘事名家，正像张雨所说的："金华黄太史，出为儒台冠。诗文齐六经，奇古谁敢传？"①其为时所重者主要在于儒学文章。但是余谈所及，论析书画，亦颇见精彩。明代李镛指出："元季黄文献公雅好文艺，尝与虞奎章、柯博士辈论书评画，深入古人妙致。"②虞集为元代艺文机构奎章阁之规划者，而柯九思曾任奎章阁鉴书博士；黄溍与之为侪流同好，已足见其赏鉴水平。③其集中颇多题跋，所披览名家法帖丹青甚多，突出反映了黄溍的艺术观念，可与其传世书画合观。

一、书画题跋中的艺术论

黄溍结游名士甚多，对其艺术修为颇有影响，如著名书法家鲜于枢，黄溍言"予从公游最蚤，屡闻公言学书之法"④，这对于提高赏鉴能力无疑是极其重要的。而游从名家当中对黄溍影响最大的则非赵孟頫莫属。赵孟頫是开有元一代书画风气的人物，书法方面"篆、籀、分、隶、真、行、草书无不冠绝古今，遂以书名天下"⑤；绘画方面董其昌更以为"赵集贤画为元人冠冕"⑥。赵孟頫书风力矫时弊，推崇魏晋风韵；主张则古，重视古法而不遗古意。其画作对文人画的成熟有重要作用，并沟通书、画，提出"须知书画本来同"。这些扭转时风的见解深刻影响了元代的艺术领域，黄溍对赵孟頫倾心歆慕，甚至在《题何能之画》中说"湖州古称苏与文，赵公后出今绝伦"，在当时的文化氛围之下，实在是很自然的事情。

---

① 《奉次黄提举卅韵送陈性初天台省觐》，《句曲外史贞居先生诗集》卷一，四部丛刊本。

② 此为李镛为《梅花书屋》所作跋语，画作今藏台北故宫博物院，图版见《故宫书画集》第十六册，1932年1月。

③ 秦蕙田《五礼通考》卷一百七十二认为元文宗朝，"其时奎章阁诸臣如虞伯生、欧阳原功、揭曼硕、黄晋卿辈，乃一时能文之士，以检校图籍等事为上所宠礼"。虽然黄溍实未入奎章阁，但亦可见其游从。

④ 《跋鲜于公书》，第200页。

⑤ 《元史》卷一百七十二《赵孟頫列传》。

⑥ 《画禅室随笔》卷二，四库本。

黄溍初识赵孟𫖯于杭州。当时在杭的婺州人每年暮春都要去南山展谒胡则之墓然后饮会，“大德八年(1304)春三月癸亥，会者四十有四人。魏国赵文敏公时方以集贤直学士领儒台，溍幸获从先生长者之后，而趋走于公履屐之末”①。这一次会面给黄溍留下了深刻印象，以至于三十九年之后仍然念念不忘。此后黄溍又多次拜会赵孟𫖯，赵对黄溍的才学也甚为欣赏，曾为其集作跋语：“东阳黄君晋卿，博学而善属文。示予文稿，读之使人不能去手。其用意深切而立言雅健，杂之古书中未易辨也。予爱之敬之，适有以吉日癸巳石鼓二周刻见遗者，则欣然曰：是可与晋卿之文并观者耶！皇庆元年(1312)十月廿九日赵孟𫖯书。”出于对才学之士的奖掖，更出于对黄溍文章的欣赏，赵孟𫖯不吝赞赏之辞；这对尚为一介布衣的黄溍而言自然是莫大的鼓舞，并将之收入集中。当黄溍考中进士时，又在京师谒见了赵孟𫖯，“予以延祐二年(1315)领荐上春官，拜公于京师，时犹为侍读学士”②。从两人的交往而言，赵孟𫖯识力非凡，对黄溍具有伯乐之赏，且积极为之延誉；而黄溍对赵孟𫖯人品、学识均甚景仰，并多次在书画题跋中叹赏不已。在艺术观方面，赵孟𫖯对黄溍的影响是深入而广泛的，这特别反映在效古而重自得的观点上；不过黄溍对书画的看法也多自家体认，这可以从三个方面来观察。

(一) 以道衡艺，德艺相孚

古之小学本有六艺，书为其中之一，“书、数日用所须，不可不讲”③，不过在儒者看来这些都还不是“大学之教”。虽然有人游心艺事，穷日夜而研磨，但书画自身独立价值尚难取得公共认同空间。黄溍对艺事的观感带有较强的道学色彩，虽然他并不缺乏欣赏艺术的眼光，但是在他看来这显然不是儒者的首要追求。

黄溍曾借王恽对朱熹书法的评价，表述了自身的艺术观：“国朝善书者称秋硐王公，评考亭朱子之书曰：道义精华之气，浑浑灏灏，自理窟中流出。又曰：道义之气，葱葱郁郁，散于文字间。其评书如此，则其善书岂直点画之工而已？盖自许魏公推明朱学而立其说于学官，且用以取士，朔南声教所暨，咸知尊信之，罔有异辞。至其翰墨之妙，类以为儒者细事，置而弗论，秋硐公可谓目击道存者矣。”④这一观点的本质在于，评价艺术的标准不在艺事本身，而在它所流露映照的理学精神，属于典型的理学影响之下的艺术观

① 《南山题名记》，第 317 页。
② 《跋赵子昂临绝交书》，第 219 页。
③ 《六艺类要后序》，第 240 页。
④ 《跋晦庵先生帖二首》其二，第 188 页。

念。以此观照，书艺的高下取决于书者自身道德修养，而通过披览作品，则可以知人品性。至于艺术性的具体评赏，不过是“儒者细事”，可见在黄溍看来艺术是依附于理学而存在的，儒者赖以名世显然要别有所蓄。

基于这一见解，黄溍对书画的评述首先看重的是其道德性。像淳化阁帖将张华、桓温、王导、王敦并列，就颇不为黄溍所取，“盖特取其翰墨之工，而于人品之邪正，有不暇计也”。而他所见宋人书帖，“自范、欧阳、司马氏下至章、蔡凡十人，皆宋宰执，人品不同而同为一卷”①，自然也难以得到认同。似乎可以这样理解，书绘本为小道，属于“技”这一层面；而儒者素所追求的当在乎“道”。以道贯技，可以看作是道德本性的自然映发，因而书绘是体认作者品德的重要标识；而沉溺于技法，不能做到由技进道则不为人所取。

在德业与艺事之间，黄溍毫无疑义地推重前者，在题跋中他屡屡道及此意。北宋宗室赵世恬字静之，身后寂寂无闻，黄溍指出：“宋宗室崇国公墓志铭，翰林学士郑居中撰，知淮阳军米芾书。今题曰‘元章真迹’者也，世知宝爱其书而已。夫以公胄裔之贵，爵秩之尊，子孙又众多，且光显若是，而今无称焉。独赖此书为好事者所存传而不废，故其官阀世绪犹可考见。呜呼！士君子所恃以不朽者，书云乎哉？②”其人因米芾之书法而得以不朽，众人所看重的也只不过是米书“多力丰筋、缓纫急送之妙”，这已然脱离士人立身之本。相同观点在苏洵、苏辙父子墨迹题识中再次提出：“右文安、黄门二帖，所言皆私家细事，至烦碎而靡密，无足深论。学士大夫相与存而传之者，岂不以其人哉？夫不能以古人自任、千载自期，而欲恃区区之文墨以为不朽者，可以慨然于此矣。③”值得注意的是，此跋毫不涉及文墨之妙与否，对书帖内容之琐屑也不作深论，所关注点在乎其人，并且举功德修为与文墨细事为鲜明对照，其间价值倾向显露无余。艺术的审美价值附丽于道德价值，黄溍的艺术观以此为基本判断。他不忘提醒读者“览是图者，未可第以为一时之清玩也”④，正是道德本位的体现。这使得黄溍的艺术评价形成了一个以德衡艺的路数，同时在品评艺术之际喜欢就人品而生发议论，这也许可以被视为“道、艺、人”合

① 《跋宋诸公遗墨二首》其一，第190页。

② 《跋崇国公墓志铭》，第192页。

③ 《跋苏公父子墨迹》，第184页。此文又见韩元吉《南涧甲乙稿》卷十六，按韩集四库馆臣辑自《永乐大典》，而黄溍文集承传有序，当以黄溍作为是。

④ 《题脱靴返櫂二图》，第187页。

一论的特殊形态。正像他论米芾服膺薛绍彭那样,“此帖无一语及之,则其可推服者,非直翰墨之工而已”,盖其关捩在于“道祖之为人”一面。[1]

不可否认,以道学立场来衡论艺术,其间凿枘之处难免,而这一弊端到明初更为突出,艺术创造性受到极大遏制;但一定意义上黄溍此论在客观上也具有提升艺事地位的作用。因为依据其逻辑,光风霁月的人格精神与艺术表现相互辉映,艺事具有映照道德修为的镜像价值,这就使得艺与道获得了统一。黄溍重道而及艺、觇艺以知人正是出于这一认识。

宋人黄龟年夙以风义著称,在秦桧当政之时不惧权势,奏章三上而秦桧褫职。黄溍《题黄给事山居图》就标举了他的气节:“公之去也,屏居海外马秦岛上,苍崖崛起长风怒涛中。览是图,犹想见其孤标峻节,当与之并存于天壤间也。”范仲淹曾为苏舜元书伯夷颂,卷末称“书法亦要切磋,未是处无惜赐教”云云,黄溍遂由此触发,“后来一二大老乃推广其说,谓公书此实为天下万世纲常计。至哉言乎!末学之士,毋庸赘述也”[2]。从书法而推及至天下兴治的通则,显然是将书艺之道与治平之道化通为一。

观书画而重人品是黄溍题跋中的突出倾向。潘良贵立朝无所附,刚介侃直,黄溍《跋默成潘公帖》称赞:“吾乡先达,贵而能贫者,惟公及徐文清公;而公之襟度,尤为洒落。呜呼贤哉!”欧阳修与家人书,“虽不据古经传为甚高论,而劝戒之辞真切恳到,出于至诚”,此帖之价值则在于“尤有益于世”。[3]而题鉴赵书名帖《洛神赋》,黄溍也无一辞赞及结体用笔之妙,只是淡淡点出:“此赵公被旨书宝陀寺碑时所写。公是行遇暴风昌国巨海中,舟垂覆而免,殊不以为意,方且游戏翰墨。及乎‘屏翳收风、川后静波’之句,岂非善谑者哉?即此,亦足以观其雅量矣。[4]”明乎其论艺趋向,这也就不足为怪了。

(二)翰墨考史,书史互证

婺学本来注重中原文献之传,而黄溍入直史馆,有与史事,对文献更具有职业性的敏感。书画文字本以审美为尚,但翰墨或可补史籍之遗文,或可纠传世文献之阙误,或可明一时之制度,也不容忽视。在黄溍的艺术论中,有强烈的以艺考史倾向。

翰墨考史首先强调的是对文献的补缺作用,往往正史、本集不载的材料却可以在书

① 《跋米南宫帖》,第187页。
② 《跋范文正公书伯夷颂》,第182页。
③ 《跋欧阳文忠公帖》,第209页。
④ 《题吴兴赵公书洛神赋》,第209页。

画当中发现线索。当黄溍见到林逋的书迹时，他的反应就是："东坡谓先生书似李西台，西台书盖屡见之，而先生书顾不多见。山阴僧舍有先生所书诗数十首，多集中所无。此帖字画与之正同，可宝也。[①]"而《跋苏东坡虎跑泉诗卷》同样称："余尝见林和靖手书所为诗一巨轴，多集中所不载。坡翁所作视和靖尤富，一诗不见于集中，固无怪其然。盖古人之文亦有自删去者，此则坡翁得意之作，必非自删，或编录者未之见耳。"这里就不仅考虑到书翰对诗作补辑的意义，而且以为有些本集未收而见于书画的作品实际出于作者自身的删汰。不过这并不构成其文献价值的减损，《跋东坡村醪帖》就说："右东坡先生诗凡六首，集中皆阙不载。它日好事者或为之补遗，尚有取也。"以书画来考补文献是现下古籍整理的重要方法，这方面黄溍可以说是得其风气之先。

景定五年叶李等上书劾奏贾似道专权误国，事关治乱，具有历史意义，惜乎文献无征。故而当黄溍见到上书副本时，就敏锐地发现其价值："公南去时，朱君之子文韶甫七岁，临别，以所上书副本授之，文韶袭藏惟谨。迨今八十年，莫有知者。文韶没后，其子天骥始出以示溍，俾志其岁月于左方，以俟秉史笔者采择焉。"[②]显然以其具有补史之用。在《跋南丰曾公谥文定覆议》中也表明："今言者方建白重修宋史，考其岁月，上之有司，以补曾公列传之阙文可也。"重视的也是其史料价值。在《跋理宗与贾似道书》中，黄溍更是特别结合当时政治情况对墨迹进行考辨，分析史传无载的原因，从而抉发了书札的意义："右宋理宗付贾似道亲笔。按《续通鉴长编》：景定三年二月丁亥朔，李松寿来纳款。上谕宰执曰：情伪难凭。又曰：切须审处。似道当与之要约，如能归涟海之地，方可取信。十二日戊戌，都省言：涟海已遂收复。而新史归地在二十四日庚戌，乃因李直是日有建节封王之命而连书之耳。璮即松寿也。此亲笔，以初十日午时下。曰：来意真确。又曰：不可失信。必在已要约之后，未归地之前，盖是月之初十日丙申也。故事：禁中处分事付外谓之内批，又谓之御笔，皆内夫人代书。而所谓御宝批者，或上批，或内夫人批，皆用御宝。惟亲笔则上亲书押字，不必用宝。璮之去就，事系机密，上不批示外廷，而独以亲笔付似道。故正史及他传记皆无所登载。庸考次月日，以备阙文。"这就仔细考察了南宋朝廷对处理李松寿纳降一事的机密运作，而且结合史实，考析了书札的写定时间，并通过对宫廷文书处理制度的揭示，解释了史传无载的根源。这一书史互证的

① 《跋和靖先生帖》，第215页。
② 《跋右丞叶公上书副本》，第207页。

方法，其出发点仍在于强调书迹的历史价值。

翰墨考史还可以阐明一时制度。如《跋危公墓志铭》因发现相关记载与制度有所不合，故特意分析："任和赤县，故公以升朝官知其县事也。若夫所谓转官者，又与改官不同。京官以上，四年一磨勘，转至前行正郎止；待制以上，六年一转，至谏议大夫止之类是也。因陈君论志铭，误以改官为转官，以知县为县令，谨考旧制，附见于后云。"这是就改官与转官、知县与县令在官制方面的区别而进行的考察。《跋胡氏家藏公牍》则对荐举制度进行了考论："予家藏先世以京削外改时举主五员照牒，皆有奏检，而此悉无之。不知偶失之邪，例无之邪？凡自判司簿尉关升，须举主三员。其举堪充县令者，谓之令状。右选中，乃得以校尉径举县令，又不限所举员数，观此亦足识当时故事也。"通过不同时代公牍样式的对比，为一时文书制度留下了可贵资料。

翰墨考史还可以纠正传世文献的讹谬。在为黄庭坚《题祖元大师此君轩诗》作跋时，黄溍指出："其诗今载别集中，而蜀刻小本以为祖无大师。盖传录者以元为无，故又讹而为无。幸真迹尚在，可证其误也。①"这是以墨迹纠正俗本之误。在跋蔡襄书韩国华像赞时指明："《居士集》此赞末句作'丞相魏公'。按公以嘉祐八年封卫国公，治平二年乃进封魏。赞作于元年之八月，曰'魏公'者，盖后人追改之。幸真迹尚存，可考也。②"这是根据墨迹考订欧阳修文字流传过程中的讹改现象。《跋徐州鹿鸣燕诗序》则是借助书迹考订苏轼文字："此序视东坡先生集所载少六字，不同者十三字。按先生以嘉祐元年举进士，此卷云嘉祐之初，而集中作嘉祐之末。幸真迹尚存，可正传刻之误也。"四库全书所收录的《东坡全集》此文还是作"余于嘉祐之末以进士入官"，可见黄溍的考订具有借鉴意义。

（三）直写胸趣，取意遗形

无论是以道衡艺还是翰墨考史，都并未涉及艺术批评的核心，只是经学与史学对艺术的渗透。黄溍艺术观中更契合审美评判的则见于他对具体书画形式的赏鉴，这其中的根本精神似乎来源于道家。他在重视法度的前提下大力倡扬真趣，主张意度，强调神似，都有得于道家思想的自然洒脱精髓。

元人书法有普遍的回归法度的倾向，这主要是有惩于宋人尚意所导致的汗漫弊病，

---

① 《跋山谷赠元大师诗》，第 184 页。

② 《跋韩令公真赞》，第 181 页。

自赵孟頫首倡复古，重视魏晋风韵，遂扭转了一时风气。黄溍论艺在这方面颇受赵孟頫影响。在《法书类要序》中他感叹："夫何临学之家，率随人以作计，循于今之厚而征于古之略也?"表明了学古的基本立场。不过黄溍在强调法度的同时，并不主张摹拟因循而失去自我，他极力突出了意趣的重要，从而张扬了个性精神，打破了对形似的讲求。

这在他对于兰亭序摹本的认识上有集中体现。黄溍指出："临禊帖者，得其貌似优孟之效孙叔敖也；得其意似鲁男子之学柳下惠也。世所传三米兰亭，乃是以右军书模勒上石。此则元章临右军书，貌不必同，意无少异，可宝也。[①]"可见学书之高境界并不在于形似而在不失其意。故而历来兰亭名家摹本虽不必求似而意度自在，"旧见冯承素、米礼部及赵魏公所临禊帖，未尝为苟同。今观此本，笔势翩翩，风神秀发，又绝异"[②]。正因为不斤斤于笔画逼肖，才能够在风神境界上契合原作。赵孟頫曾多次临习此帖，"吴兴公临禊帖，予所见亡虑数十本，此其最佳者。然尝观唐冯承素所临，极萧散朴拙，殊与此不类。好事者能合而求其同，则王氏笔意所在，可得矣"[③]。这是因为追求形似而忽略艺术精神，只能成为工匠之艺，而缺乏艺术对心灵的感动，"盖其转折精神处，有非摹勒之巧所能尽也"[④]。善于学习者当取意遗形，"临学之家，宜深造而自得焉"[⑤]。

正是具有自成一家的期许，黄溍对"论艺以形似"才充满了不屑。他推重的是"神融笔畅"[⑥]的境界，追求的是笔到意到、神形兼具，因为"翰墨之妙，直写其胸中之趣耳"[⑦]。但这并不是对技艺层面临摹古人的简单否定，黄溍根据赵孟頫的学术经历阐明了这一问题。"吴兴赵公早年学书，用工至精密。迨其得于心而应于手，纵横曲折，无不如意之所欲出。以公之学名其家者，务于速成，往往摹仿公暮年所书而求其形似，如不由其户而欲升其堂入其室也"，可见得其形似也是学书的重要环节，而且不可轻易跳过，必须要自艰苦磨砺中得来，无望于速成。但这不是艺术的最高境界，应当"得公之用功精密，又参以古人而别出新意，自为一家"[⑧]，如此方可谓得其三昧。

---

① 《跋米元章书兰亭序》，第186页。
② 《题唐临兰亭》，第186页。
③ 《跋兰亭序》，第216页。
④ 《跋褚河南书倪宽传赞》，第185页。
⑤ 《跋赵魏公书欧阳氏八法》，第193页。
⑥ 《跋金字心经》，第193页。
⑦ 《题群芳图》，第205页。
⑧ 《跋钱翼之书四体千文》，第193页。

在这一认识之上，黄溍对风靡其时的形似书风大为不满。其《题东坡临钟繇书》云："古者临书，多取其意而不专求其形似。予所见唐人临二王书，无不然，非独苏公此帖为然也。今之善为形似者，可谓极天下之工矣，岂古今之智巧未足以臻此耶？"这一反问正反映了他对时人识见不到之处的清醒认识。拘泥形似而堕入恶趣，黄溍对此三致其意，"古人临书，不求形似，而能得其遗意，今则愈工愈不近也"①。这正像时人临学赵孟頫所书的洛神赋，"赵公用意楷法，穷极精密，故其出而为行草，纵横曲折，无不妙契古人。不善学者，下笔辄务为倾侧之势，而未尝窥其用意处，是以愈工而愈不及也"②。其实质正在于艺术实为心灵艺术，强调情感的流露与抒发，拘囿于形似之迹却不去体认作者性灵，只能使作品充满匠气而失去神韵。黄溍在评价龚开的画作时指出："其胸中之磊落轩昂、峥嵘突兀者，时时发见于笔墨之所及。后生小子，乃欲一切律以寻常书画之品式，宜其传于世者少也。③"对龚开张扬个性、突破矩矱给予了高度肯定，其间对主体精神的关注引人注意。黄溍曾这样评价赵孟頫的书法："今人临二王书，不过随人作计，如卖花担上看桃李耳。若赵公，乃是枝头叶底亲见其活精神者，此未易与俗子道也。④"足见赵书之可贵正在于形韵兼备而具自家面目。黄惇以为"'活精神'三字，可称为赵孟頫书法之本质所在"⑤，而这三字也可以看作是黄溍艺术论的核心。

二、雅善真草，笔札峻逸

在元季负重名、号称"词翰两绝"的危素曾经说："吾平生学书，所让者黄溍卿一人耳。"⑥可见对黄溍书法造诣的推重。虽然黄溍对本人书艺不甚标举，甚至称自己"未之学也"⑦，但是危素所言显然并非虚辞，《书史会要》即称黄溍"书宗薛晋公而自成一家"。作为黄溍的莫逆之交，"素宦学京师，辱公为知己；公入直翰林，素为供奉，同日命下；及迁宣文阁授经郎，从公于经筵；有诏修后妃功臣传，素复为供奉，从公于史馆；居则同巷"⑧，两

① 《跋东坡临明远帖》，第 216 页。
② 《跋魏公楷书洛神赋》，第 218—219 页。
③ 《跋翠岩画》，第 193 页。
④ 《跋赵公临右军书》，第 200 页。
⑤ 《中国书法史元明卷》，江苏教育出版社 2007 年版，第 22 页。
⑥ 陶宗仪：《书史会要》卷七，四库本。
⑦ 《跋鲜于公书》，第 200 页。
⑧ 危素：《大元故文献黄公神道碑》，《危学士全集》卷十一，清乾隆二十三年刻本。

人交契之深可以想见；危素的评价自不应被视为泛泛书面之语。①陈樵所推许的“笔迹旧时倾褚薛”②，则直接反映了黄溍在书法上的造诣。而黄溍在《法书类要序》中又揭出：“予年十七八时，尝得所谓《书苑菁华》者，穷昼夜而观之”，不啻为自己勤勉学书的写照。

黄溍书法作品传世者不多，大部分为书画题跋，单幅者所见仅《六月十一日帖》（即与德懋札）。此帖被收入《三希堂法帖》卷二十四，影响较大。全帖仅十行，起笔尖细，倾侧取势，转接自然，流便俊逸。此札全集失收，文曰：

溍顿首再拜，德懋学正提举尊契兄长坐右：溍六月十一日藉芘祗贱事，东西驱役，在邑中仅旬日耳。昨暮归自邻境，今早又出郊检田。适值陈兄行，仓猝拏楮，聊伸启居敬，甚愧不虔，且无一物可侑虚函者。区区愿言，尚需后便，首祁委鉴，不宣。溍顿首再拜，八月廿五日。谨空。

此帖虽迭经著录，但因系书札，名款单称“溍”，故或有怀疑非黄溍作品。实际上黄溍曾有诗《章德懋同登车盖山》，知其与章德懋相交游。③诗首句言“城南日日望苏湾”，苏湾与车盖山皆在吴兴；而章德懋更是吴兴赵孟頫的座上宾。《大观录》卷十“吴兴章德懋”条云：“公字茂功，鸥波亭中捉刀人也。文敏当求书者缣纸填委，则命公代书以塞求者之请，字画莫辨。”所言当为同一人，故此帖似可定为黄溍之作。④以书艺论，骨力劲健处有得于薛稷；而结体略显腴润，则有苏轼之风。

至于黄溍传世题跋则以真书为多。国家图书馆藏有司马光《资治通鉴》残稿一卷，其后有黄溍跋，文字与集中所载略有不同：

温公于《通鉴》书晋永昌元年事，视此尤为详备。此特其初稿耳。而作字方整不为纵逸之态，其敬慎无所苟如此，宜其十有九年始克成书欤。今之文人类以敏捷为高，贵轻扬而贱持重，使温公复生，未必能与之相追逐也。展玩之余，惟有掩卷太息而已。至正元季夏四月二十三日后学黄溍书。

① 宋濂《题桂隐遗文后》称道黄溍“字画之妙”，《题黄文献公所书先府君行实后》称赏其“字画之美”，皆相类。

② 《次韵黄晋卿见寄之什》（其一），《鹿皮子集》卷四，四库本。傅亨《谥议》称黄溍“书善真草，或得之者，不啻随珠赵璧”，可见其书法盛享时誉。文见《日损斋笔记》附录，四库本。

③ 黄溍另有《苕溪风雨中章德茂同泛》、《由苕溪出太湖抵阳羡十四韵寄章德茂》，与书札所言当为同一人。

④ 关于此帖之考订，可参见王连起：《元黄溍六月十一日帖考》，《故宫博物院院刊》2002年第1期。此文对黄溍传世书迹多有论述，是目前研究黄溍书法方面的代表性文章。

此跋结字丰厚,笔画肥瘦对比明显,竖捺笔重墨浓,字形略右倾,学颜书痕迹鲜明。黄溍另有《城南斋记》,书于朱熹行书《城南唱和诗卷》之后,亦为工整的颜体,而结字用笔较跋通鉴草为严正。

黄溍另有数幅为赵孟頫书法所作跋语,笔法颇有变化。其跋赵书《灵隐大川济禅师塔铭》现藏上海博物馆,文字集中不载:

> 鄞海之东,仙山嵯峨。大士居之,名曰补陀。维大川师,笃生奉化。山海之英,至宝无价。发轫香林,税驾湖心。天台上乘,大贝南金。出教入禅,蹴踏千里。灵山八迁,僧腊五纪。从孙勒铭,云锦天章。玉堂挥翰,金薤琳琅。面目冰霜,脊梁铁石。白雪青松,丹崖翠壁。大法如天,覆遍东南。彼柱彼石,孰梗孰楠。悠悠重泉,煜煜潜德。斯文不摩,永贲幽宅。至正庚寅秋九月金华黄溍谨赞。

其书结字疏朗,上紧下舒,竖画尖细,悬针明显;瘦劲而不失韵度,似得薛稷之笔法。跋赵书《黄庭经》则用笔纤瘦,结字有宽舒之态。

黄溍他种书跋,如《式古堂书画汇考》著录有兔颖帖、腴晦斋铭;另如跋袁易寓钱唐杂诗、袁易墓铭、跋曾巩谥议稿等,由于书写年代的差异,所见各书风格表现出一定的差异。但仍能发现一些形体结撰的共同之处,如跋赵书《黄庭坚》与跋通鉴草,风格差异明显,书写时间之隔更在十年以上,但两书中之"秊"字,体态全同。①出于文献的限制,在更多材料发现之前,似不宜遽断黄溍书迹当中是否有他作可能。

黄溍书法在当时就评价不俗,宋濂《金华黄先生行状》称他"雅善真、草书,人有得其片幅者,必藏弆以为荣"。从传世书迹来看,其真书重法效古,法度之中又饶气韵;虽然身在"至元初士大夫多学颜书"②的时代潮流中,但仍能参以纤瘦劲健之笔,并非随人作计者。至于其书法渊源,《行状》又称黄溍"笔札峻逸类薛嗣通"。作为初唐四家之一的薛稷在书法上广收博取,形成"用笔纤瘦,结字疏通"③的自家风格;黄溍书法在矜妍之中又具峭拔,当是薛稷影响所致。

不过很可惜黄溍的书法特别是单幅传世者太少,"公字画甚佳,以秘惜故世多不传"④,这可能在很大程度上影响了他在书法史上的地位。黄溍为文很少留稿,"平生为

① 台北故宫博物院收藏的唐临兰亭后有黄溍跋,作于至正元年,颇有颜书笔意,其中"年"字亦写作"秊"。

② 虞集:《题吴传朋书并李唐山水跋》,《道园学古录》卷十一,四部丛刊本。

③ 董逌:《广川书跋》卷七《薛稷杂碑》,明刻津逮秘书本。

④ 徐一夔:《题黄文献公所著墓铭初稿后》,《始丰稿》卷十四。

文,改处辄涂以浓墨。既脱稿,即以齿练之糜烂乃已,已必投诸水,虽子侄弗使见之”①。王袆也说:“公凡为文,脱稿必命门生代书,而碎其初稿。②”这或许是出于“良工不示人以璞”之意,但也在客观上造成了其书迹罕传的现实。

与书法相比,黄溍善画更不为人所知,其画作尤少见著录。近来拍卖市场上颇有署名“溍”或“黄溍”的画作流出,有人据此怀疑这些画不是冒名就是造伪,无一为黄溍所作。这一论断其实也还有进一步讨论的余地。元丁復《桧亭集》有近体《题黄晋卿寄用堂枯木竹图》云:“太史悲蘐树,幽人赠佩兰。故挥风木泪,持答翠琅玕。”用堂即释子梗,奉化人,宋濂序其《水云亭小稿》。此诗小序云“用堂尝寄兰与黄公,公时丧母”,按黄溍至正三年(1343)丁母忧,则黄溍绘枯木竹图回赠用堂当即此时。这表明黄溍并非不善丹青。《故宫书画集》所收入的《梅花书屋》立轴,自跋云:“春雪初霁,寂坐蓬轩,偶见庭梅始放,香气熏人,神怡之下,漫写是幅,以寄意焉。至正七年春二月甲午黄溍”。此画《石渠宝笈三编》著录,为延春阁庋藏之物。李镛跋云“阅此图运笔秀劲,堪与黄鹤山樵媲美矣”,以之与元四家之一的王蒙相比,足见此画水平之高。这是黄溍能画的又一显证。

黄溍另有临夏珪春山归隐图卷与浅绛山水条幅,均为邓以蛰先生所藏故物。前幅有题跋云:“夏禹玉《春山归隐图》卷,笔墨浓浑,意境清幽,展玩之余,不觉致身天外,洵合作也,此卷为慈溪宝云堂赵氏故物。余因临摹,借置案[头]已三阅月,窗明几净,吮毫濡墨,对卷漫临,两月蒇事,虽不计工拙,亦未免刻鹄之诮也。五月十日溍识。”邓以蛰对此画所绘情状论述綦详,并对题识书法赏誉不置,以为“用笔似朱紫阳,结体行气近米襄阳;清劲洒脱,实元人胜境也。黄文献书法不多见,故宫所藏元人法帖,只有其致德懋提举帖一通,虽为小行书,与此无二致也。③”结合题款来论断真伪,其判定值得充分尊重。

① 苏伯衡:《跋黄侍讲送郑仲舒序》,《苏平仲文集》卷十,四部丛刊本。

② 徐一夔《题黄文献公所著墓铭初稿后》。“脱稿必命门生代书”当指誊清定稿,未必表明其题跋等皆为门生代书。黄溍《送陈生归天台》中云:“我方守一官,身贵事则贱。操觚待需求,矻矻穷夜旦。枯肠纵可搜,安取五千卷?强颜作俚语,对客常愧汗。况复不善书,辛苦愁脱腕。谁为助我者?幸子笔力健。乌丝缠冻□,□缀增绚烂。”颇善形容其穷于应付求文者之状,所言“陈生”(陈秉彝性初)显然正是为其代书者。但这是针对应酬文字,而黄溍传世墨迹主要为信札与题跋,皆具有特殊性。黄溍《赠别吴孟思》亦云:“我方徇世好,有作徒云云。借润翰墨间,幸可张吾军”,言己本不善书,固属谦辞;而称借助于人,当亦作如是解。

③ 邓以蛰:《黄溍临夏珪春山归隐图卷》,见《邓以蛰全集》,安徽教育出版社1998年版,第305页。以下所引邓氏相关论断,皆出此书,不另注。

浅绛山水条幅曾经明末清初著名画家、收藏家项圣谟鉴定,有"元黄文献公山水立幅项圣谟题"行书识语。邓以蛰描述其构图云:"岩壑层叠,云树重深,如海涛起伏,连连若若,杳无穷尽;中间一湖,润石清泉,意极活泼莹澈;水阁两三处散列湖畔,一阁中杯盘陈列岸上,一士一僧持杯对坐,意兴悠适;近处山坡双松高挺,古木参差掩映其间,清森之气笼罩茅堂,窗牖轩豁,帷幔高卷,几上琴书并列,布置闲雅,悄无一人,知主人出游矣;湖外烟锁平林,漠漠如织;烟外峰峦层见叠出,岚光雾影中梵宇时露朱檐,远近相望;瀑帘松盖掩映山楼危亭,山隙窥见水口回环延绵,深远无际;满目苍润,盖一片高远也。"其高古浑沉之境如在目前。

条幅之上复有黄溍题跋:"幽林蓊蔚水湾环,萧寺钟声高落寒。把酒清谈消永昼,暮鸦归尽不知还!甲申夏朔日觉海上人持酒肴游岩山,相与盘礴林影水光中,清言永日,流连忘返,恍如致身尘埃之外!酒阑,上人乞画为别,遂援笔成此以归之。溍"。则此图当作于1344年居母丧期间。李镛以黄溍比之于王蒙,而邓以蛰则认为"公与黄鹤画法相近,盖二人皆师法松雪者耳",这是就其渊源而言;至于其造诣,王袆所说的"字画甚佳"已经得到一定程度的印证。所见画作俱高古苍秀,文人气浓郁,其构图、人物、意境都体现了文士之风。而且题跋内容与图画相得益彰,互相补益,更突出了书卷气息。苏轼、米芾等都还很少在画上作跋,书画合一成为潮流实在元代。黄溍曾指出:"温师戏墨妙绝当代,而好书可喜可愕之语附于其旁。故观者无不骇叹以为奇,予所见数十本,莫不皆然,殆近乎有意为之也"①,对于这种刻意凸显画跋的做法他是有所保留的,因为题跋毕竟是绘画的补充而非主体,"题识奚以多为哉"②?书画相通而又贵出自然,黄溍的画作庶几近之。

① 《题温上人墨戏二首》其二,第206页。
② 《题群芳图》,第205页。

第九章　诗主性情，文依经史：黄溍的文学观念

傅亨在《翰林侍讲学士黄公请谥文移》中对黄溍德业与文章作了评述："言性理，探程朱之奥妙；论著述，继韩柳之雄深"，这恰好反映了黄溍力图会通性理与文章的追求。从门人概述的角度来看，傅亨对老师的了解是甚为精到的。不过也因为这一追求，黄溍对文体功能的认识就具有差别性。要眇宜修的词体即不被黄溍认可，甚至黄溍一系婺州文人的别集中都极少能见到词作收录，不消说这与对理道的重视有关，正像黄溍自己申述的那样："古语变而四六，古声变而词曲，文之弊也甚矣，请置勿道，为言其他。①"四六与词曲在其文类评价体系中地位明显不高。文学之中黄溍所重在于诗文，而诗与文因为功用的不同，对其艺术特点的认识与要求也就呈现出异相。在谈论黄溍文学观念之际，或论主气，或言尊经，或称人情，虽然都能触及其观念的不同侧面，却往往是混杂诗、文而论，未能顾及黄溍在两大文类间的有意分疏。如果在统论之余能够有所侧重、单独论列，也许更能发见黄溍文学主张的细致面相。

一、言诗而本于人情

以情论诗在文学批评史上有久远的传统，《诗大序》就诗歌的发生即提出"情动于中而形于言"，"情发于声，声成文谓之音"，可见诗歌的产生与情感的表达需要有关。不过《大序》的要旨在于突出诗歌的政教作用，所以后文又指出"国史明乎得失之迹，伤人伦之变，哀刑政之苛，吟咏性情，以风其上。达于事变，而怀其旧俗者也。故变风发乎情，止乎礼义。发乎情，民之性也。止乎礼义，先王之泽也"。诗歌虽然与个人情感有关，但目的却在于讽喻其上，并且情感的发抒亦非毫无节制，而要接受礼义的约束。依据经学话语来释读，诗三百自然都是发乎情而止乎礼义的，而这一段话却专门点出此为变风特色，前人看出，这原来是在礼崩乐坏的时代忧心至极而激切言之。降至元代，以性情论诗早已发生多种变异②，

① 王袆《文训》，《王忠文集》卷十九。

② 如查洪德《理学背景下的元代文论与诗文》第五章为"元代诗学性情论"，即概括出自然的性情论、张扬个性的性情论与道学家的性情论等多种，详参氏著第113—149页，中华书局2005年版。

从宋诗“锻炼精而情性远”①的特点来看，论诗主情自然也是对宋诗弊病的一种反拨。

（一）缘情托物，以寓其意

从黄溍的诗学渊源来看，刘应龟与方凤是对他影响甚大的两位地方士人。黄溍十三岁即从刘应龟受学，而刘应龟本以诗学名家，在月泉吟社的征诗大赛中列名第五，其诗学造诣自不待言。黄溍从方凤游学时已当弱冠之年，他曾自述这一时期友朋学诗的师承：“始予弱冠时学为诗，同郡柳道传、王申伯、陈茂卿、方子践、子发皆以能诗称者也。柳初效粤谢皋羽，后自成一家。方受学尊父存雅先生，而杂出于谢。陈与谢不相识，乃酷似之。②”可见侪辈中人大都受到谢翱、方凤等南宋遗民的诗学影响，黄溍自然也不例外。刘应龟遗民立场之坚定虽似略逊方凤，但入元以后也仅仅是出任学官。因而考察黄溍的诗学观念，就必然要注意到他所交游师友的遗民倾向，这在他正式入仕之前表现得尤为明晰。发乎情、止乎礼义的诗学主张，与遗民们阐幽表微、缘情寓意的表现方式两相契合，成为黄溍屡次申言的主题。

孟子曾说“王者之迹熄而《诗》亡，《诗》亡然后《春秋》作”，依据前人解释这主要是指王道衰歇而颂歌不作，于是在衰乱之世孔子出于拨乱目的而作《春秋》。朱熹指出：“这道理紧要，在‘王者之迹熄’一句上。盖王者之政存，则礼乐征伐自天子出，故《雅》之诗自作于上，以教天下。王迹灭熄，则礼乐征伐不自天子出，故《雅》之诗不复作于上，而《诗》降而为《国风》。是以孔子作《春秋》，定天下之邪正，为百王之大法也。”从此论述可以看出，孟子所说的“《诗》亡”只是概而言之，旨要在于突出社会政治的迁变导致诗歌产生的基础发生变化，于是《雅》声不复相闻而《国风》继起，站在经学立场上来看这自然是一种倒退。当学生说及“先儒谓自东迁之后，《黍离》降为《国风》而《雅》亡矣，恐是孔子删《诗》之时降之”，朱熹就指明：“亦是他当时自如此。要识此诗，便如《周南》、《召南》。当初在镐、丰之时，其诗为二《南》；后来在洛邑之时，其诗为《黍离》。只是自二《南》进而为二《雅》，自二《雅》退而为《王风》。二《南》之于二《雅》，便如登山；到得《黍离》时节，便是下坡了。”③这难免有以政教高下来评定诗歌价值的嫌疑，如果据此推论，则经历易代之变的遗民之作，大抵咏歌乱世，似乎更乏价值可言了。

① 刘克庄：《后村先生大全集》卷一百七十四《诗话》，四部丛刊本。
② 《书王申伯诗卷后》，第201页。
③ 《朱子语类》卷五十七“王者之迹熄章”，第1350页。

黄溍论及于此，虽然主旨不出诗教范围，但是却突出了性情的重要性。针对孟子之说，黄溍以为："盖古昔盛时之为诗，荐于郊庙，则有以见其盛德；陈于朝廷，则有以知其政之废兴；施于邦国乡人，则出于上而被于下者，又有以为教。及其衰也，先王之政教号令虽不行，而流风遗俗有未尽泯，是以《风》、《雅》之变，往往陈古以刺今。至于王泽竭尽而无余，其诗始不足以使人创艾而兴起。[1]"遗民之作，虽然其时胜国已墟，但故国王泽尚未尽泯，而风物文献足以发人情思，因而实有可取。比如余姚的见山先生，宋亡之后"穷居而独游余四十年"，但这种遗民贞固自守的行动却难以获得世俗的理解。退隐生活成为他创作的渊薮，"凡古今事会人物，至于卉木鱼虫之细，目触而心接，壹发于诗"。而社会反响则是"故老往往置不忍读，后生之闻之，漫不省为何等语。宜其莫知所以称先生也"。尽管世少知音，黄溍仍以为其作品自有价值在，"《黍离》之大夫，当周之东，犹有禄食而服事焉，视先生所处抑异矣。感深者难忘，习久者易变，不亦人之常情哉？而先生之志，未尝以浅深久近为异，于此见礼义之泽，民之性情有不与物俱化者"[2]。《黍离》之作虽时世衰乱，但只不过是西周覆灭而东周代兴，名义上的一统依然存在。宋遗民所面对的现实则要残酷的多，不仅家国覆亡，更要面临异族统治。言悲语切，隐约其词，正是其内心深衷的自然流露，这就是《诗大序》中所揭橥的带有道德伦理色彩的"情"，为遗民在接受礼法道义熏染后的社会性情感。

由于遗民的身份认同意识，他们的情感带有共通性。比如方凤的创作，"缘情托物，发为声歌。凡日用动息、居游合散，耳目之所属，靡不有以寓其意。而物理之盈虚，人事之通塞，至于得失废兴之迹，皆可概见。故其语多危苦激切，不暇如它文人藻饰秾丽以为工也"。这种社会性情感的抒发，无暇顾及末节性质的表现技巧，其根源正在于作者身份的特殊性，诗歌中的情感偏向于家国大义一端。情感价值通过礼教观念而得以凸显："《黍离》、《麦秀》，其为音之哀以思一也。《黍离》出于周之大夫，而与《文王》、《清庙》俱传者，雒鼎未迁，风虽变，犹有所系也。《麦秀》出于商之仁人义士，而不与猗那、《长发》并存者，薄社已屋，风不止于变，且莫知所系也。夫既无所系矣，而其辞见于今、卒不泯者，岂非所谓民之性、先王之泽欤？"遗民诗作属于亡国之音，本来国家既亡，诗歌也就无所系属，但是这类作品既不应以技巧工拙来衡量高下，也不可将发抒的情感归结为一

① 《徐氏咏史诗后序》，第239页。
② 《见山集序》，第229页。

己悲欢，“由本论之，在人伦不在人事；等而上之，在天地不在古今”[1]。可以说，这类作品在个人情感与礼义教化两方面得到平衡，“发乎情，故千载殊时而五方异感也；止乎礼义，以天地之心为本者也。其为本不二，故言可得而知也”。虽然每个人所表达的情感带有个体差异，但是情感所蕴含的社会道德意义却根本相通，因而也就具有恒久的价值：“夫能不二于古今，而有不以天地之心为本者乎？绵千禩、贯万汇而无迁坏沦灭者，莫寿于是物矣。[2]”从这些论述可以看出，黄溍推重遗民诗作，要点在于对其气节的标举，诗歌缘情与寄托这两翼当中，后者由于社会伦理价值而获得了更多的关注。

这一观点在《题山房集》中同样得到展现：

> 孟子称“王者之迹熄而《诗》亡”。夫诗生于心、成于言者也，今之有心而能言者，与古异耶？山讴水谣、童儿女妇之所倡答，夫孰非诗？彼特莫知自名其为诗耳。或者幸能探幽发奇，使组绣之丽被于草木，是固知以诗自名，而非孟子之所谓诗也。吾少尝学文，而知自名其为诗。顾其用恒在于山高水深、风月寂寥之乡，措心立言能自异于童儿女妇者无几耳。自吾去丘壑，而吾诗并亡。今读姚君《山房集》，乃知吾所以为诗，失之此而彼得之，非果亡也。它日从先生长者山水间，尚因吾诗以求孟子之所谓诗者，其有得乎？

此文篇幅短小却语意密致，篇首针对孟子的论诗观点提出质疑，因为诗歌创作同时出于心有所感而借助语言来表述，古今似乎并无差别，为什么却有“诗亡”之论呢？接下来黄溍对“诗”进行了甄别，依其论述实可将诗分为三类。第一类是出于自发的民间作品，作者甚至不知道这些讴吟就是诗歌，但是情真语深，具有天然旨趣。第二类是文人出意之作，能将文字技巧与丘壑之思完美结合，情文相生，在艺术性方面也许有所提高，但是论其情感之真挚与自然，实无法超越民间之作，作者如果脱离现实情境，“去丘壑”之后，诗歌也就徒具语言的外壳了。第三类则是孟子所说的诗，是个人情感依从于社会道德的作品，与《诗大序》所言一致。从篇末的寄语来看，黄溍显然并不以为文人山水流连的作品就是诗歌极则，而是以孟子所论相期，可见他的诗学观念中诗教意识还是颇占地位的。若据此文所论，以为黄溍论诗生于心，有诗出自然的倾向，则不免错会此文主旨所在。

---

① 《方先生诗集序》，第 228 页。
② 《山南先生集后记》，第 282 页。

(二) 台阁山林,发于其本

黄溍论诗主张缘情而发,合乎礼义,这和理学家的性情论主张似乎并无大的区别。不过黄溍的诗主性情说内涵并不拘囿于此,故能够突破传统诗教观念而呈现出多样性。他虽然重视遗民诗作的道义色彩,但也以为这种情感抒发并非出于造作,而是有其实际体会,属于有本之作,因而当方凤等遗民去世之后,“其音遂绝,盖至是而百年之耆旧尽矣”①。在社会基础发生重要变革之后,一旦生活体验绝去其源,遗民之作自然就失去了产生的可能空间。而遗民诗歌的可贵之处在于,尽管诗人们屏居山野草泽,诗作悲苦,但是情真意切,根本于性情之正。只要作品为性情所发,出于自然,诗人发抒其实,就不失为可取之作。这样黄溍就将传统的性情论加以拓展,诗人们由于自身处境的不同,所表达的带有个性特点的情感也就成为自身亮点,具有根本之实的情感被特殊强化,因而论诗主情又具有重视诗人个性、强调情感真实的一面。这在黄溍对于台阁与山林文学的比照论述中多有体现,而且有涵盖诗文予以合观的倾向。

以台阁与山林来论文学,宋人已开此风,北宋的吴处厚分析道:“余尝究之,文章虽皆出于心术,而实有两等:有山林草野之文,有朝廷台阁之文。山林草野之文,则其气枯槁憔悴,乃道不得行、著书立言者之所尚也。朝廷台阁之文,则其气温润丰缛,乃得位于时、演纶视草者之所尚也。”②这一论断根据作者政治身份地位的不同,将文章分为两类,虽未明定高下,但可以看出作者是倾向于台阁之文的。自世俗眼光来看,台阁之作确实更容易获得肯定性的评价,“世之言诗者,方务追时好以取名誉,矫情饰貌而夸其肥皮厚肉,谓非山林枯槁之所及”③。应该说作者的身份对于文学创作确实具有影响,生活作为创作之源反映到作品中,作品带有特定气象,是可以理解的。但是这并不能成为评判价值高下的标准。

黄溍在讨论这一问题时,所关注的是性情之真,而身份地位之别并不重要:“予闻昔人论文有朝廷台阁、山林草野之分,所处不同则所施亦异。夫二者岂有优劣哉?”台阁之文有雍容典重的气象,歆慕者甚众,但是向风影从却并不可取,“今四方学者,第见尊官显人摛章缋句,婉美丰缛,遂悉意慕效之,故形于言者类多有其文而无其实”,这类创作显然带有为文造情倾向,有虚假造作的嫌疑。身处山林其实无需讳饰,如果“高蹈物表,

① 《方先生诗集序》,第228页。

② 《青箱杂记》卷五,中华书局1997年版,第46页。

③ 《得静斋集序》,第279页。

不蕲当世之誉。凡有托以见其志者，非身之所历，则耳目之所接，未尝侈大其说而求以为奇”，这样的作品就“可谓有其实者也”，①所展示的自然也就是真性情。台阁、山林之分，过于强调了创作主体的身份特征，对作品的内在感情却关注不够，以此黄溍主张打破此执：“夫立言者，或据理，或指事，或缘情，无非发于本。实有是实，斯有是文。其所处之地不同，则其为言不得不异，乌有一定之体乎？”倘若性情纯正，不作虚饰，则不论文章呈现何种气象，皆应肯定：“其为文，初不胶于一定之体，安知其孰为台阁、孰为山林也耶？”②主体身份虽有不同，但文章之体却不必拘泥，只要文有其实，情得其真，自然不落凡响。

按照这一观点推论，则不免要对文学批评史上的穷工说进行回应。韩愈在《荆潭唱和诗序》中提出：“夫和平之音淡薄，而愁思之声要妙；欢愉之辞难工，而穷苦之言易好也。是故文章之作，恒发于羁旅草野。至若王公贵人，气得志满，非性能而好之，则不暇以为。”大抵名诗人而仕途通达者少，历经生活苦难反而增强了对生活的体验，发而为诗却能将苦难转换为审美的愉悦，并因体验的真切而具有动人心魄的力量。揆诸文学史实，似乎虽不中而亦不远。欧阳修则更近一步，他结合梅尧臣的创作实践与仕宦经历，对诗能穷人一说提出质疑：“予闻世谓诗人少达而多穷，夫岂然哉？盖世所传诗者多出于古穷人之辞也。凡士之蕴其所有而不得施于世者，多喜自放于山巅水涯。外见虫鱼草木、风云鸟兽之状，往往探其奇怪；内有忧思感愤之郁积，其兴于怨刺，以道羁臣寡妇之所叹，而写人情之难言，盖愈穷则愈工。然则非诗之能穷人，殆穷者而后工也。”据说这段话得到了梅尧臣的认同，许为“知言”，而其本质亦在于突出丰富的生活与情感体验，对于提升诗歌艺术水准的重要性。此说影响甚大，陈师道更从另一方面对之进行补充，他在《王平甫文集后序》中指出穷而后工只反映了生活阅历与诗歌创作关联的一面，很多诗人虽然仕宦不显、才志压抑，但是借助作品，诗人们的才性与志业得以彰显，甚至名传后世。一己之升沉机遇无关乎穷达，士人志业可传，就可以称为“达”。在这个角度上，也可以说“诗能达人”。

黄溍的看法则显示出扫去众迹的气魄，他将以穷达工拙与诗歌价值关联起来的观点一并打断：“古之为诗者，未始以辞之工拙验夫人之穷达。以穷达言诗自昌黎韩子、庐

① 《云蓬集序》，第258页。

② 《贡侍郎文集序》，第272页。

陵欧阳子始。昌黎盖曰'穷苦之言易好',庐陵亦曰'非诗能穷人,殆穷而后工耳'。自夫为是言也,好事者或又矫之以'诗能达人'之说,此岂近于理也哉?"其批判的武器则是对诗人真性情的张扬,无论境遇怎样,只要不失性情之正,诗作就有流传的价值。遗民之作自当属于穷苦之言,但其可传却并非由于"穷苦","感城郭之非是,叹江涛之渺然,悃款恻怛,一出畎亩之衷,虽流离颠越而不悔。是耿耿者,固非诗之所能穷达,而其诗亦不俟穷而后工也。夫岂非适于先民性情之正者乎"①?可见境遇之得意与否,和诗艺其实关联不大,只要性情发之于正,诗作自然能工。

根本性情之正,则诗人即使显晦异遇,而艺术成就之高下并不依此衡定。境遇显达,像曾供奉词林、任职国子博士的蒲道源,则不妨黼黻皇猷,歌咏盛世:"粤自国家统一宇内,治化休明,士俗醇美,一时鸿生硕儒,为文皆雄深浑厚,而无靡丽之习。承平滋久,流风未坠。皇庆延祐间,公入通朝籍,以性理之学施于台阁之文,而其文益以粹,譬如良金美玉,不俟锻炼雕琢,而光辉发越自有不可掩者矣。"②这实即诗人在感受宏大时代气息之际,壮阔的社会文化潮流自觉内化为个体情感,从而发为润色宏业的壮美诗篇。际逢盛世,这类唤歌太平之盛的作品并非矫情而发,"属当文明之代,一时鸿生硕望、文学侍从之臣,方相与镕金铸辞,著为训典、播为颂歌,以铺张太平雍熙之盛"③。从时代气象与个体情感两方面来判断,这些颂诗都具有其实,因而过去有些意见,认为元人颂世之作是粉饰太平、掩盖异族统治的残酷现实,未免立论苛严,且有将元末与盛元情况混为一谈的迹象。同理而求,则晦迹不耀的作者,其作品也终不可掩:"宇宙间清灵秀淑之气,未有积而不发。天不能閟藏而以畀于人,人不能閟藏而复出以为文。遭时遇主,咏歌帝载,黼黻王度,则如五纬,丽天下、烛万物,有目者孰不仰其余光?退而托于空言,以俟来哲,则如珠捐璧委,而辉山媚川,终不可掩。盖有得于天者,不必皆有合于人。显晦虽系乎时,天之所不能閟藏者,人亦不能閟藏之也,此理之所必至,夫何疑焉?④"通过这一释读,黄溍就以性情之正,将穷达显晦、台阁山林间的对立予以疏通。创作主体身份与机遇的差异,在根本乎情、发于其本的基础上,得到消解。他的性情论在政教色彩之余,又增添了个性情感的因素。

---

① 《蕙山愁吟后序》,第256页。
② 《顺斋文集序》,第257页。
③ 《师友集序》,第264页。
④ 《霁峰文集序》,第258页。

（三）不事雕琢，直写胸趣

由于对主体情感的重视，在艺术表现方面往往会呈现出师心自用的特点，主张摆脱各种诗格套路的局限，采取自由活泼的自然表达手法，黄溍的性情论在具化为书写方式时就带有这一倾向，其突出要点在于本于人情，直接书写。这与宋人论诗讲句法、重摹拟、求脱化的形式化观点，恰好形成对照。

摹拟在学诗过程中其实无法根本避免，因为只要是创作就必然要接受前人的影响，文化积淀是无法绕过的前在，只不过有接受的自觉与不自觉区分而已。关键在于文字技巧的背后，是否有主体的真性情在，否则取貌遗神，就未免堕入文字障中而湮灭个性风格了。黄溍以为："为诗者必发乎情，人同此心，心同此理，则其情亦无以大相远。言诗而本于人情，故闻之者莫不有所契焉。至于格力之高下、语意之工拙，特以其受材之不齐，非可强而致也。后世乃以诗为颛门之学，慕雅淡则宗韦柳，矜富丽则法温李，掇拾摹拟以求其形似，不为不近，而去人情已远矣。"得形似而失性情，对于诗歌而言其弊端与为文造情颇有类似，诗歌只是徒具空洞的语言外壳。而陈镒的《午溪集》就绝去此弊，其诗歌"一出于自然，未尝以凌高厉空、惊世骇俗为务，指事托物而意趣深远，固能使人览之而不厌者，由其发乎情而不架虚强作也"①。可见黄溍对性情自然抒发的重视远远胜过文字技巧，在形式选择上，未必需要钩章棘句、掐擢胃肾，能做到"出新意而不伤于巧，未始规规然求古人之形似而不失其高"②，就可以在自然坦夷中直抒性情。

正因为觉得诗作"无非寓其胸中之真趣"③，黄溍特别重视情感的自然抒发。袁易的杂诗成就很高，原因即在于"先生落拓不羁，放情物表，肆笔成章，皆直写其胸中之奇"④。在为廼贤的诗集所作题词中，黄溍将创作手法中的模拟与自然进行了比较："今之言诗者，大抵祖玉溪而宗杨、刘。殊不思杨、刘诸公皆侍从近臣，凡所以铺张太平之盛者，直写其所见云尔。江湖之士寘身风月寂寥之乡，而欲于暗中摸索以追逐之，用心亦良苦矣。"这就是山林之士而刻意效仿台阁文风现象。台阁诸公辞藻雍容，是出于切近的生活体验，属于自然成文；而山林之士缺乏馆阁经历，体会既不真切，文辞自难可观。而廼贤"雅志高洁，不屑为科举利禄之文。平生之学，悉资以为诗。久留京师，出入于英俊之

① 《午溪集序》，第 276 页。

② 《彭克绍诗序》，第 262 页。

③ 《得静斋集序》，第 279 页。

④ 《跋袁静春杂诗》，第 218 页。

林，而习闻于朝廷之典礼、台阁之仪章，至于众大之区，纷华侈靡、宏丽可喜之观，亦有以开廓其心目。故其形于咏歌，言必发乎情，辞必称乎事，不规规焉务为刻雕藻饰以追逐乎前人，而自不能不与之合也。[1]”迺贤作品之出众，是因为其作品中描写的正是日常所体验的物事，故不必寻章摘句而能得自然浑成之致。生活体验作为创作的源头活水，是决定作品是否具有坚实的事理内容的关键，也从本源上杜绝了凿空造语的必要：“凡形于言者，无非身之所履。境与神会，而托于咏歌，以发其胸中之趣。是故不待巧为刻饰，而文采自然可观。彼屑屑焉掇拾于零编碎简之中，而张为虚辞者，未易以语此也。[2]”

据此可以看出，黄溍论诗主性情，虽然重视性情的社会伦理色彩，主张发乎情而止乎礼义，与儒家温柔敦厚的诗教观点几无二致；但是在主体情感方面，黄溍主张性情之正，强调真情实感；在艺术手法上，则主张出于自然，直写胸趣。这样他的性情论就带有混融特征，重个性、重自然在很大程度上冲淡了诗教的保守性，从而在艺术性方面对传统诗教说进行了补足。在元代宗唐复古的诗学思潮中，黄溍通过标揭性情，实现了对诗歌社会性、主体性与艺术性三方面的关注，在纷繁的诗学命题中突出了本于人情这一根本要求，从理论的凝定与趋一角度来说，这应该也是一种贡献。

二、六经根本，二史波澜

黄溍在文章领域的见解带有深刻的吕学印记，他发扬并践行了吕祖谦倡导的性理文章合辙的主张，其文章观念秉承了原道尊经的传统。不过在道与文这两端中，他态度执中，并不因道废文，这就与道学家的文章观体现出了不同。作为文章大家，他对文章的艺术性是有高度追求的。理学家所认为的文章会由道中自然流出的论调，其实在写作实践中并不具有多少可操作性，枯燥的性理讲义与渊雅的高文短章，在艺术上的距离不言可喻。如何在根本纯粹的基础上实现文章艺术的升华，黄溍的策略在于引史入文，使文章在性理的精髓之上又具有史笔的生动，从而使理髓与文澜两相凑泊。宋濂在论定其师的成就时，曾指出：“先生之所学，雔其本根，则师群经；扬其波澜，则友迁、固。沉浸之久，超然有会于心。尝自诵曰：‘文辞各载夫学术者也，吾敢为苟同乎？无悖先圣人，斯可矣。’故其形诸撰述，委蛇曲折，必畅所欲言。”可见经史互补在黄溍的文章观念中所具有的

① 《金台集题词》，第218页。
② 《致用斋诗集序》，第258页。

方法论意义。宋濂至许之为“先生之独得者”①，则其理论新创价值更应引起注意。

（一）文成于学

吴子良曾将陈耆卿作为合性理与文章为一的典范，赞其“探周程之旨趣，贯欧曾之脉络”，而取得这样成就的根本方法，据他所述，“为文大要有三：主之以理，张之以气，束之以法”②。这大抵就是在文气说的基础上，重视以性理为根本，并强调法度，避免逞才使气而造成文章汗漫无归。黄溍论述文章时拈出气、志、学与文的关联，就有吕学文章观念影响的痕迹在。

黄溍评述其至交张枢的文章时，以为“大抵其文主于气，气命于志，志立于学。故言无所苟，出处之际无不克践其言”③。在论定吴师道的成就时同样以此论之，“谨考论其师友源流之懿，使览者知正传之文，非徒以才驱而气驾。其夙知而暮成，由其有志以基之，而又能成之以学也”。两者合观，可知黄溍文章论中文气说并非处于核心位置，而志与学则具有根本性意义。从他所论述的层次来看，气属于直接对文章样貌具有影响的环节，要接受志的制约，而志则形成于个人之学。

如果简单梳理文气说的脉络，孟子的养气说虽然针对的是“知言”，但主要是指向于道德修养；曹丕的文气说则有体性论的色彩；韩愈气盛言宜的主张是道德修养与文辞艺术合一的表现；苏辙的养气说更强调生活阅历对于文学创作的意义。比较之下，在黄溍的话语体系中，文气的地位有所下移，它似有指向于具体而微的文章气脉的意味，而缺乏形而上的理论内涵。这一内涵由志与学加以体现：“正传既以道自任，晚益邃于文。剖析之精，援据之博，论议之公，视古人可无愧。其所推明者无非紫阳朱子之学，其好己之道胜则昌黎韩子之志也。④”正由于以朱学为根本，以韩文为表现范式，吴师道才能够得以文章名世，如果仅凭挥洒个人才气作才性之文，则根本素养已然欠缺，文章成就更不免等而下之。

黄溍在讨论文章时，实际上将韩愈的文气论进行了转换。他所声言的气，仅相当于“言宜”即文字表达这一面，而“盛”的追求即对道德性理的寻绎，黄溍采用的是“志”与“学”这样的话语系统。在《吴正传文集序》中黄溍正面提出了单纯主气的局限：“溍窃闻昔人之论文，率谓文主于气，气命于志，志立于学者也。盖三代而下，骚人墨客以才驱

① 宋濂：《金华先生黄文献公集序》，元刻二十三卷《黄文献公集》卷首。

② 吴子良：《筼窗集跋》，《筼窗集》卷末，四库本。此语亦见《荆溪林下偶谈》卷二《为文大概有三》条。

③ 《张子长墓表》，第727页。

④ 《吴正传文集序》，第260页。

气、驾而为文。骄气盈,则其言必肆而失于诞;吝气歉,则其言必苟而流于谄。譬如一元之运,百物生焉。观其荣耀销落,而气之屈伸可知也。惟夫学足以辅其志,志足以御其气者,气和而声和,故其形于言也,粹然一出于正。兹其所以信于今而贻于后欤?”骄与吝出于《论语·泰伯》:“子曰:如有周公之才之美,使骄且吝,其余不足观也已。”意在极言骄与吝之不可,即使才德如同周公,而有骄吝之气,尚不足观,其余赶不上周公的就更不用说了。骄气盈与吝气歉是程颐对《论语》此句的释读,盈与歉恰好对应于有余和不足两端。人觉其有余故有骄矜之色,人觉其不足故有鄙吝之态。可是过与不及这两者都未能实现中道,人若有志于道,则这两种弊端就都可以免除了。程颐通过这种解释将才美直接延伸到对道的推求。而黄溍则将此应用于谈论文章,文章中显现出来的气之过与不足两种弊病,需要通过志与学加以弥补。

那么志与学的真正内涵在于什么呢?黄溍指出:“予窃闻先儒有言:志伊尹之志,学颜子之学,过则圣,及则贤,不及则亦不失于令名。释之者谓以发策决科、荣身肥家、希世取宠为志,则其志非伊尹之志也。以广闻见、工文词、矜智能、慕空寂为学,则其学非颜子之学也。[①]”志显然具有致君尧舜的意味,而非关一己荣辱;学则绝去浮文而注重内圣、强调为己,一致之处则是以圣贤相期、乐于仁义之道。更具体地说,这两者都以儒家性理为其根本。在《学圃诗序》中,黄溍以圃喻学,认为“养其内,性理之学也”;而圃则可以提供游息之所,“养其外,物理之学也”,这两者“不可偏废”。其言圃,有暗喻性理践行场域的意味,而学主于内,和上文所论意涵相通。

以气、志与学来论文,并非始于黄溍。南宋的魏了翁提出:“今之文,古所谓辞也。古者即辞以知心,故即其或惭或枝、或游或屈,而知其疑叛、知其诬善与失守也。即其或诐或淫、或邪或遁,而知其蔽陷、知其离且穷也。盖辞根于气,气命于志,志立于学。气之薄厚,志之小大,学之粹驳,则辞之险易正邪从之。如声音之通政,如蓍蔡之受命,积中而形外,断断乎不可掩。[②]”

---

① 《志学斋记》,第385页。

② 魏了翁:《攻媿楼宣献公文集序》,《鹤山集》卷五十六,四库本。卷四十九《浦城梦笔山房记》同样提出:“夫才命于气,气禀于志,志立于学者也。”其差异惟在于讨论的基点由“文”而转为“才”。不过文章的写作,本来就需要以才力为前提,因而两者实际上并无根本区别。正像王袆所论的:“文本于才,才命于气,气帅于志,志立于学。学以基之,志以成之,文不期工而自工矣。苟徒驱之以才,驾之以气,则才有时而尽,气有时而衰,文能久而不踬乎?”恰好将魏了翁两处表述融为一道,并对徒恃才、气提出批评,而将文章具有久传生命力的缘由归结于志与学,这与黄溍观点同出一辙。王袆此说见《王忠文集》卷十九《卮辞》,其序云:“至正戊戌(1358年)之岁,自秋徂冬,予挈家避兵县南。往来凤林、杏溪之间,朋友离散,又绝无书可观。心邑郁不自聊,间因追忆畴昔所闻见者,志之于简。”追溯其理论源流,王袆此论似当得于黄溍指授。

这应该就是黄溍此说的源头。不过魏了翁只是将文辞作为气、志与学的外化形式，并未对之进行细致层级化地论说，同时在他看来气、志与学统一于心，而文章气象正是内心修为的表现。这样一来，其理论就略显纷杂。黄溍的主张则更为清晰，他突出了性理之学对于文辞的决定性意义。

这一命题应是黄溍师门授受之际的常谈，王袆曾结合个人体会，对此有详尽阐述："夫文者，才与气为之也。三代而下，词章之士鲜不以才驱气驾而为文，非才与气不足以为文，然徒恃乎才驱气驾，则岁慆月迈，气有时而衰，才有时而尽，而文亦有时而踬矣。盖才命于气，气禀于志，志立于学者也。孔子曰：'吾十有五而志于学'，'我学不厌'，所谓志立于学也。孟子曰：'我善养吾浩然之气'，'志一则动气'，所谓气禀于志也。苟非有志以基之，有学以成之，气有不衰、才有不尽、而文有不踬然者，未之有也。抑圣贤之基乎志以成乎学者，非徒欲见于文而已也。文者，圣贤不得已而托之以垂世者也。六艺之述，七篇之作，出于历聘不遇之后。而荀卿、扬雄，亦皆老而著书。当其历聘而未老也，固蕲有以见诸用也。及卒于不用，而后托之于文。则文者，岂非圣贤不得已而为之者乎？后之人，志未立，学未成，大之不图用天下国家，而小之不思为天下国家之用，汲汲焉，鳃鳃焉，徒因其天资之美、口耳之知，惟词章之为务，雕刻藻缋以盗名而哗世，卒亦归于泯灭而无传，其于圣贤之道，不已末乎？斯言也，予之所夙闻者也。①"由于两者在理论上的同源性，在此可以合而论之。在概念的层级上，才与气影响了文章的表现形式，是直接与文字发生关系的要素，带有个人才情体性色彩，此点与曹丕文气说接近。志与学是决定文章质量高下的根本要素，如果缺乏志与学的积淀，则文章大本不立，终乏大用。志与学的涵养，体现于孔孟之学的修为，道德充沛于中，文章则晔然表现于外。这承续了孟子的养气说。在艺术修养上，此论并未提出具体的技巧性主张，只是强调以性理之学充实内在，从而使文章内容充实，发扬圣道，以传后世。这接近韩愈的气盛言宜主张，但针对文章写作而言未能提供便于操作的为文指南。在文章功用上，此论显然以为用世济时才是志与学的终极追求，而为文垂世只是在吾道不行的情况之下曲折行道途径，因此文章与圣道相比，只能居于从属地位。志更带有外王色彩，而学则是内省工夫。由于文章是外王之道遭受挫折以后的传道选择，故而学对于文章而言意义更为重大。简约地说，文成于学。于此可见，在对文章的内容限定中，黄溍的文章论留下了深

① 王袆：《送郑君序》，《王忠文集》卷五。

刻的理学观念影响印迹。

(二)师群经，友迁、固

强调文成于学，反映了黄溍文章观念中重视性理的一面，但这只是理论上的蕲向，并未能为如何提高文章技巧提供方便法门。黄溍所倡行的细化的文章经验，是通过宗本群经、取法二史来实现的。宋濂自述学文经历，言及自己对古今文章大家，多所究心，“及游黄文献公门，公晦之曰：‘学文以六经为根本，迁、固二史为波澜。二史姑迟迟，盍先从事于经乎？’[①]”黄溍的训诲包含了几层含义：文章根本在于宗经，经学深湛则文章淳雅；但仅重性理容易导致文章典实有余而质木板滞，故而需要学习史家笔法来增强文章艺术性，使之活跃而富有灵动之气。而这两端当中，宗经则为根本准则。在《叶夷仲文集序》中，宋濂更重引此说，以识师法：“昔者先师黄文献公尝有言曰：‘作文之法，以群经为本根，迁、固二史为波澜。本根不蕃，则无以造道之原；波澜不广，则无以尽事之变。舍此二者而为文，则槁木死灰而已。’”两论对照，师群经决定了文章的内容；而法二史则影响了文章表达。造性理本源，尽文事之变，这与合程、朱、欧、苏于一的主张契合，反映出黄溍文章观念的一致性。后人称赏“此言约而能要，宋文宪公屡称之以励学者”[②]，并奉之以为圭臬，足见此说影响并不仅限于师门。

这一观点的具体意涵，黄溍并未形诸文字，而其门生宋濂、王祎却多称道不置，因而有必要考察宋、王在这一问题上的看法。首先需要明晰他们所指称的“文”的具体内容。对于“文”的理解，刘勰在《文心雕龙・原道》中早已提出天文、地文与人文之说，有代表性意义，同时此文中已有将文与道联系起来的倾向。宋濂的见解大力突出了道对于文的规定作用，在为王祎所作的《华川书舍记》中，他强调“立言不能正民极、经国制、树彝伦、建大义者，皆不足谓之文也”。这样的标准自然只有圣人之文方能符合。在他的梳理下，诸子百家之文皆不免“学未闻道”，而“自是以来，若汉之贾谊、董仲舒、司马迁、扬雄、刘向、班固，隋之王通，唐之韩愈、柳宗元，宋之欧阳修、曾巩、苏轼之流，虽以不世出之才，善驰骋于诸子之间，然亦恨其不能皆纯，揆之群圣人之文，不无所愧也”。他所罗列的几乎尽是后人所推重的文章大家，遴选结果却是无一合辙，悬的之高令人惊异。合于这一标准的，不过寥寥数人：“上下一千余年，惟孟子能辟邪说、正人心，而文始明；孟

① 宋濂：《白云稿序》，《宋学士文集》卷八，四部丛刊本。
② 姜宸英：《董文友文集序》，《湛园集》卷一，四库本。

子之后，又惟舂陵之周子、河南之程子、新安之朱子完经翼传，而文益明尔。”除孟子之外，其他皆为理学家，显然是以为理学家所推明的道，延续了圣人之传。他们的文章方为极则，是学习的典范：“士无志于古则已，有志于古，舍群圣人之文，何以法焉？斯言也，侍讲先生尝言之。”圣人之文自然就是儒家经典，因而宋濂转述的黄溍的论点，其实质仍在于宗经。

根据上述论点来判断，黄溍的文章观念基本不出理学家文论范围，作为常规话语，似乎早已失去重述的必要。不过这其中尚有未发之处，而正是这被遮蔽的存在，构成了黄溍文章论的独特性。黄溍所说的师群经、法二史不仅仅是对文章轨范的限定，更体现了文类观念。黄溍将文章分为两大类：纪事之文与载道之文。师群经一说所针对的，是载道之文；而法二史则是对纪事之文的要求。因而这一观念其实在重视性理、引史入文的同时，也具有提领实际写法方面的效用。

这一分类论文的见解在王祎《文训》中有充分表述。王祎自陈“华川王生学文于豫章黄太史公，三年而不得其要”，于是“太史公一日进生而训之”，因而《文训》中的观念皆直接秉承黄溍而来。文章提出：“文有大体，文有要理。执其理则可以折衷乎群言，据其体则可以刬裁乎众制。然必用之以才，主之以气。才以为之先驱，气以为之内卫，推而致之，一本于道，无杂而无蔽。惟能有是，则统宗会元，出神入天，惟其意之所欲言而言之，靡不如其意，斯其为文之至乎？”这与上文所言的文成于学构成呼应，是重道的表现。接下来文章对诗词四六、科举之文、金石之文、王言之作等逐一论列，而皆意犹未足，于是引出文类概念：“抑吾闻之，文有二：有纪事之文，有载道之文。”纪事之文当推史为极则，“文之难者，莫难于史”，“文而为史，诚极天下之任矣”。可见黄溍对文章的这一区划，是着眼于文章的最高境界，而并非对文体的逐体细分，由于史体代表了文章的最难之体，因而可以举以概全。史体当以迁、固为法，是因为“盖自纪表志传之制，马迁创始，班固继作。纲领昭昭，条理凿凿。三代而下，史才如二子者，可谓特起拔出，隽伟超卓。后之为者，世仍代袭，率莫外乎其榘矱。论者以谓：迁、固之书，其与善也隐而彰，其惩恶也直而宽，其尊华也简而明，其防僭也微而严。是皆合乎圣人之旨意，而非庸史之敢干。及乎范晔、陈寿之流，则遂肆意妄纂，曲笔滥笺。暧昧其本旨，而义驳以偏。破碎其大体，而辞谫以纤。况乎晔、寿之不若者，则又卑陋而无足观矣”。在体例、笔法、义旨方面，二史皆远迈群伦，足为效法对象。

不过文章并不以史体为极致，“史者，纪事之文，于道则未也”。文章的最高境界即为群经,“经者,载道之文,文之至者也”。群经各有轨范,“圣人之文,厥有六经。《易》以显阴阳,《诗》以道性情,《书》以纪政事之实,《春秋》以示赏罚之明,《礼》以谨节文之上下,《乐》以著气运之亏盈。凡圣贤传心之要,帝王经世之具,所以建天衷、奠民极,立天下之大本、成天下之大法者,皆于是乎有征。斯盖群圣之渊源,九流之权衡,百王之宪度,万世之准绳”。载道之文,就可以汲取群经的优长:“本之《诗》以求其恒,本之《易》以求其变,本之《书》以求其质,本之《春秋》以求其断,本之《乐》以求其通,本之《礼》以求其辨。夫如是,则六经之文为吾之文,而吾之文一本于道矣。”达到这一标准,文之能事也就穷尽而无余蕴了。

文章当据依经典,《文心雕龙·宗经》早开端绪,刘勰甚至将各类文体的渊源与六经联系起来:“论说辞序,则《易》统其首;诏策章奏,则《书》发其源;赋颂歌赞,则《诗》立其本;铭诔箴祝,则《礼》总其端;纪传铭檄,则《春秋》为根”。如果能够宗经,文章就会具有“六义”即六种风格特点,从而能够避免楚汉以来偏重形式的文章流弊。韩愈《进学解》也有“上规姚姒,浑浑无涯。周诰殷盘,佶屈聱牙。《春秋》谨严,《左氏》浮夸。《易》奇而法,《诗》正而葩”的论述,涉及除《礼》、《乐》之外的儒家经典的风格特点。柳宗元《答韦中立论师道书》则提出文章当“本之《书》以求其质,本之《诗》以求其恒,本之《礼》以求其宜,本之《春秋》以求其断,本之《易》以求其动”。各家所论略有差别,《文训》中的表述更接近于柳宗元的见解。六经就文体风格而言,限于时代、体裁与语体的别择,具有自家面目自属当然。《文训》抛开了对具体文体的规范要求,应该是看出刘勰所论的简单对应关系有所不足。力主会合六经之长,则使载道之文得以文备众体,无施不可。

因而黄溍所说的师群经,可以有本体与形下两种释读。一方面儒家经典所蕴含义理是文章的根本,文章当以理为主;另一方面,群经具有不同的风格特点,文章写作可以根据细分文体的不同,有选择地汲取所需,如能融合众长就具出神入天之化。法二史的提法,则因史书文字纵恣、动荡多姿,可以有效弥补文辞枯寂的不足。这两者的关系,仍是以经为本,以史补足。师群经,则文章得其正;法二史,则文章得其变。两者结合,庶几乎文质彬蔚,尽善尽美。

这一观点中更值得注意的是文体的划分意识。黄溍将文章分为载道之文与纪事之文,从文体分类的角度而言,对繁夥的文体仅作大类区别,与条分缕析的细分法不同,是为文类归并。此前的《文心雕龙》与《文选》都以细分为能事,结合各体文章实际,详分类目。至真德秀《文章正宗》,则将文体分为辞命、议论、叙事与诗赋四类,已有化繁为简、提纲挈领之意。诗赋类属于诗歌，而黄溍言载道、纪事只是就文章而言，本于性情的诗歌属于单独论述的对象。辞命为王言之体，是根据应用的场所来进行区分的，属于功用性分类。惟议论与叙事是根据文体性质而进行的类分。叙事有一代之始终与一事之始终，皆属史笔，与纪事之文差近；议论则或发明义理，或劈析治道，或褒贬人物，一以圣贤为准的，当然也要以载道为根本。黄溍与真德秀的观念实有相近之处，而他的归并文类避免了真德秀四分法的标准不一，在理论上更能自洽。另外，这种分类还带有提示文章最高标准的涵义，经与史被视为两类文体的范式，其他文体虽能被载道与纪事之文涵盖，但在文体等级上是处于不同地位的。

黄溍这一文章观念的提出，与自己的学术素养有关，他对史学的重视成为引史入文的自然契机，其文章考据切当而又体裁简严，正是这一主张的具体实践。王袆与宋濂兼通文史，就有师门授受的深层渊源在，在黄溍一系的婺学士人中，依经据史正是他们融合性理与文章努力的操作样态。即使在后世，这一见解仍不乏回响。黄宗羲愤慨于明末文章弊病，却惊异地发现“何意数年来，甬上诸子皆好古读书，以经术为渊源，以迁固、欧曾为波澜”①，黄溍所提倡的观念成为他衡量文章的轨范。清人颂美桐城张英的文章成就，也认为原因在于“由公以六经为本根、史汉为波澜、诸子百家为奴隶，以修之身者而修辞、和之心者而和声、成之德者而成文”②。真正实现这一标准自应难度不小，也许不妨说，这正代表了古人文章创作的理想境界。

① 黄宗羲：《寿李杲堂五十序》，《南雷文定》卷一，清康熙刊本。
② 张英《笃素堂文集》卷首赵士麟《序》，清康熙刻本，见《清代诗文集汇编》第150册。

第十章 以文辞鸣当世：黄溍的文学成就

继南宋之后，元至明初的婺州文化学术高度繁荣，人才彬蔚，成为其时重要的地域文化中心："吾婺以学术称者，在至元中则金公吉甫（金履祥）、胡公汲仲（胡长孺）为之倡；汲仲之后则许公益之（许谦）、柳公道传（柳贯）、黄公晋卿（黄溍）、吴公正传（吴师道）、胡公古愚（胡助）卓立并起；而张公子长（张枢）、陈公君采（陈樵）、王公叔善（王余庆）又皆彬彬和附于下。当南北混一，方地数万里，人物不可以亿计，而言文献之绪者，以婺为首称，则是数君子实表砺焉。逮至正以后，黄公犹秉笔居中朝"①。在这样一个地域色彩鲜明的士人群体中，黄溍无疑是活动时间较长而声名尤著的一位。即使是对元代诗文基本持否定态度的王世贞，也不得不指出"元文人自数子外，则有姚承旨枢、许祭酒衡、吴学士澄、黄侍讲溍、柳国史贯、吴山长莱、危学士素"②。于此可见黄溍之于有元一代文化史之重要性所在。黄溍"以文辞鸣当世"③，对其诗文创作成就的绎求，就成为了解黄溍不可或缺的要素。

一、黄溍创作的发展阶段

一般而言，对士人文学创作活动影响最大的莫过于科举与仕宦。为了早获进身之阶，就不免要对时文揣摩熟习，而古文与诗歌习作，因为会对科举时文产生干扰，而且非干利禄之器，故并非举子所热衷。即使是北宋诗文革新的领袖人物欧阳修，也不免"少急养亲，遂学干禄，勉作举业，以应所司。自忝窃于科名，不忍忘其素习，时有妄作，皆应用文字"④，一般士人就更可想而知了。如果能够早获科名，还能够于诗文措置心力，否

① 胡翰：《王忠文前集原序》，《王忠文集》卷首。关于婺州作为区域文化中心地位的形成以及婺州士人在地方文化史上的贡献，请参见包弼德：《地方史的兴起：宋元婺州的历史、地理和文化》，《历史地理》第二十一辑，上海人民出版社2006年版。另参见包弼德：《地方传统的重建——以明代的金华府为例（1480—1758）》，收入《江南的城市工业与地方文化（960—1850）》，清华大学出版社2004年版。

② 王世贞：《弇州四部稿》卷一百四十七《艺苑卮言》四，明万历刻本。

③ 宋濂：《郑彦贞甫墓志铭》，《文宪集》卷二十，四库本。

④ 欧阳修：《免进五代史状》，《欧阳文忠公集》奏议集卷十七，四部丛刊本。

则终其身难脱时文格套。在这种情况下，士人早年的创作多深受科场时文影响，成熟之作甚至出现在释褐之后。不过在黄溍生活的时代，情况有所不同，其原因很简单，即由于宋元易代而导致的科举停废。

这一情形经由具有切身体会的士人道出，往往更能揭出个中阃奥："向时国家以科举取士，士亦唯务业科举，罕有能用力于诗者。夫岂其不欲哉？志有所欲专，而力有所不逮，故致然耳。自江南被兵，科举废，士虽欲出而为诗，流离颠顿，困阨已甚，又何暇及此？二三年来，士稍稍得复田亩，理其故业。故亦稍稍出而为诗，此可为诗道幸也。"①在江南战乱之后渐趋平复的过程中，士人们终于可以有较安定的环境得以从事于笔砚，此前举业所习的诗赋与策论等时文不再有用武之地，而发抒性灵、载道纪事的诗文成为士人寄意的载体，甚至出现"科举废，士无一人不为诗"②的盛况。不过科举旧习并非轻易即可涤除，"宋讫科举废，士多学诗，而前五十年所传士大夫诗，多未脱时文故习"③。而黄溍与这些中道弃习举业的士子生活道路不同，在科举重开杳然难期的情况下，他创作诗文就带有更多的纯粹文学性因素。

黄溍早年夙有"渔樵共昏旦"、"庶保幽人贞"④的田圃之思，他与方凤、吴思齐、仇远等南宋遗民游从交好，更促进了他的退隐观念，因而其创作以中第入仕为期，可以较明显地分为前后两个阶段。这在考察其诗文创作方面也有一个很直接的便利条件，为黄溍编订文集的危素指出："日损斋初稿，金华黄晋卿先生少时作，举进士后则有续稿。⑤"所谓的初稿，就是现今常见的四十三卷本《金华黄先生文集》的前三卷。当然危素所说的初稿为及第之前所作，并非完全准确，如《陆君实传后叙》虽然作于至大二年（1309），但文章小注明显是至正年间所补；而《次韵别程晋辅教授》一诗，根据黄溍《奉训大夫婺源州知州致仕程公墓志铭》，程郇（1269—1346）曾为平江和静书院山长，"秩满，上名中书，适值铨曹行限年法，再调绍兴之和静书院山长"。限年法是针对教官升转而制定的限制其任职年岁的法案，对教官迁转有严苛的规定，"吏部教官格：年逾五十始得入州教授"⑥。而墓志铭记载此后程郇"用累考合格，授将仕郎、台州路儒学教授"，这显然应该

① 李祁：《王子嘉诗序》，《云阳集》卷四，四库本。
② 刘辰翁：《程楚翁诗序》，《须溪集》卷六，四库本。
③ 欧阳玄：《李宏谟诗序》，《圭斋文集》卷八，四部丛刊本。
④ 《晓行湖上》、《述怀》，第4页、第5页。
⑤ 《金华黄先生文集》卷三末危素跋，四部丛刊本。
⑥ 袁桷：《江陵儒学教授岑君墓志铭》，《清容居士集》卷二。

是他年满五十(1318)以后的事情。《赤城后集》所收程郇《台州路学置大成乐并修学记》即为其任台州教授时所作，署年为延祐六年(1319)，这时黄溍已经在台州宁海丞任上，因而有与程郇相识的机会。此诗绎其文义，当为黄溍在至治元年(1321)迁任石堰盐场监运官时留别程郇之作，显然不是及第之前的作品。不过这些偶或羼入的作品应该属于例外，危素的断语还是可以相信，初稿绝大部分诗文属于少时之作。

后四十卷作品自然属于仕宦之后所作，考虑到黄溍有十五年的州县经历，此后虽日渐通显，但也有弃职而归的经历，这期间的创作活动本来也可以细致区分。但是一方面黄溍作品的系年是项艰巨的任务，目前所能依傍的材料还不足以支撑对其所有作品进行逐年编排；另一方面，这些入仕之后的作品在情感基调方面并无太大波动，艺术手法方面也多基本如一，因而不妨将时间跨度放大一些，归并起来一起讨论。

这前三卷作品中，第一、二卷为诗，第三卷为文，显然诗歌是黄溍早年用力更多的文学体裁。现在对这些诗歌各体的数量进行统计，并考察各体诗作在黄溍全集同体诗作中所占的比例：

体裁 数量	五古	七古	五律	五言长律	七律	五绝	七绝	总数
诗题数目	39	14	32	2	60	2	10	159
诗歌数目	53	14	58	2	64	2	33	226
所占比例	37.86%	37.84%	59.18%	28.57%	32.32%	13.33%	27.05%	36.57%

可以看到，黄溍及第之前所作诗歌占到其诗歌总量的三分之一强。结合黄溍"始予弱冠时学为诗"①的自述，考虑到初稿也不大可能收入其诗艺尚未成熟的学步之作，而他及第授官已经三十九岁，则这一创作阶段已近二十年，而后一阶段则有四十年，所占比例与诗作比例恰好相当。这表明黄溍诗歌写作的速率在前后期是比较一致的。

值得关注的是，早期所作五言律体明显较多，这与元人对五律不太重视正好形成对照："元人力矫宋弊，故五言律多草草，无复深造。"②元人五律较粗疏，与他们试图矫正宋末诗弊有关。五律为晚宋时期最流行的诗体，四灵、江湖多以此自囿，刻意苦吟，求工五

① 《书王申伯诗卷后》，第201页。
② 胡应麟：《诗薮》外编六"元"，明刻本。

字。专攻五律背后所隐含的是生活圈子的狭窄与诗情的枯寂,因而诗作往往陷于纤弱。元人有鉴于此,遂大力开拓其他诗体,而对五律有所忽略,于是导致“五言罕睹鸿篇”①的结果。黄溍早期多作五律,一方面在于这是便于锤炼诗艺的诗体,早年砥砺诗思而习用此体固属当然;另外的原因则在于,这些五律很多是与方凤、吴思齐、仇远等南宋遗民以及得方风诗学家传的方樗、方梓的更迭唱和之作,而这些人多得法晚唐而承宋末诗风,黄溍有受其影响的一面。

在表现题材方面,早期作品受到黄溍身份与活动范围的限制,显得较为有限。这在诗题中也能反映出来,陪诸老、送友人、寄友人、和友人、怀友、答友、忆友,占据了大量的篇幅;诗作中所涵咏的地域名胜,如西岘山、云黄山、钱山、逸山、苕溪、太湖、凤凰山、八咏楼、明月楼、毗山、西湖等,多限于婺州、杭州、湖州、宣城、金陵等地,而不出江南范围。游杭州与黄溍的求学经历有关;游宣城及金陵,当出于任职宪吏;而与湖州的关联,更带有家族方面的原因,因黄溍之父黄铸本出吴兴丁氏,后以一身而承黄氏、丁氏之祭主,并叮嘱子孙“其谨识之”,故而黄溍有屡游湖州的经历。②不过总的来看,其诗作展现生活层面尚不够宽广,诗风古澹有余而深郁不足,这与早年个人阅历的局限有关。诗人得江山之助,而增益诗思、涵养气概,这在刘勰与苏辙的笔下都曾得到强调,实际上即表明创作与阅历的密切联系。黄溍曾向好友吴师道盛言峄山之胜③,又极言游历对于周伯琦养气为文之助:“盖伯温之少也,涉江逾淮,泝大河而上,徘徊齐鲁燕赵之郊,以达于天子之都,博习乎朝廷之故事、台阁之旧仪,而周览乎古昔君臣废兴之遗迹,有以资其见闻;蒙被乐育,而翱翔乎英俊之林,有以养其性情。逮其强而仕也,随牒远方,崎岖岭海万里之外,长风怒涛,鱼龙变化,岩奇穴怪,殊言异服,宏大卓绝瑰诡之观,又以开廓其心目。今方载笔属车之后,度居庸、陟龙门,息驾滦水之阳。入则与闻国家之命令,出则睹夫山溪之固、士马之雄,志愈充而气愈夷。④”而这一切,都只能在黄溍纵游南北的后期诗文中去找寻。

此外初稿中与释道的唱和尚不多见,题画之作也颇寥寥,这都与后期创作有较大反差。更突出的是,早期作品中有不少摹拟之作,或直言效古,或径题杂诗,或以首句名篇,都属于刻意效法古人,虽然不乏佳构,但与直出己意、随笔挥洒的后期作品比较起

① 胡应麟《诗薮》外编六“元”。

② 柳贯:《元故封从仕郎温州路乐清县尹黄公行状》,《柳待制文集》卷二十。

③ 吴师道:《望峄山赋》,《礼部集》卷一。

④ 《致用斋诗集序》,第257—258页。

来，未免略显矜持。

在文章方面，初稿面貌与续稿也有较大不同。初稿文章仅有一卷，据文集所分文类，涉及赋、骚、答问、杂著、赞、碑、序、题跋、书、祭文、传及行述等12体，共29题30篇。这与黄溍文章的总量793篇相比①，连百分之五的比例尚且不到。可以说黄溍文章大家的声名，几乎完全是靠及第之后的作品来实现的。不过初稿也有值得关注之处，虽然篇帙单薄，但涉及文体众多，这表明所选皆为有意之作，而且有遍历众体的意图在其中，这应属习文阶段的特点。而文体风格方面，与元代南方盛行的欧苏平易文风不同，初稿多有韩文雅健纵恣之风，像《离居赋》、《答客问》、《说水赠蒋春卿》、《贾论》等文都刻意效古，造语陆离，文气劲险，有韩文怪奇的一面。可以骚体的《讼魃》为例：

皇亶正直兮，冒下惟仁。肇毓嘉种兮，诞生烝人。胡汝魃之暴亢兮，盗威柄以自神？祸凶是司兮，俾阏厥伸。穷千里以逞毒兮，岂此土为匪民？岁丁未而孕孽兮，俶九尼之遘凶。乘阳窃出兮，霍霍隆隆。斥弃舆马兮，谓肥蟦其犹龙。绛帑彤鞁兮，疾走如风。扬氛埴于浍涂兮，瞻我野其童童。糇粮殚于草木兮，抟块砾之不可食。旌倪僵尸兮，强敚死力。首丘而弗遑兮，胡惄隶之可得？狐狸饱而跳踉兮，腐胔纵横。藜藿出户兮，室无哭声。野蓁蓁其谁辟兮，粦火煜其宵行。皇保下人兮，曷椓丧而极？斯乐人之死兮，职魃所为。耗贼太和兮，遏玄泽于既施。朋殃友厉兮，出入敖娭。仰九关而往愬兮，予踆踆其屡止。曰无往而勿复兮，其悔祸之汝竢。胡披猖而荐肆兮，将穷灾乎今兹？扇虐焰于荧荧兮，导伯强使先之。怒气焞其如饋兮，憯薄人之四肢。挺刃欻至兮，狼顾睽睽。曾遗民其几何兮，矧有秋以为期。咨汝魃兮，诚忮忍而险愎。凭妖矜孽兮，畔戾圣则。谓吾莫汝烛兮，何裸身顶目而辟易？有赫临汝兮，顾微臣其何力？命不可久戮兮，威不可久乘。孰怙终而稔毒兮，能自逭于天刑？皇斯震怒兮，叱咤雷霆。斧钺孔利兮，百神效灵。害戕屏绝兮，啓嘉生于百龄。磔弃妖胔兮，沈溺清泠。嗟魃弗悛兮，后虽悔其何惩？

这篇骚体赋命题即显示了怪奇色彩，表现的是对导致大旱的鬼怪的严厉谴责。篇首点明酷旱肆虐，赤地千里。接下来重笔形容旱魃之淫威，在其荼毒之下老幼僵仆，饿殍遍野。然后以叙事者口吻表达对旱魃的谴责，先期盼它能够“悔祸”，但旱情弥炽；继而寄

① 此处统计黄溍诗文总量及各文体总量，皆以《黄溍全集》所收为准而去其误收与重收之作。实际上在此书撰写过程中，仍不断有黄溍佚作发现，但全面理董尚需时日，故暂不涉及。而这些佚作的数量对统计结果而言，影响并不太大。

望于风神伯强，期待旱灾能在秋季之前有所缓解，但情状之严酷超出预期，等到秋季则百姓恐怕早就靡有孑遗；最后则严词斥责，申言上天终将施以惩罚，如果再不悛改则将悔之无及。此文主旨在于悲悯民生，对造成生灵涂炭惨状的大旱进行强烈谴责，或以为文章意在影射黑暗的现实社会，似有释读过度之嫌。赋作的背景就是文中点明的"岁丁未"（大德十一年，1307）发生的旱灾。《元史》卷二十二《武宗本纪》载是年七月"江浙、湖广、江西、河南、两淮属郡饥"，《续文献通考》卷二百二十二载台州"夏四月不雨，至秋八月，人相食"①，可见赋中所说皆为秉实而书。篇章风格上，与骚体的悱恻徘徊颇有差异，造语怪怪奇奇，行文恢诡动荡，奇词玮字络绎缤纷，特别是描写大旱导致的惨绝人寰一幕，让人有惊沙乱飞之感。这与元代南方流行的纡徐平缓的文风大异其趣，实为对韩文怪奇一面的发展。以寓言笔法抒写对灾异的愤慨，更与韩愈《驱鳄鱼文》笔致相通。不过此类文风在续稿中似无嗣响，当是黄溍在尝试学习之后，找到了更适于自己的风格，其文章在形成谨严简切特色的同时走向了成熟。应该说，初稿之文虽然不能算作黄溍文章的代表成就，但已经具备较高的文字功底。赵孟頫在卷三末尾所附跋语中所赞"其用意深切而立言雅健，杂之古书中未易辨也"，并非纯粹出于周旋的客套，他让黄溍代作《湖州路总管府题名记》，就是很好的说明。

通过对黄溍创作阶段的简单分疏，可以看到在诗歌方面，早期作品成就较为突出，风格方面也渐趋定型，后期则是在丰富的阅历淬炼之后，于境界一端继续深化，最终达到苍凉遒洁之境。而文章方面，则情况多有不同。早期虽然体裁兼备，但揣摩演练的痕迹未能全然泯去，文章矜练有余而风味稍乏。序记、题跋、碑传等体现黄溍文章成就的文体，都需要他在此后的创作生涯中去不断历练与探索。黄溍文章境界的成熟，是在后期的创作活动中实现的。

二、元诗文献中的黄溍诗

谈及元诗，虞、杨、范、揭四家众所艳称，"方元盛时，虞、杨、范、揭谓之四家，翩翩著

① 陈桥驿据多种地方志，整理出的此年江浙地区旱灾情况，还包括"绍兴夏五月一雨，晴即大旱，秋八月八日方雨，六种绝收，人民饿死者十八九；诸暨五月大旱，至八月方雨，六种绝收，饿者十八九，盗贼四起，父子相食；嵊县夏大旱，种稑俱绝；温州旱，祷雨；衢州旱弥数旬，祷雨；慈溪旱"，见氏著《浙江灾异简志》，浙江人民出版社1991年版，第201页。

作之林哉,亦众作之有滋味者也。于是更唱迭和,五音繁会,合者与元和、元丰相上下矣"①。此类看法将四家作为元诗极盛时期的代表,虽然反映了元诗发展的阶段特点,但也遮蔽了很多其他信息,实际上四家的影响在于元代中后期,而且将之看作是南方诗风的典型也许更为合适,北方之诗、元代前期以及四家之后的诗坛情况都未能反映。元代很多迥出侪辈之上的诗人在四家的舆论光环笼罩下,渐渐变得湮没无闻。因而对于元诗及元代诗人的再认识,就不仅仅需要抉发本就不多的古人评述材料的价值。具体到黄溍而言,由于他的诗作成就缺乏详尽的元诗坐标系,难以细化评价,因而考察其在元诗文献中的选录情况,就不失为一种有效的认识方式。

现对常见选集中收录的黄溍诗作按照诗体加以排比,共涉及十四种文献:《草堂雅集》,顾瑛(1310—1369)编选,是存诗最多的元人选元诗总集。此书版本众多,各本所录诗人与诗作在数量上颇有差异。现据陶湘涉园刻本统计,共录诗人 80 人,诗作 3 369 首。《元风雅》,前集 12 卷为傅习所编,录 114 人 595 首诗作;后集 12 卷为孙存吾所编,收入 149 人 461 首作品。此书后集卷三收录黄溍 18 首作品。《皇元风雅》,蒋易编选,录 152 位元代诗人计 1 381 首作品,卷十六选黄溍诗 30 首。《元音》,明初孙原理编选,十二卷,详于元末而略于元初,共入选 176 人。《乾坤清气集》,明初偶桓所编,共 14 卷,分体选入元人 302 家作品。《元诗体要》,明宋绪编选,按体裁分 38 类选录 1 500 余首元诗。《元艺圃集》,明李蓘(1531—1609)编选,共四卷,收录 118 人 625 首诗歌。黄溍诗见卷二。《石仓历代诗选》,明曹学佺(1574—1647)编,其中金元诗共五十卷。《诗渊》,明无名氏所编诗歌总集,分门收录历代诗歌逾五万首。《宋元诗会》,清陈焯(1631—1704)编选,康熙二十三年(1683)刊行,共收录元代诗人 284 家。《历代题画诗类》,康熙四十六年(1707)年敕撰,由陈邦彦等主其事,共 120 卷,以天文、地理等三十类,选录由唐至明末题画诗近 9 000 首。《御选宋金元明四朝诗》,由张豫章等受康熙敕命编纂,依照诗体编排,四十八年(1709)成书。其中元代部分共 81 卷,选录诗人 1 197 人。《元诗选》,清顾嗣立(1665—1722)编选,分初集、二集、三集,共录诗人三百余家,为最大的元诗总集。此书初集中之丁集收录黄溍诗一百六十二首,在数量上与杨载(182 首)、揭傒斯(153 首)相近。《元诗别裁集》,清宋景星等编选,有乾隆甲申(1764)刻本,收入元代 144 位诗人共 616 首作品。

① 谭献:《金元诗录叙》,《复堂文集》文一,清光绪刻本。

以上罗列，重要元诗文献已经基本涵盖，至于少数专门性甚强的则尚未统计。①这些选本虽然在篇幅大小、选取标准等方面多有不同，但综合观之，已能反映黄溍诗作的接受情况。可以说如果选及元诗，则黄溍的重要性虽不及元诗四家，但已属于必须论列的对象。至于被几家同时选录的诗作，如上京纪行、雪窦纪游、北山纪游等，则可谓获得高度关注而成为普遍接受的优秀之作。由于诸集的选录人数与诗歌总数缺乏完备的统计，因而黄溍诗歌所占比重尚难确知，在此可以先直观了解黄溍作品中各体诗歌的分布情况：

数量＼体裁	五古	七古	五律	五言长律	七律	五绝	七绝	骚体诗	总计
诗题数目	84	37	62	7	192	9	79	1	471
诗歌数目	140	37	98	7	198	15	122	1	618
各体比例	22.65%	5.99%	15.86%	1.13%	32.04%	2.42%	19.74%	0.16%	100%

可见比例最高的当属七律、五古与七绝，这些似乎是黄溍倾力较多的体裁。现在可以统计各选集当中收录的黄溍作品分占各体总量的比例：

选集＼体裁		五古	七古	五律	五言长律	七律	五绝	七绝	总计
草堂雅集	数量	55	10	8	2	22	—	19	116
	比例	39.29%	27.03%	8.16%	28.57%	11.11%	—	15.57%	18.77%
元风雅	数量	12	1	1	—	3	—	1	18
	比例	8.57%	2.70%	1.02%	—	1.52%	—	0.82%	2.91%
皇元风雅	数量	9	1	5	1	6	—	8	30
	比例	6.42%	2.70%	5.10%	14.29%	3.03%	—	6.56%	4.85%
元音	数量	5	—	—	—	3	—	3	11
	比例	3.57%	—	—	—	1.52%	—	2.46%	1.78%

① 如陈衍《元诗纪事》强调以事录诗，寻常无事的作品则不收入，故入选作品多重在本事，黄溍仅五古《上京道中杂诗十二首》、七绝《偶成》与零星散句被录入。

（续表）

选集 \ 体裁		五古	七古	五律	五言长律	七律	五绝	七绝	总计
乾坤清气集	数量	5	3	3	1	—	—	—	12
	比例	3.57%	8.11%	3.06%	14.29%	—	—	—	1.94%
元诗体要	数量	8	1	—	—	1	—	3	13
	比例	5.71%	2.70%	—	—	0.51%	—	2.46%	2.10%
元艺圃集	数量	1	—	1	—	5	—	3	10
	比例	0.71%	—	1.02%	—	2.53%	—	2.46%	1.62%
石仓历代诗选	数量	46	4	15	1	30	—	11	107
	比例	32.86%	10.81%	15.31%	14.29%	15.15%	—	9.02%	17.31%
诗渊	数量	42	15	34	2	37	1	20	151
	比例	30.00%	40.54%	34.69%	28.57%	18.69%	6.67%	16.39%	24.43%
宋元诗会	数量	35	4	13	1	28	—	5	86
	比例	25.00%	10.81%	13.27%	14.29%	14.14%	—	4.10%	13.92%
历代题画诗类	数量	2	4	—	—	4	2	20	32
	比例	1.43%	10.81%	—	—	2.02%	13.33%	16.39%	5.18%
四朝诗	数量	47	9	25	1	40	2	30	154
	比例	33.57%	24.32%	25.51%	14.29%	20.20%	13.33%	24.59%	24.92%
元诗选	数量	45	10	26	4	40	3	34	162
	比例	32.14%	27.03%	26.53%	57.14%	20.20%	20.00%	27.87%	26.21%
元诗别裁集	数量	8	1	5	—	7	—	—	21
	比例	5.71%	2.70%	5.10%	—	3.54%	—	—	3.40%

通过与各选集中平均入选率的比较，可知黄溍诗歌中最受关注的体裁是五古、七古与五律，这与黄溍本人作品中各体比重略有不同。元代诗歌风气整体宗唐崇古，不同时代的选本却仍然更多地将眼光投向于黄溍的古体，足见这应该是他成就较为突出的方面。在元人普遍投注心力不足的五律一体中，黄溍此体的成就使他成为诗坛特异的一员。

三、平实流丽、超绝町畦的诗歌创作

元初诗坛受宋金余习影响较深，北方诗坛“袭赵礼部、元裕之之遗风，宗尚眉山之体”①，颇有“苏学盛于北”的气象，但是多流于粗豪；南方诗风则受宋末诗弊之困，有浮弱之弊，“近时东南诗学，问其所宗，不曰晚唐必曰四灵，不曰四灵必曰江湖。盖不知诗法之弊，始于晚唐，中于四灵，又终江湖”②。职此之故，元人为诗力求刱变，以一去金宋季世之弊，在诗风上呈现出宗唐尚古的倾向。不过这也导致了元诗产生新的流弊，正像胡应麟所说的“体制音响，大都如一”③。元诗因而饱受后人诟病，实际上这是在学习前代文化积淀之际所难以避免的代价，“世之为诗者，学古人欲其似，出己意欲其新，两端而已。然似者多蹈袭，新者常崖异。唯其似而非似也，新而非新也，得之浑然，又未知古人、己意孰先孰后也，始可与言诗耳”④。倘能假以时日，元诗在沿袭的基础上走向新创，也未始不能大放光彩，只可惜元代世祚不永，没有给诗人们更多的时间去锤炼涵咏。而在这举世竞尚唐音、千手一律的氛围中，黄溍却能本于性情，脱略蹊径，在诗歌创作上表现出自家面目，钱基博许以“不苏不黄，超绝町畦”、“雄茂之气，修洁之词，不专事模拟，讲格律，而卓然以自名家”⑤，实属难能可贵。

黄溍的诗歌表现领域多样，从他广受关注的作品来看，写景纪游诗为其成就特出的一翼。宋濂在《金华黄先生行状》中称黄溍“遇佳山水，则觞咏其间，终日忘去，其冲旷简远之情，使人挹之鄙吝顿消”，正是由于襟抱冲融，发之于诗歌方能不落凡响。前章所引上京纪行、雪窦纪游诸什，在当时就已布在人口，为黄溍赢得了广泛的诗坛赞誉，题跋唱和者众。

此外的集中题咏，则为金华北山纪游诸诗，时间跨度近四十年，而倡酬不绝，不失为地域文化史上的盛事。⑥至大三年(1310)春，黄溍初游北山，作有《金华山赠同游者三十韵》：

杖藜初出城西门，万株红树如云屯。芙蓉峰前问行路，宛宛一线随潺湲。水声

① 《傅与砺诗文集·诗集》虞集序，四库本。

② 张之翰：《跋王吉甫直溪诗稿》，《西岩集》卷十八，四库本。

③ 胡应麟《诗薮》外编六。

④ 龚璛：《静春堂诗集序》，《静春堂诗集》卷首，知不足斋丛书本。

⑤ 钱基博：《中国文学史》第五编《近古文学》下，中华书局1996年版，第821、822页。

⑥ 关于北山题咏，可参吴师道《北山游卷跋》、宋濂《题北山纪游卷后》、宋褧《跋北山游记后》及胡翰《北山纪游总录跋》。诗卷所收为仅为部分诗作，黄溍游北山经历参前章考述。

渐远山渐近，弱萝纤葛手所扪。须臾横侧变峰岭，高岸忽复为平原。细泉浏浏竹竿直，石树骈立疑同根。剥金败碧逢废刹，犹以第一名其轩。天明独去吊遗迹，玉女委蜕空丘墦。楼居西起望明灭，石扉呀若山之樊。镈幽穴险径沮洳，膝行匍匐不得奔。剨观崖广架寥泬，双龙绕雷蟠蜿蜿。纷纶怪状满岩腹，熊虎踞伏鸾凰骞。其余琐细无不有，形求像索难具言。前趋林麓却下縋，俯瞩九地穷涯垠。青枝翠羽不复辨，但听风水声喧喧。高烧松炬度其背，珠箔忽堕华灯繁。牟身上出指绝顶，碧桐高下弥山园。遥穿蓬艾蹋云雨，险艰从此不易论。秋毫细路莫容足，下瞰不测傍无藩。怪藤如钩草如剑，举首仰叹愁攀援。山翁顾之笑引臂，前牵后接猴与猿。驰坑跨谷欹侧过，背汗喘息逾炰燔。阴沈古洞闷星日，虽有寒暑无朝昏。却行左转复深入，愈觉憀栗摇心魂。珠缨缥渺现满月，稽首大士天人尊。拂衣径逐飞鸟下，青山出没波涛翻。或云汉人隐身处，仿佛肩背余苔痕。蛇蟠磬折又数里，龛岩十丈开墉坦。夜归草堂殿突兀，坐看云月吐复吞。怡然携手尽文士，颇觉笔下来源源。名山石室如可托，幸子岁晏来无谖。

七古本以动荡开阖、纵横浩瀚取胜，需要诗人以才气驾驭，在宋季诗坛偏于纤弱的靡靡风气中，诗人们多以才难为叹，赵师秀所感慨的“一篇幸止有四十字，更增一字，吾未如之何矣”①，未始不是当时为诗者的普遍心态。黄溍此诗平韵到底，劲气直遂，通篇散句而不入律，叙事历历如绘，芙蓉峰、鹿田旧寺、玉女墓、金华三洞、观音大士像、草堂等景点尽收笔底。随景赋行，造语奇崛，有韩愈七古劲健之气，而兼学老杜句法，宋季平弱之弊为之一扫。

二十余年之后（至顺四年，1333），黄溍再次游览北山，有《癸酉四月同子长至赤松》以纪此行：

昔共张公子，翩翩访赤松。重来逾两纪，独宿去孤峰。古木苍陂映，禅房侧径通。夕阴千嶂黑，人语一灯红。幸及轩车会，宁辞杖屦从。相看如梦寐，健走愧儿童。春去山仍好，林深磵忽穷。天低时堕雨，寺远但闻钟。吊古田无鹿，探奇洞有龙。幽寻穿窅窱，高步踏珍珑。灵草多成药，疏篁不作丛。岚霏生暗暧，野色在空濛。下瞰疑无底，言旋复向东。岩阿栖断础，烟际出飞淙。细路缘苔磴，危桥跨石矼。泉依山曲曲，云与树重重。巨榜标名岳，穹垣护亩宫。倚栏斜日下，入室老僧

① 刘克庄：《野谷集》，《后村先生大全集》卷九十四。

逢。零落螭头墨,荒凉马鬣封。不才持薄禄,终古望遗风。弛檐云关里,传觞雪峡中。追趋烦道侣,述作付文雄。急景真流电,浮生尚转蓬。后期观岁晏,来往莫憧憧。

这是一首五言排律,从对仗与声律的要求来说,五排讲究严整精致,由于多处需对仗,用韵越多难度也就越大,才力不济则往往陷入板滞。黄溍此诗参用虚字,摇曳纡徐,草堂、鹿田、三洞、山桥、潜岳、潘良贵祠堂、智者寺,行踪清晰;叙事、写景、抒慨,层次分明。整诗苍郁之中饶有情韵,山林之思正与道教氛围相应。

在黄溍纳禄归里之后,他又第三次游赏北山,《丙戌(至正六年,1346)七月十七日同辉公登紫微岩》就作于此时:

吾年未及谢,倦飞已知还。乃复婴近务,无由纵清欢。幸与方外士,相从岩壑间。小憩遂深入,诘曲披茅菅。昔人有遗躅,缥缈青云端。高居匪结构,异状如雕锼。志怪固无取,怀贤邈难攀。停策访旧游,欲去仍盘桓。迅飙发中夜,众木号惊湍。凉秋变袢暑,山深气先寒。泉石无改色,四时自推迁。交朋半新故,念之增慨然。两生亦可人,环佩来珊珊。携手恣幽步,流目穷遐观。时于林缺处,遥见城南山。行行度危磴,悠悠睇层巅。凝阴閟朝采,玄泽酾神渊。嘉穟日已丰,蔼焉满中田。览物多所欣,赏心殊未阑。后期孰与同,良会当何年。

这首五古以清澹简远擅场,游赏的欣悦、景致的闲旷、朋旧的聚散、游从的可意、难再的怅惘,都以闲淡出之,境象平夷舂容。在五古方面,胡应麟认为"黄晋卿仿孟浩然"①,应该是指这一类音调谐婉、渊永简朴的作品而言。在气格方面,此诗则有晋宋之风,得大小谢山水抒怀诗作之风致,而以舂容淡荡化其密实滞重,不失为情韵悠远之作。

北山纪游在黄溍的纪游诗中占据了不小的篇幅,三次游览之作形式多样,五古、七古、五律、七律、七绝尝试殆遍。比如第二次清游,黄溍就以《金华北山纪游八首》组诗的形式,加以吟咏:

偶为山中游,远过云关宿。苍灯闪初夜,雨气蒸深屋。时闻清梵音,窈眇松林曲。(《灵源》)

迢迢上方界,水水翳清景。山深不可留,日暮衣裳冷。凄其怀昔游,百岁嗟俄顷。(《草堂》)

---

① 胡应麟《诗薮》外编六。

仙山高不极，万古积苍翠。清兴薄暮移，遗迹洞天秘。岩阿春寂寥，群仙勿予迟。（《三洞》）

披榛度空荒，突兀崖寺古。幽花杂红白，老屋亚云雨。前瞻石径微，咫尺不得取。（《鹿田》）

下山复上山，蹑屩行沮洳。宿云冒长岭，旭日映高树。山僧亦何为，独向城闉去。（《宝峰》）

潘公古达人，陈迹闷丘壑。草生春昼长，鸟啼岩花落。神交千载上，未敢付冥漠。（《潜岳》）

行行指木末，路逐飞云上。时登巨石憩，共听春泉响。寻源竟莫穷，即事成幽赏。（《山桥》）

暮投招提境，明发首归路。举头望山椒，遥认经行处。重重岩壑间，苍然正烟雾。（《宝石》）

组诗全押仄声韵，古意苍然，着语平淡闲易，境界简远幽深，就不仅仅有王孟古体朴淡之趣，林泉逸兴中更具陶诗风味了。

在写景诗中，七律也是黄溍着力甚多的诗体。元人好尚七律，蔚为一时风气①，黄溍此体也颇有可观，如《宿贾氏山房》："暝色苍茫赴远岑，独追灯火下荒浔。寒沙细水通幽径，修竹高楠走翠阴。草草悲欢中夜语，悠悠醉醒百年心。石烟霜月寒无寐，坐听疏钟出二林。"诗作流美清圆，既不沾染宋诗生硬枯瘦之习，也无学唐的纤秾绮缛之弊。颈联暗袭王安石《示长安君》，足见其对宋诗也并非全然拒斥。又如《丁亥六月十三日上京翰林开院喜雨院长开府公俾为诗以志之》："雨浥鳌峰长绿苔，佳辰良会玉堂开。凉生熏殿宸居近，恩予官壶诏使来。尽醉不愁骑马滑，新诗可待片云催。作霖政尔须公等，行见文星入上台。"作为应制类的作品，此诗清劲圆整，可称得体，虽然艺术方面未必高妙，但其中透露出的为诗旨趣却很值得关注。看似简易的诗作，其实却化用了柳公权、杨万里、陈师道的成句，这与讲才学、重点化的宋诗一脉相通，可见黄溍在学唐的同时，并未矫枉过正，他对于宋诗的态度其实较为平和。

黄溍诗作中另一特出的题材当为题画诗。元代是题画诗的繁兴时期，《历代题画诗

① 明人王行就以为："元人为诗独尚七言近体。迹其所由，盖元裕之倡之于先，赵子昂和之于后，转相染习，遂成一代之风焉。"见《柔立斋集序》，《半轩集》卷五，四库本。

类》中所收的近九千首诗歌中,元代题画诗就占据了近半的篇幅,于此可见其一斑。黄溍题画诗近八十首,其中绝句为多。由于元代文人写意画占据主流,因而画作多重在寄情寓兴,而绝句清婉飘忽,在格调上与画作相宜。题画之作皆缘画而起,在写法上不外两端,或穷形尽态、善于描摹;或借题生发、重在寄兴。前者如《题象山环溪图》、《题大瀛海道院》等,以画作为中心,景物纷沓奔凑于笔端,而篇末则约略抒慨,以荡开笔意。后者则尤为重点,像《题子昂春郊挟弹图》、《题宣和御画》、《宣和画木石》、《宣和画牛》、《宣和画鼠》、《题子固画兰》、《题子固墨梅》等,都不免因作者身份的特殊与画作内容的象征性,而颇寓山河草木之思。黄溍的《题悬崖兰》也是这类借笔点染的佳作,此诗元人集中有同题之作,或激赏兰性之雅洁高邈,或寄慨于芳踪之缥缈难求,而黄溍之作则别出手眼,翻出新意:"嫋嫋春风一样吹,脱身高处亦何为?从渠自作颠倒想,要见悬崖撒手时。"此诗从置身悬崖入题,大有截断众流、勘破尘世之意,对于位居津要的权贵而言,实具警醒之意。除此之外,此诗其实也有引禅入诗、借禅明道的意味。颠倒想就是以妄为真,倒见事理;而悬崖撒手同样是出于佛典,意指为了见道,就需要具有义无反顾、绝弃一切的决心,方能断绝执念,去住无碍。因而诗篇也可以从暗喻明道的角度来解读。在短小的篇幅中,既照顾到画作的内容而求切题,又不拘于画面而强调脱化,化用禅语却不粘滞,可谓是情理兼通而余味悠长。

黄溍集中其他较为集中的题材当为酬酢送赠,以七律为多,元人于此体例多佳作,在此似乎不必再劳笔墨。而世情民生之作在黄溍诗歌中却不占太多比重,像效法昌谷的《可怜行》、步武元结的《览元次山春陵行有感近事追和其韵以寓鄙怀》,都是早年作品,后期则难觅其踪。可以说黄溍的诗作以个人情怀的抒发为主体,若要执著地强调诗歌的现实针对性,则难免会有歉然之感。①

通观黄溍的诗作,其近体多法唐人,风韵流畅婉转;古体则多参晋宋,特别是早期的《杂诗》、《效古》、《古意》诸作,多具朴茂深幽之趣。在诗学径路方面则不主一端,重在根本性情,因而不陷蹈袭,像他诗作中的简劲之处,多有得于黄庭坚;而上京纪行诗苍凉沉郁,更有老杜之风。王祎曾经说过:"余尝闻之,杨公之言曰:'诗当取材于汉魏,而音节以唐为宗也。'黄公之言曰:'诗贵乎平实而流丽也。'嗟乎!言诗之要无易于此矣。"②这

---

① 诗文当中强烈征实作品的缺乏,就元人而言并非单独的个例。黄溍对于现实政治的关注,集中表现在他的策论当中。

② 《练伯上诗序》,《王忠文公集》卷五。

应该是王祎得之于师门指授的诗学要法。取材汉魏重在诗歌的格调与内容，强调缘情指事，自然抒发而不失温厚之旨；取法李唐则重在诗歌的语言与辞调，以求力拯宋诗险硬槎牙之失。杨载的主张与其知交黄溍的平实流丽之说实能互通。平实流丽的具体意涵，林弼在为王祎诗集所作的序中有详细阐发："古人之诗，本乎情而以理胜，故惟温厚平易而自有余味。后世之诗，局于法而以辞胜，故虽艰险奇诡而意则浅矣。夫《三百篇》者，诗人情性之正，而形于温厚平易之言也。后世能言之士有极力追仿不能及者，则固非无法也，非无辞也。其法非后世之所谓法，其辞非后世之所谓辞也。盖情之所发者正，理之所存者顺，则形于言也自有其法、自有其辞，有不待于强为者也。惟能有得于古人之法、之辞，则后之作者，皆可以与之方驾并驱而无愧矣。"则平实所指在于诗作的内容，以平正温和为准则；流丽指向于语言特点，以流畅清美为宗。联系到黄溍论诗主张性情之正，反对因袭摹拟，以力主直写胸趣，平实流丽的说法正好与之呼应。平实则事理内容充实，流丽则能得唐音之正，"夫平实则理胜，而有温厚平易之气矣；流丽则辞亦胜，而无艰险奇诡之病矣。诗之为诗，殆不出乎此也"①。在宗唐尚古的时代风气中，黄溍尚能自出机杼，于四家之后允称后劲②，他对平实流丽之说的提倡，正为解读其诗歌提供了一个别样的视角。

四、文章："类欧阳永叔"与"类王介甫"

元文的评价向来较元诗为高，魏源甚至以为"元之诗不如唐宋，而古文则姚燧、揭傒斯、欧阳玄、张养浩、黄溍、柳贯、苏天爵，皆祖述韩欧，远在南宋之上"③。黄溍以文章擅名当世，宋濂在《行状》中论及其师文坛地位，以为"中统、至元以来，如先生者，二三人而已"，这大概也不是夸词。具体到文章造诣，宋濂则称黄溍"文辞温醇类欧阳永叔"。有意思的是，等到在元末负重名的危素根据行状来写作神道碑时，却将此句改为"文辞简严类王介甫"。一般而言行状是碑传写作的基础，传主的重要事迹赖其提供，碑传的写作多以删略为主而较少改动。行状所评议的操行、笔札，危素皆无更动，而唯独对文辞一端加以调整，其中似乎别有深意。特别是危素与黄溍曾同官京师、居则同巷，黄溍在

① 林弼：《华川王先生诗序》，《林登州集》卷一，四库本。

② 翁方纲虽然对黄溍之诗"不能超然脱化"有所不满，但仍认为"黄文献为有元制作大手，其诗亦具风骨"，"若比杨仲弘，则固胜之远矣"。见《石洲诗话》卷五，人民文学出版社1981年版，第165页。

③ 魏源：《元史新编》卷四十七《姚燧列传》。

生前即有铭墓之托，两人相知匪浅，这一更动就显然不是出于随意。那么这两种不同的评价，究竟反映了对黄溍文章的认识有何种分歧？

论及元代之文，前人以为可分北方之文与南方的江西、浙东三地，而南方文坛基本是欧曾一派的天下。①古文创作自欧苏主盟文坛而达到巅峰，宋文平易自然、流畅婉转的风格得以奠定，后世的古文写作都基本难脱二家范围，“宋代诸公变峭厉而为平畅，永叔情致纡徐，故虚字多；子瞻才气廉悍，故间架阔。后世功令文之法，大半出于两家，即作古文者亦以两家为初桄”②。而浙东文章受欧阳修的影响尤为明显，自南宋以来追慕者盛多，“淳熙间欧文盛行，陈君举、陈同甫尤宗之”③。这是考察黄溍文章所必须了解的重要语境。黄溍文章骈散兼擅，朝廷典册诏令多所命笔，其集中即收有命相诏，足见其为当时制作大手笔。不过四六文在元代整体看来属于衰落阶段，在黄溍创作中也不占据主流。其文章篇帙繁夥，仅《全集》所录就已接近800篇，这其中绝大部分为后期作品，碑传、记序与题跋是比重最大、成就最高的文类。

黄溍碑传文字有200余篇，其中有应制而作的如拜住、答失蛮、也速解儿、合剌普华、拔实、别里哥帖穆尔、董守简、董士恭、史惟良、邓文原等大臣之神道碑；有李洧孙、韩性、许谦、程端礼、王炎泽、孙潼发、石一鳌、方逢辰、赵顺孙等文儒的墓铭、墓表；文学则有杨载、揭傒斯、柳贯；释家如北溪智延、元叟行端、笑隐大訢；道家如薛玄曦、夏文泳等，无论世系、行实、操履，都质实详明，很多传状甚至多有补史之阙的功用。文辞平易当中自含轨度，初视如若渊然，而实则潜气内转，气韵致密。运思布局方面富于变化，如李孟、于九思行状，以传主地位显赫、事多可书，则依时次排比事迹，联缀成篇；刘济墓志铭，则只述其司狱之事，他皆从略，简而得法；王昌世、黄彦实墓志铭重在明其家学；许谦墓志铭突出其学术成就，并揭示婺学渊源；石一鳌墓表则标揭其学术传承之绪，驳斥俗学之误解。墓志铭当中，既有前序事迹、后系铭文的正格；也有《乡贡进士项君墓志铭》、《方君墓碣铭》这样前加小序、大段为铭的变例；更有《华府君碑铭》这样全篇以四言入韵的特例。铭文多用四言以取典重；然而也偶尔参用三言、七言、杂言以求变化；甚至使用骚体以永其情。正文则正变相生，时而简重，时而清畅。像拜住神道碑，叙及拜住与英宗的

① 参见刘咸炘：《宋元文派略述》，收入其《文学述林》，《历代文话》第十册，复旦大学出版社2007年版，第9750—9761页。

② 蒋湘南：《与田叔子论古文第二书》，《七经楼文钞》卷四，清同治八年马氏家塾刻本。

③ 吴子良：《李习之诸人文字》，《荆溪林下偶谈》卷三。

遇合及拜住的锐意勇为:"尝赐以金脊殿车,又尝阅宝玉于章佩监,命惟意所择,皆力辞。寻诏姻宗室女,又辞。命国工绘王像,敕翰林侍讲学士袁桷为之赞,御书唐皮日休'吾爱房与杜,魁然真宰辅。黄阁三十年,清风亿万古'之诗以赐之,盖期望之也至矣。王亦感上殊遇,自任以天下之重,事有当弛张,知无不为。既尽发故首相欺悖之迹,削其官爵,仆其碑,籍其家,背公死党者多谋不利于王。左右请为之备,王曰:'吾尽吾心,上不负吾君吾祖父,下不负吾士民而已,何备为?'然深患谗言之兴,因侍燕闲,从容奏曰:'陛下不以臣年少无似,使备员宰相,方务彰善瘅恶,期致隆平,苟有沮之者,则臣不能有所为矣。'上曰:'卿第勉之,果有间言,朕不听也。'三年夏,上时巡,甫至上京,夜寐不宁,趣大作佛事。王曰:'财从民出,国以民安。殚财困民,未见其福。'上矍然曰:'朕所创惟寿安山,余皆完其旧尔,民亦以为病乎?自今其辍土木之役。'既而负罪惧诛者复阴訹群僧,言国当有厄,非作佛事而大赦无以禳之。王叱曰:'尔辈不过图得金帛而已,又欲庇有罪耶?'奸党闻之皆失色。"文字劲峭简练,拜住的以身许国与英宗的从谏如流皆跃然纸上。文后有一段议论,称"有如王之恢张先烈,乘时奋庸,为国世臣,同休共戚,委祉于后,继述有人,可谓卓冠古今,夐绝伦比也已。矧惟昔之名臣,或前规后随以相成,或应变守文而共济,未有不同心戮力而能光辅帝室者。王以勋贤贵胄,夙受主知,鱼水之亲,吻合无间,而所与共立者非其人,王独精白一心,尽瘁事国,力摧百壬之锋,讫使朝廷百官、四方远近,莫敢不一于正。盖其事视古人为尤难,虽遭值变故,而平生大节,弥久益著,又亘古之所未有",以短句为主,长短错落,文气劲健,议论风发,不愧为大手笔。

黄溍论文曾强调取法迂固以助文澜,这在碑传文中有细致生动的表现。如《秋江黄君墓志铭》,描绘黄一清与李孟的交往,神情毕现,气韵如生。像《江浙儒学副提举致仕龚先生墓志铭》,以细节传神:"大名高公时参预外省,先生以书论役法之弊,公得书,喜曰:'子有用之材,持文书来,我为子取教授。'先生谢曰:'执政大臣以进贤退不肖为职,天下士如某者,能一一力致哉?诚推是心,寒畯之幸。'公闻其言,愈敬异之。"文辞简约而如颊上三毫,龚璛的器识与操守皆藉此而传。又如《袁通甫墓志铭》,叙及袁易的退隐生活:"既归,卒隐弗仕。即所居西偏为堂,曰'静春'。壅水成池,周于四隅。池上累石如山,芰荷、蒲苇、竹梅松桂、兰菊香草之属,敷荣缭绕。而其外则左江右湖,禽鱼飞泳于烟波莽苍间。堂中有书万卷,悉君手中所校定。客至辄相与纵饮剧谈,留连竟夕乃已。君丰姿秀朗,每雨止风收,挟小舟以笔床、茶灶、古玩器自随,逍遥容与,扣舷而歌,望之者识其为世外人。"读其文字直觉烟波浩渺,袁易闲远简逸的风致尽现于楮墨。史传文字本来就不专为谨重之体，由细处生发、用曲笔传神，都是史书中的常见笔法，文章之有风致，往往正在于这些看似无心的淡淡数语。欧文以纡徐婉转取胜，雅善言情，正是得益于此。黄溍这类文章的点染手段，和欧文正是一脉相通。

记序一类文章也是以纪事为主，记一般包括山水游记、亭台厅壁记、书画古物记、学记等类别；而序则主要指赠序一类，多因人而发，即事兴怀。黄溍文章援据精切、动中法度的特点在此类文字表现明显。如《翰林国史院题名记》：

> 世祖皇帝中统元年，初设翰林学士承旨，官止三品。至元元年，乃建翰林国史院，而备学士等官。八年，院升从二品。成宗皇帝大德九年，院升正二品。仁宗皇帝亲揽御笔点定，置立学士承旨六员，学士、侍读学士、侍讲学士、直学士各二员。皇庆元年，院升从一品。迄今遵为永制。先是，蒙古新字及亦思替非并教习于本院。翰林国史、集贤两院合为一，仍兼起居注，领会同馆、知秘书监，而国子学以待制兼司业，兴文署以待制兼令，编修官兼丞，俱来隶焉。其后新字既析置翰林院，而复立集贤院如故。今兴文署已废，本院于起居注、会同馆、秘书监、国子学之事，悉无所预。回回学士亦省。而亦思替非以待制兼掌之。今上皇帝建宣文阁而不设学士，诏以经筵、崇文监皆归于本院，崇文监言其非便而止。惟于学士、承旨而下，摘官判署经筵之文移。顷因纂修后妃功臣传，又以执政兼学士、承旨等官而无常员。此建置沿革之大略也。自中统至元以迄于今，题名久未克立。是用搜罗故牍，考其姓名、资秩、迁次，而刻诸石，庶来者有考焉。夫题名虽非古，而唐宋以来，偏州下邑莫不有记。矧以文学侍从之臣，于焉萃止，安可睹其阙文而弗之讲乎？览者因其人而尚论其世，则国家之声明文物、名公大人之遗风余烈，犹可概见也。僚属参佐具于别刻者，此不书。

这段文字对翰林国史院的沿革、定员、品秩、职掌等逐一述来，简而得法。对典制的介绍清晰而不庞杂，虽然头绪纷繁，却能够提纲挈领地突出主要事项。特别是言必有据、秩序井然，文辞纯洁而遒劲。在元史研究中，此文屡被征引，正反映了它在考史方面的重要价值。又如《永嘉县重修海堤记》：

> 温为郡俯瞰大海，江出郡城之后，东与海合。直拱北门，枕江为亭，榜其颜曰‘四时万象’，候馆在焉。使指所临，长吏迎劳无虚日。亭之西为市区，百货所萃，廛氓贾竖咸附趋之。江浒故有大石堤，延袤数千尺，舍舟登陆者阻泥淖不得前，其俗率于堤之旁为石路，外出以属于舟次，为之马头。凡为马头者二：一以俟官舸，一以

达商舶。云先是江水遏于沙洲，由江心寺之西逆流而上，势奔突莫支，堤数毁。缮治之费，公私交以为病。至顺二年秋，水暴溢括苍山中，被郡境，飓风激海水，相辅为害。堤倾路夷，亭随仆，永和盐仓亦圮。水怒未已，且将破庐舍、败城郭。永嘉盖郡之治所，县尹赵君大讷谓是不可缓，急议兴作。俾大家之役于官者分任其事，或输以财，或荐以力；经画劝相，则身亲之。以潮汐之盈缩有时也，投其隙而赋功焉。列巨木为柱，而设栿桷其上。内攒众木，围之三周。外施其芒以拨浪，次填以石，次积以瓦砾，而实土其中，加横木备其攲侧，而帖石其背，以便行者。堤若路暨亭之址悉如之，而亭亦复其故。始事于三年之春二月，讫役于冬十一月。费不益于旧，而功倍焉。伻来俾记其岁月，溍惟《春秋》之法有直书其事、具文见意者，敢窃取斯义，叙次梗概，不复效近人之记事，谬为诙言以乱其实，续郡乘者，尚有考于斯。

此文章法严谨，先点明永嘉地理位置，言亭、言路、言市区、言马头，皆突出海堤对于民生的重要。接下来描绘水灾危害，引出海堤重修的必要。然后历述兴作历程，重修的主持者、襄助者、方法、时间等一一点出，又闲笔交代路、亭的修复，与文首呼应。结尾则直叙为文旨要，强调所书皆征实可据。虽然篇幅短小，却法度俨然。集中各寺宇兴造记、新城记、石桥记等等，都有异曲同工之妙。而赠序诸篇，贴合人物身份，言学术传承、论仕宦之迹、谈私交情好，也不无可观。

题跋小品之文则属于抒情性质尤强的文体，与较正式的碑传、记序等古文具有不同的风格，多以灵动婉转取胜，欧苏小品中就有活泼谐谑的作品，明人小品更突出发展了其重情趣的一面。黄溍的题跋文字中有一部分是考订文史的，文气紧密而短小廉厉。另有一类则颇能传情，如《题墨兰》："月溪画兰，传者绝少，政如深林孤芳，人不可即，回睨夫托根于阶庭玉树间者，殆与荠麦俱茂矣。"文辞简净却多余味，对秉性高洁、不趋时好的欣赏，借遥深的感慨以出之，显得情味悠长。又如《跋放翁诗草》："予往来山阴道中，此诗所谓横林野水、红草绿荷皆故无恙，而翁之家衰落久矣。叩其人，亦无能道先世事者。偶阅此卷，太息而已。"仅以闲笔映衬却顿见风物不殊而文献凋零的感慨。再如《题温上人墨戏》："日观作此画后四十六年，自题其卷尾云：'恰如一梦，又四十六年。'而道士叶君出以示予，于是，日观之梦觉久矣。今之视昔已如彼，未知后之视今何如也？"运笔巧妙，全从跋尾的时间生发，而居诸之感油然已出。

总的来说，黄溍文章延续了南宋以来尊尚欧文的传统，钱基博论以"议论不为矜张而有深识，叙事焯有裁制而无遁情；尽而不污，婉而章，虽无欧阳之流韵，而有欧阳之洁致"①，正是看到了黄溍对欧文的借鉴，同时也点明了两者之不同。实际上欧文本以风神摇曳为上，雅淡不浮、优游不迫是其所长，洁致之作并非主流。而且欧文本身偏于阴柔，虽然能开后人便于拟习的方便法门，导人于平易，却也存在平弱之病。宋人已看出："欧阳永叔之文纯雅婉熟，使人读之亹亹不倦。然比之韩柳所作，则雄深遒劲不及也。虽各自有体，然亦伤助语太多。②"金元诸人看法也颇有近似者，如王若虚即称"欧公散文自为一代之祖，而所不足者精洁峻健耳。《五代史·论》曲折太过，往往支离蹉跌，或至涣散而不收；助词虚字亦多不惬"③，而刘壎也以为欧文"无豪健劲峭之气"④。这在欧文，本亦无伤大雅，但后学摹拟其文而未能就其深情绵邈处多加揣练，却有强化其弱点的倾向，元文踵袭欧公者，大半难免啴缓冗弱之失。而黄溍之文在洁致之外实则矜练峭拔，婉转中有遒劲之态，与欧文区别颇大。这在风格上就与王安石有相近之处。欧、王两家实际上都以韩文为效法对象，王安石作为欧阳修的门生，甚至有受欧公指示文章门径的经历，但是两家所得各有不同，"与永叔同时而善学韩文者，莫如王荆公"，"荆公为文，好为曲折瘦硬，盘旋一气。后人状其文，谓如孤松百仞，断岸千尺，秋高气爽，健鹘摩空，非过誉也"。⑤这一特点正是欧苏所不及之处，而黄溍早年学韩，后期则与荆公同一轨辙，正不妨看作是他对当时欧文盛行所导致的文坛弊病的反拨。因而宋濂与危素见解的分歧，其本质正在于此。宋濂以为黄溍文章"温醇类欧阳永叔"，自然是就其学习欧文平易畅达的风格而言，不过欧体文风在元代本来就是主流，所论难免浮泛肤廓；而以"温醇"来概括欧文，也并不惬当。倒是危素的"简严"一语，具见识力，是对黄溍文章风格的准确揭示。杨维桢在《金华先生墓志铭》中以譬喻论文辞，"黄太史如独茧遗丝，初不谐众响，至趣柱緪弦，激绝之音出于天成者，亦非众音可谐也。孝光以吾言为然"，所称赏的不就是黄文戛戛独造的新创精神么？焦循《易余龠录》卷十六论及荆公之文，以为"王氏之文独成一家，其善正在不与人同"，所论或可与此合观。

---

① 钱基博：《中国文学史》第五编《近古文学》下，第820页。

② 李如篪：《欧文》，《东园丛说》卷下，清道光二十一年钱熙祚校刊本。

③ 王若虚：《滹南遗老集》卷三十六《文辨》，四部丛刊本。

④ 刘壎：《欧公文体》，《隐居通议》卷十三，清嘉庆六年爱余堂刻本。

⑤ 陈康黼：《古今文派述略·宋及金元之文派》，《历代文话》第九册，第8166页。

五、文脉流传中的黄溍

关于黄溍的文坛影响,《元史》在其列传后附的柳贯传中指出,柳贯"与溍及临川虞集、豫章揭傒斯齐名,人号为儒林四杰"。《元史》在编纂体例上有特殊考虑,认为经艺与文章不可分而为二,故将儒林与文苑合为儒学传。四人并称,主要是自其文章而言,因此"儒林四杰"的称号,其实不妨可以转读为"元文四家",这正好反映了黄溍的地位。

四家当中,黄、柳同出婺州,两人交谊深厚,集中互相酬酢之作甚多。柳贯曾为黄溍之父黄铸作行状,柳贯卒后黄溍为作《翰林待制柳公墓表》,文中自述"溍与公居同郡、学同志,辱游于公为最久,知公为最深",又称道柳贯文章"涵肆演迤,春容纡徐,才完而气充,事详而词核,蔚然成一家言"。两人当时即齐名,有"黄柳"之称;明代的杜桓又曾合刻两人的上京纪行诗,题为《柳黄同声集》。①黄溍与虞集也有交往。至顺二年(1331)黄溍与虞集同官翰林国史院,后又一同扈从上都,其上京纪行诸作即曾得到虞集的题诗。此后黄溍则为虞堪所搜辑整理的《道园遗稿》作序。②至于揭傒斯,黄溍曾受敕为撰神道碑,许其文"叙事严整而精核,持论一主于理,语简而洁"。

实际上后人论及元文,所遴选出的大家与四杰之称并不完全对应。比如明代的方孝孺,就以为"元兴,以文自名者、相望于百年之间、为世所称者,曰姚宽甫、虞伯生、黄晋卿、欧阳原功"③。贝琼则认为"元初,姚文公以许氏之学振于北方。下至天历、至正间,又有蜀虞文靖公、金华黄文献公,亦若韩子之在唐、欧阳子之在宋矣"④。两者见解不同,但都补充了北方的姚燧,而对于黄溍的入选却并无异议。四杰之说,虽能揭示元代文章的大家,但是视野局限于南方文坛,所论四人分属江西与浙东,而北方之文则被遗落,这自然是不够完整的。邓绍基综合王祎《上苏大参书》与《文评》的观点,提出了元文六家之说,认为"姚燧、元明善、虞集、欧阳玄、黄溍和苏天爵,足堪并列"⑤,这六家南北各半,

---

① 《四库全书总目》卷一百九十一著录《柳黄同声集二卷》,提要称:"明杜桓编。桓字宗表,徽州人。是编刻于宣德己酉,以柳贯、黄溍皆其乡人,因采贯延祐庚申以国子监助教分教上都诗三十二首,至治癸亥考试进士于上都时诗九首,溍至顺辛未以翰林应奉扈从上都诗十二首,合为一集。其时溍集未刻,故所载虞集诸人题跋较贯诗独详云。"按杜桓为金华人,曾补刊黄集元刻二十三卷本。

② 或据序文之后的署款"至正二十年"判之为伪作,不过古人先求名贤为序、刊刻之时方增入时间,也很常见。虞堪同时的桑以时在《希澹园诗集序》中就明言:"先生以叔祖之文散逸者多,乃复博访遗稿,凡二十卷,名曰《道园学古录类稿遗编》。尝请吾乡先生黄文献公晋卿及临川危公太朴为之序,今已锓梓大传",可为旁证。

③ 《张彦辉文集序》,《逊志斋集》卷十二,四部丛刊本。

④ 《潜溪先生宋公文集序》,《清江贝先生文集》卷二十八,四部丛刊本。

⑤ 邓绍基主编:《元代文学史》第十七章《元代诗文概况》,人民文学出版社2006年版,第362页。

北方之文以韩为尊,南方则主欧文。钱基博《中国文学史》中对上述各家之文皆有论述,在基本肯定的同时也有自家见解。他不认同《总目提要》推重姚燧的见解,仅以"蹇涩支离"目之;以为虞集之文"与黄溍、揭傒斯同一蹊径;特弩于溍而雄于傒斯";对揭傒斯也多有批评:"傒斯名在四杰,而与黄溍相参随;然文则远逊于溍。溍警发,而傒斯则平钝。议论习见,尤所警发;叙事缓散,不得体要,庸肤冗漫,如金人之学苏轼,得其率易而失其警快者";对柳贯则褒扬有加,称之为"四杰之秀",并历评四杰之文:"四杰之中,虞集最擅高名,不免缓散;其次揭傒斯,尤伤肤儒;不如黄溍及贯之才完而气充,事详而辞核,皆善学宋人而祛其蔽。"综合来看,黄柳两家在学欧的同时而能去其平弱,成就在元人中为高。

黄溍在元代中后期文坛的影响,还表现在以他为中心所形成的浙东文人群体活动上。仅就声名较著者来看,诸如吴师道、柳贯、胡助、陈樵、张雨、杨维桢、吴莱,都是其时文坛的活跃人士。[①]酬酢集会与诗文交流,对于一时文学风气形成的作用不可小视。特别是对于诗文观念的认识,诸人颇有趋同性,作为元代文学活动的重要区域之一,浙东文坛面貌正是在这一群体的合力下而得以呈现。

更深远的影响在于黄溍的文学见解与主张,通过言传身授,经由其弟子门人发扬光大,并深刻作用于明初文坛。宋濂曾经比较元文大家的异同,认为:"近代以文章名天下者,蜀郡虞文靖公、豫章揭文安公、先师黄文献公及庐陵欧阳文公为最著。然四公之中,或才高而过于肆,或辞醇而过于窘,或气昌而过于繁,故效之者皆不能无弊。惟先师之文,和平渊洁,不大声色,而从容于法度,是以宗而师之者虽有高下浅深之殊,然皆守矩蹈规,不敢流于诡僻迂怪者,先师之教使然也。[②]"此评初看似有过誉之嫌,然而结合钱基博的评述,可见并非仅仅是师门内部的高自标榜。黄溍论文主平正,讲法度,这在指引轨辙、开示门径方面确实具有便利与实用的长处。经其指授,在文学领域崭露头角者并不乏人。他的弟子金涓曾对师门传衍情况有过分疏:"重自念四方士人登先师之门者,无有不立名成业。涓自幼年侍侧,时则有陈君时甫、吴君立夫、李君仲伦、朱君元达,朝夕讲论文字,辨析义理。涓未始或能识知也。既而时甫居东阳,以明经授徒,常数十百

① 相关研究,可参见欧阳光:《论元代婺州文学集团的传承现象》,《文史》第49辑;《从文人群落到文人集团——元代婺州文人集团再研究》,《文史》第54辑;徐永明:《元代至明初婺州作家群研究》,中国社会科学出版社2005年版。

② 宋濂:《书刘生铙歌后》,《宋学士文集》卷六十五,四部丛刊本。

人，弟子不远千里而至，其高第弟子则有张君良金，为江浙乡举易魁。凡为举子之业者，无不宗焉。立夫以庚申岁中乡试榜，仲伦以茂才异等，用大臣荐，为校官。惟元达豪侠不羁，藐视进取，以学问文章同游浙西者三十余年，虽虞、柳诸公荐书交上，亦睥睨弗顾也。后数年先师提举江浙儒学时，则有刘君子实、哲君子正、应君之邵、陈君子中，肄业西湖书院。刘、哲二君皆登上第，应则两中乡举榜，陈回河南授试，主司见其文反疑其为南人代笔之作，由是失利而返，则抑郁不得志，卒于钱塘，先师铭其墓焉。迨夫先师告老致事而归，则有宋君景濂、许君存仁、王君子充，以英敏绝人之学，一时咸集，文名德业，超出前辈，今则皆居要路，密迩清光，所谓立名成业，真足以承前引后。呜呼盛哉！夫何朱君伯清、傅君国章与吾仲章氏，皆以妙年杰学，才器局干，以出入乎诸君之间。[①]”金涓根据入门时间，从早年、提举江浙与两次退归来归纳，诸人或仕或隐，都不失为地方精英士人。

其实这一概括并不详尽，比如北方的傅亨是黄溍在国子监任职时的高弟，就未能述及；而且这一时期人数只会更多，黄溍文集中所出现的就有多人，解缙的父亲解开也是这一时期依于门下。仅仅以有诗文流传者来看，如赵汸、金涓、戴良、陈基等，都应该涵盖其中。从诗文观念的传承与文风的光大而言，宋濂与王祎无疑是最杰出的弟子。明初文坛浙东士人影响力巨大，宋、王是此期文坛的中坚力量。朱元璋在召见王祎时曾说：“江南有二儒，卿与宋濂耳。”[②]足见两人当时声名之盛。四库馆臣在论述吴莱诗文时，特笔点出“莱与黄溍、柳贯并受业于宋方凤，再传而为宋濂，遂开明代文章之派”[③]，从文脉流传的角度来看，这正是对黄溍文学史意义的贴切揭示。

---

① 金涓：《送杨仲章归东阳试卷序》，见《青村遗稿》，四库本。

② 《明史》卷二百八十九《王祎列传》。

③ 《渊颖集》提要，《四库全书总目》卷一百六十七。

参考文献

A

《安雅堂集》,陈旅撰,四库本。

B

《巴西集》,邓文原撰,四库本。

《皕宋楼藏书志》,陆心源撰,续修四库本。

《弁山小隐吟录》,黄玠撰,四明丛书本。

《补元史艺文志》,钱大昕撰,丛书集成初编本。

C

《藏园群书经眼录》,傅增湘撰,中华书局 1983 年版。

《草木子》,叶子奇撰,中华书局 1997 年版。

《草堂雅集》,顾瑛辑,中华书局 2008 年版。

《陈定宇先生文集》,陈栎撰,清康熙刻本。

《陈高华文集》,陈高华撰,上海辞书出版社 2005 年版。

《重刊黄文献公文集》,黄溍撰,明嘉靖十年刻本。

《重修南海普陀山志》,许琰辑,清乾隆刻本。

《纯白斋类稿》,胡助撰,四库本。

《存复斋文集》,朱德润撰,四部丛刊本。

《存悔斋稿》,龚璛撰,元钞本。

D

《大元圣政国朝典章》,中国广播电视出版社 1998 年版。

《大元至元辨伪录》，释详迈撰，碛砂大藏经影印宋元版。
《道家金石略》，陈垣撰，文物出版社 1988 年版。
《道学之形成》，土田健次郎撰，朱刚译，上海古籍出版社 2010 年版。
《道园学古录》，虞集撰，四部丛刊本。
《道园遗稿》，虞集撰，四库本。
《东山存稿》，赵汸撰，四库本。
《东维子文集》，杨维桢撰，四部丛刊本。

F

《范德机诗集》，范梈撰，台湾新文丰出版公司 1989 年版。
《方凤集》，方凤撰，方勇辑校，浙江古籍出版社 1993 年版。
《佛祖历代通载》，释念常撰，大正藏本。
《傅与砺诗集》，傅若金撰，嘉业堂丛书本。
《傅与砺文集》，傅若金撰，嘉业堂丛书本。

G

《庚申外史》，权衡撰，明抄本。
《古籍版本题记索引》，罗伟国、胡平撰，华东师范大学出版社 2011 年版。
《圭塘小稿》，许有壬撰，四库本。
《圭斋文集》，欧阳玄撰，四部丛刊本。

H

《汉天师世家》，张正常撰，道藏本。
《汉魏两晋南北朝佛教史》，汤用彤撰，中华书局 1983 年版。
《何北山先生遗集》，何基撰，《金华丛书》本。
《后村先生大全文集》，刘克庄撰，四部丛刊本。
《胡仲子集》，胡翰撰，中华书局 1985 年版。
《扈从集》，周伯琦撰，四库本。

《黄溍全集》，黄溍撰，王颋点校，天津古籍出版社 2008 年版。
《皇元风雅》，傅习、孙存吾编，四部丛刊本。
《皇元风雅》，蒋易辑，元建阳张氏梅溪书院刻本。
《黄文献公集》，黄溍撰，《金华丛书》本。
《黄文献公集》，黄溍撰，元刻二十三卷本。
《黄文献公文集》，黄溍撰，清抄八卷本。

J

《嘉庆义乌县志》，诸自縠等修，程瑜等纂，台湾成文出版社 1970 年版。
《江南士绅与江南社会》，徐茂明撰，商务印书馆 2004 年版。
《江月松风集》，钱惟善撰，武林往哲遗著本。
《揭傒斯全集》，揭傒斯撰，上海古籍出版社 1985 年版。
《金华黄先生文集》，黄溍撰，四部丛刊本。
《金华理学粹编》，戴殿江辑，清光绪刻本。
《金华征献略》，王崇炳撰录，清雍正十年刻本。
《金台集》，廼贤撰，武进董氏诵芬室景元至正本。
《金元時代の華北社会と科挙制度》，饭山知保撰，早稻田大学出版部 2011 年版。
《近光集》，周伯琦撰，四库本。
《荆溪林下偶谈》，吴子良撰，《宝颜堂秘笈》本。
《敬乡录》，吴师道辑，适园丛书本。
《静春堂诗集》，袁易撰，知不足斋丛书本。
《静修先生文集》，刘因撰，四部丛刊本。
《九灵山房集》，戴良撰，四部丛刊本。
《九灵山房集补编》，戴良撰，四库本。
《句曲外史集》，张雨撰，武林往哲遗著本。

K

《康熙金华府志》，张荩修，沈麟趾等纂，上海书店出版社 1993 年版。
《客杭日记》，郭畀撰，中华书局 1985 年版。

L

《礼部集》,吴师道撰,四库本。

《理学背景下的元代文论与诗文》,查洪德撰,中华书局 2005 年版。

《理学与元代社会》,徐远和撰,人民出版社 1992 年版。

《历代题画诗类》,陈邦彦辑,四库本。

《历代文话》,王水照编,复旦大学出版社 2007 年版。

《历史上的理学》,包弼德撰,浙江大学出版社 2009 年版。

《麟溪集》,郑太和编,四库存目丛书本。

《陵阳先生文集》,牟巘撰,吴兴丛书本。

《柳待制文集》,柳贯撰,四部丛刊本。

《鲁斋集》,王柏撰,续金华丛书本。

《鲁斋遗书》,许衡撰,四库本。

《鹿皮子集》,陈樵撰,四库本。

《履素斋稿》,邓文原撰,知不足斋辑本。

《滦京杂咏》,杨允孚撰,知不足斋丛书本。

M

《モンゴル時代の出版文化》,宫纪子撰,名古屋大学出版会 2006 年版。

《蒙古史论丛》,札奇斯钦撰,台湾学海出版社 1980 年版。

《蒙古学金石文编题录》,莎日娜主编,内蒙古大学出版社 2005 年版。

《蒙元史研究丛稿》,陈得芝撰,人民出版社 2005 年版。

《庙学典礼》,王颋点校,浙江古籍出版社 1992 年版。

《明儒学案》,黄宗羲撰,中华书局 2008 年版。

《牧庵集》,姚燧撰,四部丛刊本。

N

《内北国而外中国:蒙元史研究》,萧启庆撰,中华书局 2007 年版。

《南宋初河北新道教考》,陈垣撰,中华书局 1962 年版。

《南宋儒学建构》,何俊撰,上海人民出版社 2004 年版。
《南宋遗民诗人群体研究》,方勇撰,人民出版社 2000 年版。

P

《蒲室集》,释大䜣撰,北京图书馆出版社 2005 年版。

Q

《栖碧先生黄杨集》,华幼武撰,续修四库本。
《乾坤清气集》,偶桓编,四库本。
《钦定四库全书总目》,纪昀等撰,中华书局 1997 年版。
《青村遗稿》,金涓撰,四库本。
《青阳先生文集》,余阙撰,四部丛刊本。
《清河集》,元明善撰,清光绪刻藕香零拾本。
《清江碧嶂集》,杜本撰,台湾学生书局 1973 年版。
《清容居士集》,袁桷撰,四部丛刊本。
《秋涧先生大全文集》,王恽撰,四部丛刊本。
《全宋诗》,傅璇琮等主编,北京大学出版社 1991—1998 年版。
《全宋文》,曾枣庄、刘琳主编,上海辞书出版社、安徽教育出版社 2006 年版。
《全元文》,李修生主编,凤凰出版社 1997—2006 年版。

R

《仁山金先生文集》,金履祥撰,明钞本。
《日本现藏稀见元明文集考证与提要》,黄仁生撰,岳麓书社 2004 年版。
《日本现存元人文集目录》,山根幸夫、小川尚编,汲古书院 1970 年版。
《日藏汉籍善本书录》,严绍璗编著,中华书局 2007 年版。
《日损斋笔记》,黄溍撰,四库本。

S

《山村遗稿》,仇远撰,清抄本。

《剡源戴先生文集》,戴表元撰,四部丛刊本。

《剡源逸稿》,戴表元撰,缪氏蕅香簃钞本。

《善本书室藏书志》,丁丙撰,续修四库本。

《诗薮》,胡应麟撰,上海古籍出版社 1979 年版。

《诗渊》,书目文献出版社 1986 年版。

《十字莲花:中国元代叙利亚文景教碑铭文献研究》,牛汝极撰,上海古籍出版社 2008 年版。

《石田先生文集》,马祖常撰,元至元五年扬州路儒学刻本。

《石洲诗话》,翁方纲撰,人民文学出版社 1981 年版。

《书画书录解题》,余绍宋撰,北京图书馆出版社 2003 年版。

《顺斋先生闲居丛稿》,蒲道源撰,北京图书馆出版社 2005 年版。

《斯文:唐宋思想的转型》,包弼德撰,刘宁译,江苏人民出版社 2001 年版。

《松雪斋文集》,赵孟頫撰,四部丛刊本。

《宋代研究工具书刊指南》,包弼德撰,广西师范大学出版社 2008 年版。

《宋代中國科擧社會の研究》,近藤一成撰,汲古书院 2009 年版。

《宋明理学史》,侯外庐、邱汉生、张岂之主编,人民出版社 1997 年版。

《宋明理学与文学》,马积高撰,湖南师范大学出版社 1989 年。

《宋学士文集》,宋濂撰,四部丛刊本。

《宋元版禅籍の研究》,椎名宏雄撰,大东出版社 1993 年版。

《宋元佛教文化史研究》,竺沙雅章撰,汲古书院 2000 年版。

《宋元诗社研究丛稿》,欧阳光撰,广东高等教育出版社 1996 年版。

《宋元史学的基本问题》,近藤一成主编,中华书局 2010 年版。

《宋元郷村制の研究》,柳田节子撰,创文社 1986 年版。

《宋元学案》,黄宗羲原著,全祖望补修,中华书局 1986 年版。

《宋元之际的哲学与文学》,罗立刚撰,复旦大学出版社 1999 年版。

《苏平仲文集》,苏伯衡撰,四部丛刊本。

《隋唐佛教史稿》,汤用彤撰,中华书局 1982 年版。

T

《天下同文集》，周南瑞编，四库本。

《铁琴铜剑楼藏书目录》，瞿镛撰，上海古籍出版社2000年版。

《通制条格校注》，方龄贵校注，中华书局2001年版。

《桐江集》，方回撰，宛委别藏本。

《桐江续集》，方回撰，四库本。

W

《玩斋集》，贡师泰撰，明嘉靖刻本。

《万历金华府志》，王懋德、陆凤仪纂修，台湾学生书局1965年版。

《万历义乌县志》，周士英修，吴徒周等纂，中华书局2008年版。

《王忠文公集》，王祎撰，四库本。

《危太朴集》，危素撰，刘氏嘉业堂刊本。

《畏斋集》，程端礼撰，四明丛书本。

《文献集》，黄溍撰，四库本。

《文心雕龙札记》，黄侃撰，上海古籍出版社2009年版。

《文心雕龙注》，刘勰著，范文澜注，人民文学出版社2006年版。

《吴文正集》，吴澄撰，四库本。

《梧溪集》，王逢撰，知不足斋丛书本。

X

《晞发集》，谢翱撰，四库本。

《项可立集》，项炯撰，台州丛书本。

《须溪集》，刘辰翁撰，豫章丛书本。

《许白云先生文集》，许谦撰，四部丛刊本。

《雪楼集》，程钜夫撰，四库本。

Y

《雁门集》,萨都剌撰,上海古籍出版社1982年版。

《杨维祯年谱》,孙小力撰,复旦大学出版社1997年版。

《杨仲弘集》,杨载撰,四部丛刊本。

《荛圃藏书题识》,黄丕烈撰,江阴缪氏刊本。

《一代文宗虞集》,姬沈育撰,中国社会出版社2008年版。

《伊滨集》,王沂撰,四库本。

《夷白斋稿》,陈基撰,四部丛刊本。

《遗山先生文集》,元好问撰,四部丛刊本。

《义乌洞门黄氏宗谱》,民国丁丑重修本。

《亦邻真蒙古学文集》,亦邻真撰,内蒙古人民出版社2001年版。

《隐居通议》,刘壎撰,清嘉庆六年爱余堂刻本。

《印度佛学源流略讲》,吕澂撰,上海人民出版社2002年版。

《印度哲学史略》,汤用彤撰,上海古籍出版社2006年版。

《永嘉学派与温州区域文化》,王宇撰,社会科学文献出版社2007年版。

《虞集年谱》,罗鹭撰,凤凰出版社2010年版。

《玉山名胜集》,顾瑛辑,中华书局2008年版。

《玉山璞稿》,顾瑛撰,中华书局2008年版。

《渊颖吴先生集》,吴莱撰,四部丛刊本。

《元朝名臣事略》,苏天爵撰,清扬州阮氏传抄天一阁本。

《元代白话碑集录》,蔡美彪撰,科学出版社1955年版。

《元代禅宗史研究》,野口善敬撰,禅文化研究所2005年版。

《元代大都上都研究》,陈高华、史卫民撰,中国人民大学出版社2010年版。

《元代的士人与政治》,王明荪撰,台湾学生书局1992年版。

《元代地方精英与基层社会》,苏力撰,天津古籍出版社2009年版。

《元代国子监研究》,王建军撰,澳亚周刊出版有限公司2003年版。

《元代江南士人与社会综合研究》,申万里撰,中华书局2012年版。

《元代教育研究》,申万里撰,武汉大学出版社2007年版。

《元代金华学述》,孙克宽撰,台湾东海大学出版社1975年版。

《元代进士辑考》，萧启庆撰，“中央”研究院历史语言研究所 2012 年版。
《元代进士研究》，桂栖鹏撰，兰州大学出版社 2001 年版。
《元代奎章阁及奎章人物》，姜一涵撰，台湾联经出版事业公司 1982 年版。
《元代吏治研究》，许凡撰，劳动人事出版社 1987 年版。
《元代庙学》，胡务撰，巴蜀书社 2005 年版。
《元代榷盐与社会》，张国旺撰，天津古籍出版社 2009 年版。
《元代社会生活史》，史卫民撰，中国社会科学出版社 1996 年版。
《元代书院研究》，徐梓撰，社会科学文献出版社 2000 年版。
《元代题画诗研究》，王韶华撰，中国传媒大学出版社 2010 年版。
《元代文化史》，陈高华、张帆、刘晓撰，广东教育出版社 2009 年版。
《元代文人心态》，么书仪撰，文化艺术出版社 1993 年版。
《元代文学编年史》，杨镰撰，山西教育出版社 2005 年版。
《元代文学史》，邓绍基主编，人民文学出版社 2006 年版。
《元代文学文献学》，查洪德、李军撰，中国社会科学出版社 2002 年版。
《元代行省制度》，李治安撰，中华书局 2011 年版。
《元代宰相制度研究》，张帆撰，北京大学出版社 1997 年版。
《元代政治制度研究》，李治安撰，人民出版社 2003 年版。
《元代知識人と地域社會》，森田宪司撰，汲古书院 2004 年版。
《元代至明初婺州作家群研究》，徐永明撰，中国社会科学出版社 2005 年版。
《元典章》，中华书局、天津古籍出版社 2011 年版。
《元人十种诗》，元好问等撰，中国书店 1990 年版。
《元人文集版本目录》，周清澍编，南京大学出版社 1983 年版。
《元人传记资料索引》，王德毅、李荣村、潘柏澄编，中华书局 1987 年版。
《元上都》，陈高华、史卫民撰，吉林教育出版社 1988 年版。
《元诗别裁集》，张景星、姚培谦、王永祺编，中华书局 1975 年版。
《元诗纪事》，陈衍撰，上海古籍出版社 1987 年版。
《元诗史》，杨镰撰，人民文学出版社 2003 年版。
《元诗体要》，宋绪编，四库本。
《元诗选》，顾奎光选辑，乾隆十六年刊本。

《元诗选》,顾嗣立编,中华书局 1987 年版。
《元诗选癸集》,顾嗣立、席世臣编,中华书局 2001 年版。
《元史》,宋濂等撰,中华书局 2008 年版。
《元史丛考》,方龄贵撰,民族出版社 2004 年版。
《元史釈老伝の研究》,野上俊静撰,朋友书店 1978 年版。
《元史研究》,刘晓撰,福建人民出版社 2006 年版。
《元史研究论集》,袁冀撰,台湾商务印书馆 1974 年版。
《元史艺文志辑本》,雒竹筠撰,李新乾编补,燕山出版社 1999 年版。
《元文类》,苏天爵编,四部丛刊本。
《元西域人华化考》,陈垣撰,上海古籍出版社 2000 年版。
《元音》,孙原理辑,四库本。
《月泉吟社诗》,吴渭编,四库本。
《云林集》,贡奎撰,明弘治三年范吉刻本。
《云阳李先生文集》,李祁撰,清抄本。
《筠溪牧潜集》,释圆至撰,书目文献出版社 1991 年版。

Z

《增订四库简明目录标注》,邵懿辰、邵章撰,上海古籍出版社 2000 年版。
《湛然居士集》,耶律楚材撰,四部丛刊本。
《张蜕庵诗集》,张翥撰,四部丛刊本。
《张文忠公文集》,张养浩撰,北京图书馆出版社 2006 年版。
《赵孟頫系年》,任道斌撰,河南人民出版社 1984 年版。
《至正集》,许有壬撰,四库本。
《中国道教史》,卿希泰主编,四川人民出版社 1996 年版。
《中国东南佛教史》,严耀中撰,上海人民出版社 2005 年版。
《中国佛教史籍概论》,陈垣撰,上海书店出版社 2001 年版。
《中国佛教史元代卷》,任宜敏撰,人民出版社 2005 年版。
《中国佛学源流略讲》,吕澂撰,中华书局 2011 年版。
《中国古代诗文名著提要金元卷》,查洪德主编,河北教育出版社 2009 年版。

《中国考试史文献集成第四卷》,陈高华、宋德金主编,高等教育出版社 2003 年版。
《中国思想史》,葛兆光撰,复旦大学出版社 2009 年版。
《中国通史(第八卷)》,陈得芝主编,上海人民出版社 2002 年版。
《中国文学批评史大纲》,朱东润撰,上海古籍出版社 2007 年版。
《中国文学史》,钱基博撰,中华书局 1996 年版。
《中国心学の稜線:元朝の知識人と儒道仏三教》,三浦秀一撰,研文出版 2003 年版。
《中国政治制度通史第八卷》,陈高华、史卫民撰,社会科学文献出版社 2011 年版。
《中国转向内在》,刘子健撰,赵冬梅译,江苏人民出版社 2002 年版。
《朱熹的历史世界》,余英时撰,三联书店 2004 年版。
《滋溪文集》,苏天爵撰,中华书局 1997 年版。

后 记

我对黄溍的了解,起初只限于各种文评中给出的元代文章大家的定位;后见钱基博《中国文学史》,对其诗文均予高度评价;而在阅读元史研究论著的过程中,发现黄溍的文章实为高频度征引文献,遂有专力研读的兴趣。恰逢义乌丛书中列出了评传的条目,就不免产生踊跃一试的冲动。

真正着手后却发现并非那么简单。首先黄溍别集版本复杂,元明清各代都有刊刻且有些版本甚为罕见,搜集版本成为一个较为棘手的问题。其次由于黄溍的地位与影响,研究中必然要涉及政治、文学、地域、思想、学术、宗教甚至科举、艺术、行政、经济等诸多层面,这无疑需要相当的知识储备,对我而言挑战巨大。此外,由于学界对黄溍的行实缺乏细致梳理,在讨论专题的时候,需要不断停下来考辨相关史实,及至对诗文进行系年,这自然在很大程度上延缓了写作的进度。不过随着研究的展开,在众多师友特别是黄灵庚教授的襄助下,文献搜集方面进展巨大。通过对我国大陆和台湾地区、日本及美国相关图书馆的访查,集齐了别集的所有版本,同时还发现了《义乌洞门黄氏宗谱》,从而为研究的深入提供了可靠的文献基础。而静嘉堂所藏文献中新见的黄溍科场程文,则为了解其儒学思想、政治态度提供了切实的根据,使我偶尔也有点一愚之得的欣喜。就这样在近五年的时间里,伴随着我对元代文史的学习,书稿也终于得以完成。

感谢王师水照先生对我长久以来的关心与指导。先生惠允题签,为拙稿增重,我愿将之视作激励与鞭策。感谢学习生涯中张仲谋老师与陈尚君老师对我的殷勤教诲。廖可斌教授审阅了全稿,提出宝贵意见,特致谢忱。另外,书稿被列入浙江省社会科学重点研究基地浙江师范大学江南文化研究中心项目,亦此申谢。

慈 波

图书在版编目(CIP)数据

黄溍评传/义乌丛书编纂委员会编;慈波著.—
上海:上海人民出版社,2015
(义乌丛书)
ISBN 978-7-208-12866-8

Ⅰ.①黄… Ⅱ.①义… ②慈… Ⅲ.①黄溍(1277~1357)-评传 Ⅳ.①K825.6

中国版本图书馆 CIP 数据核字(2015)第 051349 号

责任编辑　高笑红
封面设计　甘晓培

·义乌丛书·
黄　溍　评　传
义乌丛书编纂委员会 编
慈　波 著
世 纪 出 版 集 团
上海人民出版社出版
(200001　上海福建中路 193 号　www.ewen.co)
世纪出版集团发行中心发行　浙江新华数码印务有限公司印刷
开本 720×1000　1/16　印张 14　插页 3　字数 229,000
2015 年 4 月第 1 版　2015 年 4 月第 1 次印刷
ISBN 978-7-208-12866-8/K·2329
定价 42.00 元